文明更迭的源代碼

劉仲敬 著

袁真嗣 採訪

目錄

自序　黑暗世界的遺蹤

土豪的社會凝結核作用，關鍵就在於對司法權的掌握。太平紳士（Justice of the Peace）就是英格蘭法律和習俗的道成肉身，儒家士紳則是三綱五倫或宗族習慣法的化身。其優其劣皆在乎此，而且優劣不能切割。

不承擔政治責任的有錢人至多是慈善家的存在，不可能發揮維持地方秩序的作用。任何人如果向社會索取秩序維持者，就是同時向秩序維持者索取制裁權。制裁權在失敗者眼中必然是邪惡的。紳士統治的優點不在於個別成員是好是壞，而在於他們無論是好是壞，都能將統治權留在基層。垂直管理的官僚也有好人壞人，但他們注定要為中央而犧牲基層的權力。無論權力在誰手裡，都會產生相應的無產階級，而且犧牲這些無產者。然而地方權貴還是中央權貴的得勢，就足以造成英、美與法國、蘇聯的巨大差別。前一類文明的豐富強韌與後一類文明的單調脆弱形成鮮明對比，因此不能一視同仁。

僭主對儒家士紳的忌憚源於自身不能說出口的篡奪記憶，他們對封建一詞的濫用，主要是基於抹黑後者的需要。其實儒家士紳的問題並不是過於封建，反倒是太缺乏封建性，向「放棄政治責任的有錢人」這方向退化得太遠，因此才容易被打倒和被抹黑。封建性格濃厚的邊區酋長倒是更有可能擁有收租院、黑地牢之類的設施，因為暴力制裁從來都是政治權力的必要基礎。凡是真的具備這些資源的政治集團都會足夠強大而不會被抹黑：中國廠委書記和村支書可以隨意專政的時代，誰都不敢說他們的壞話。如今的基層政權官僚和鄉村幹部聲名狼藉，恰好是因為他們失去了大部分權力而且做法文明了許多。我確信孔子時代的貴族像中世紀的歐洲貴族一樣，有主持法庭的權力和責任。唯其如此，儒生愛慕的三代之治才能存在。

壞人的意思就是說這個人占據了秩序輸出者的生態位，卻承擔不了提供秩序的責任。暴力行為如果達到了維持秩序的結果，常常會得到原諒和遺忘。軟弱的假冒統治者既然不能維持秩序，就算沒有罪名也可以臨時捏造。抹黑總是指向不擁有武力的富人，奧秘就在於此。猶太人之所以容易被迫害，因為他們常常居於眾人之上，卻無須履行統治者的義務。有效統治必定包括一定程度的迫害，正如有效的藥物必然伴隨著相當程度的副作用一樣。副作用的存在，正是藥效充分的可靠指標。

林奇式審判（Lynching）完全消失之日，就是美國鄉鎮喪失自治能力之時。俄羅斯集體農莊的政委一旦變成自由派心目中的好人，蘇聯就不復存在了。這裡不是說秩序輸出者必定是壞人，而是說邪惡是權力的固有屬性。如果你要探索權力的奧秘，就要像獵犬追尋獵物一樣，沿著目標散發的氣息一路前進，這樣才能找到秩序的真正源頭。徹底消滅邪惡的承諾如果不是厭倦俗世者的自殺式訴求，就是無產階級的狡詐腐蝕計劃。天國不會出現在人間，你只能用一種秩序替代另一種秩序。如果你願意為求棄絕邪惡而拋棄整個世界，無非是將一個不再包括你自己的世界送給其他人。

每種秩序都有自己特有的邪惡，由於邪惡來自秩序的核心，它們不可能得到根除。沒有任何共同體是因為無法履行徹底消滅邪惡的承諾而滅亡的，它們滅亡的原因都在於徹底喪失了輸出秩序的能力。

消滅紳士，就像砍倒森林中的大樹。無產者像小草一樣暴露在中央權力的赤裸威脅下，比原先活在大樹的蔭蔽下時更加孤弱無助。只有紳士的統治瓦解以後，吏治國家才能強大。只有在吏治國家造成的廢墟上，集體農莊才能執行其歷史使命。然而紳士和大樹之所以能夠蔭蔽無產者和小草，正是因為他們能夠緩衝無產者和小草頭上的炎炎烈日。無產者和小草從自己的角度看，只能選擇被烤死在烈日之下，或者被餓死在陰暗之中。世界對於他們而言從來都是屠宰場，他們當然有理由不相信任何解放者。但如果某些地方的大樹剛好足以遮蔽烈日，又不足以遮斷陽光，那麼這種特殊的幸運組合也不是任何改革者所能設計，或者任何知識分子所能正確解釋的。這樣的地方通常處在過渡階段，這樣的輝煌轉瞬即逝。邪惡和痛苦構成世界的本質，這句話經得起任何邏輯和經驗的檢證。而這也是排除神意的解釋體系不可能自洽，彼岸世界不可能被任何世俗因素消解的根本原因。即使馬基維利死而復生，也不可能提出更為合理的解釋。

自由主義本身不足以塑造共同體，它代表的是共同體足夠強大而自然形成的秩序外溢。如果共同體不夠強大，對其強制推行自由主義的結果往往會造成它自身的秩序崩潰。如果我們所知的基督教社會不曾存在，那麼自由主義就是不大可能產生的，因此自由主義者始終不願徹底擺脫基督教屬性。與伊斯蘭文明相比，儒家的秩序生產能力一直較弱。如果西方社會「左傾」化自殺，那麼就只有伊斯蘭社會才有繼承世界體系的能力和機會，而儒家社會和共產主義立時就會變得猶如失去了蔣介石的中華民國自由派和失去了巴列維王朝（Pahlavi Dynasty）的伊朗共產黨。他們只有到那時才會明白，自己只是西方左派——多元文化主義者手中的玩物，猶如讓衛懿公玩物喪志的仙鶴，只能消費現有秩序，卻不能自行生產秩序。

知識分子不可能看清理論枝葉深處的樹根，因為他們自己就是社會的玩物，而且經過長期演化培養了金魚式的賣萌求生技能。只有高度成熟（也就是說存在腐敗危險）的社會才能大規模產生知識分子，因為寵物飼養能力乃是剩餘秩序豐盈的徵兆。寵物在接近自然的環境下沒有絲毫生存能力，卻往往熱衷於把自己想像成獅子和老虎，這是最為可悲的事情。

第一章

達爾文式的歷史認識論

經驗主義與達爾文主義——文明五階段論的問題——文明季候論的本質——

何謂「歷史學」——何謂「健全常識」——博雅教育與知人論世

袁：您的思想主要有兩個淵源，一個是斯賓格勒[1]的文明季候論，另一個是休謨的經驗主義。能否請您講一下，您是怎麼把這兩個理論結合在一起的，它們之間是否存在矛盾？

劉：不需要結合，這兩個理論實際上是屬於不同層面的。經驗主義是不能有體系的，它只能導出一種類似達爾文系統的東西。而達爾文系統是無始無終的——不是說它一定都是這樣，但至少你不能強行地確定起點和終點。你看到的只是河流中間的某一段，它應該是有起始、也有終點的，但是你既不可能知道，也沒有辦法確定，而且你看到的這個演化途徑，會不會順著原來的方向前進也是個另一個問題。

無論如何，你看到的演化途徑肯定是一個複雜的、多層次的結構。其中有許多苗頭，像是一條航行途中發生叛亂的船，許多人都想當船長，這些苗頭同時存在，你捕捉到的線索好像是主要項，但是隨著時間的推移，很可能在某個節點過去以後，原來潛伏在底層的暗脈就會浮出水面變成主脈，而原來的主脈則會變成支流，甚

1—斯賓格勒（Oswald Arnold Gottfried Spengler，一八八〇年～一九三六年），德國歷史哲學家。他在《西方的沒落》（*The Decline of the West*）以平行對比的方式，闡述了世界各文明從興盛到衰亡的規律，猶如春夏秋冬的季節變遷，是為「文明季候論」。

至發生漸漸消退的情況。這些現象在達爾文系統中是不斷出現的，你不能解釋其原因——不是說原因不存在，而是說你沒有辦法區分真正的因果關係，以及僅僅是同時發生、只在時間順序上有前後連貫的事情。這兩種情況到底有什麼區別，是因果關係，還是僅僅只有時間上的相關性，你沒有辦法區分。

經驗主義既不能肯定一般性規則的存在，也不能否定一般性規則的存在，但它能夠比較不同層次的地方性規則，確定其相對可靠性的序列。如果你發現規則有漏洞或邊界，那它肯定就是地方性規則。如果你接觸不到規則的漏洞或邊界，那就有兩種可能性。要嘛，你已經發現了一般性規則；要嘛，這個地方性規則的覆蓋範圍超過了你的認知範圍，給你造成了普遍適用的幻覺。你不可能區分這兩種可能，也沒有必要區分。所有認知都有成本，性價比最高的規則自然就是某種層次的地方性規則。什麼層次的地方性規則性價比最高，取決於你的目的。如果你只是打算在菜裡放鹽，一個低層次的規則就夠了，因為降低認知成本對你很重要，提高準確度對你不太重要。如果你想做的是對精確度有要求的化學實驗，就需要一個更高層次的規則。

要說可靠性，經驗主義當然是可靠的，但是體系的產生有它自己的動力，如果把它限制在已經可以控制的範圍內，實際上就限制了它內在發展的可能性。體系從哪裡來呢？所有體系都由兩部分組成，就像蒸汽機和蒸汽機周圍的環境——每個蒸汽機的火車頭都會噴出大量蒸汽，這樣它有兩個部分，一個部分是它實際上的火車頭，另一個部分是它周圍噴出的蒸汽——所有體系都有它自己的發源地，像達爾文一樣，他的體系發源地實際上也就是他觀察過的那幾個小島上的鳥類和其他幾個物種，達爾文覺得既然他的體系在這個範圍內能夠適用，就可以嘗試在更大範圍內使用。他肯定沒有嘗試過所有範圍，因為那個體系涉及的物種如此之多，不要說他，就是全人類也不可能把整個體系研究完備。但他覺得既然在這個小範圍的子系統內能夠運用，就可以合理地推演一下，假定它在大範圍和更漫長的時空中也是可以推演的。

實際上達爾文主義本身就不是經驗主義的，儘管它的起源是經驗主義的，但是達爾文推演出自己的理論以後，它就變成一種玄學性的東西了，實際上一點也不比其他所謂權威的體系更加有說服力。它實際上能夠證明的地方，僅僅是斷斷續續的孤島式的論點，然後他把孤島式的東西延展過來，利用我剛才說的「火車頭噴出蒸汽」的方式，給人們造成一種印象，好像他的理論是能夠適用於整個自然界的。[2]

實際上，就算是在人類、類人生物這個小範圍內，它能夠適用的範圍都是非常小的，你真的沒有辦法用達爾文主義來解釋，為什麼菲律賓或者其他地方會出現身高只有一百二十公分的小人，而另外一些地區又可以挖出個子非常高大的巨人遺骸，僅僅腦容量的變化這一點就能衝擊現時主要以達爾文主義為基礎的許多理論。

如果你要建立體系，這樣的毛病就一定會出現的，你的體系在外行人看來好像非常英明，可驗證性非常強，但是發明體系的人肯定知道越出邊界的風險，他的理論有一個適用的範圍，就是它產生體系的火車頭或者那幾個孤島。在那幾個孤島內，

2—《物種起源》（*On the Origin of Species*）出版後，達爾文先後五次對內容進行修訂，撤回或修改不少論點，並承認存在超自然力量干預生物演化進程的可能性。

它的方法是經驗主義的，在這個部分是靠得住的，但是出了這個範圍就不行了，因為他只是在這幾個孤島上總結一個子系統，然後放在孤島之外。離這個孤島範圍越遠，它的失真性就越大，因此它不可能是普遍適用的。但人們仍然要這樣用，為什麼呢？因為理論的用處就在於擴大使用範圍，如果只是總結這個小範圍——比方說我只畫面前這張桌子的「地圖」——那這張地圖又有什麼用呢？

之所以要建立理論就是要在大體能夠適用的範圍內擴大它的使用範圍，能夠擴大的範圍越大就越有性價比，但是反過來說，範圍越大就越不準確，所以你越過一個閾值之後，不準確程度所造成的害處，反而會超過運用在這個領域的性價比和益處。當然這個閾值在哪裡，這是很難把握的，大多數人都把握不了。大多數成功的理論家，一般來說，既然他是成功的理論家，他就必然把他的理論推廣到了一定範圍，而一旦推廣到越過這個閾值、過度地使用他的理論，就會造成各式各樣的理論坍塌，這時他的理論就會遭到其他理論的挑戰，被迫退回到原來的守備範圍裡去。這個過程也是達爾文式的演化過程，相當於一個小型生態環境的擴張和收縮，它是一個不斷演化的過程，事先沒有辦法說清楚。

如果說有一些體系看上去好像是普世的，那只是因為相應的挑戰者還沒有出現，潰塌還沒有發生，邊界還處在一種模糊的狀態。這時你可以合理推斷，這個理論還沒有達到它應該達到的那個閾值的邊界，它還有部分擴張的餘地。但是同樣也可以推斷，這個擴張不是無限度的，它早晚會達到必然會使它潰塌的這個閾值。

袁：就像是中國人很熟悉的一些理論框架，比如文明五階段論[3]這一類說法？

劉：這個理論的潰塌是很明顯的，這是因為它套的範圍太大了。如果你縮小一些範圍，按照經驗主義的準則，把它恢復成一些斷斷續續的片斷和線索，它實際上就不會潰塌。但是這樣的片斷和線索，實際上對任何人都沒有用，除了少數集郵愛好者。因為大家需要的是具有廣泛解釋力的東西，要有解釋力就需要抽取主要線索，像在三角洲中間發現主要的水道。比如長江的任何一段都存在很多逆流和回流，但

3—按照馬克思主義的觀點，人類文明分為原始社會階段、奴隸社會階段、封建社會階段、資本主義社會階段和共產主義社會階段等五個文明階段，演化規律則為從原始到共產的單向推進。

是你只能說它的水向東流，這就是大體上的「廉價七成正確」。在無數個向上流、向下流、向左流、向右流的回流當中，你確實可以發現它有一個向東流的主要傾向存在。但是這個主要傾向存在，算不算得上是整個體系的規律？其實也不一定。它可以因為非常少的零件性因素而逆轉。就算從經驗來說它是向東流的，你也不能排除，比如目前發現龍捲風的這段河道，它就是以回流為主的，而不是以向東流為主。說白了，等於就是說除了上帝以外，任何人都不具備製造任何規律或者理論的權利，事實上就是這樣。但是知識分子本質上屬於不夠虔敬的人，他們所做的每一件事情都是想臨時竊取上帝的權柄。

袁：也就是說，人們應該明白自己的局限性——例如您剛剛提到的，文明季候論和經驗主義是不同層面的東西？

劉：斯賓格勒其實也是一個經驗主義者，所有成功的理論家必然都是經驗主義者，馬克思是，亞當·斯密也是，其他人也是。如果一開始斯賓格勒沒有遵循經驗主義的話，根本建立不起那層理論，這是個很簡單的道理。不管後人的理論講得多玄，最初那個點，那個島，仍然是它真正的基本盤，就像項羽的八千江東子弟兵一樣，任何理論都有一個基本盤，這個基本盤必須是以經驗主義為基礎的。基本盤建立不起來，後面的東西就發展不起來。當斯賓格勒覺得他的基本盤足夠堅實以後，就覺得可以進一步擴張，漸漸地把它擴張成普適性的東西。他覺得跟自己競爭的理論，比如說以前的歐洲中心論不對，就提出文明多元論什麼的。他覺得他抓住了其他人的弱點，他的理論使別人的理論發生潰塌，然後取而代之。實際上他的理論也有局限性，他的理論也有自身的潰塌點，只不過他削弱了別的理論的說服力，但是別人的理論也能把文明季候論打得潰塌。

袁：秦暉跟您對談[4]的時候提到，不要把結論鎖得太死，言下之意就是不要把文明季候論這個說法變成一個教條，您怎麼回應這點？

劉：這屬於一個政治問題，因為對談這樣的東西是製造輿論政治的一種場域，

4—二〇一五年，中國網路媒體「共識網」邀請劉仲敬與秦暉（自由派知識分子，著有《實踐自由》、《走出帝制》等書）對談，題為《如何擺脫大共同體至上的路徑依賴》。在對談中，秦暉認為「節點這個東西我們也不必把它看得太重，節點也不見得就是好的節點，也有壞的節點，而且節點也不只是一次」、「我是進步主義者，我的進步主義就是我們應該向哪裡走⋯⋯如果你從悲觀的角度去講，不僅中國沒有前途，西方都可能會墮入萬丈深淵，但是如果你從樂觀的角度去講，不僅西方是有前途的，中國其實也應該是有前途的」。

所以真理性不太重要；而作為馬基維利主義者，我打擊的不是理論上最容易打擊的對象，而是說從政治上講最應該打擊的對象。他的理論實際上跟二戰後的歐洲社會民主派一樣，是非常經不住打擊的，破綻非常多，但它在政治上是能夠帶來好處的，所以打擊它反而是不恰當的。

至於文明季候論是不是可以肯定，那其實是無關緊要的事情，關鍵在於它有預言能力，這一點很重要。因為你所討論的東西不是學究性的東西，學究性的東西不是拿來預言的，它跟預言沒有關係。

你是來尋找窗口的，尋找洞察未來的窗口，而且還不是很遙遠的未來，而是一個即將到臨的未來，在這種情況下它就是有用的，準確程度則是無關緊要的。有些東西是不必在乎它準確不準確的，包括那些所謂的硬科學。我是出身於研究地質學、在地質部工作的家庭。地質學按說是一門硬科學，不像人文科學屬於軟科學；地質學是跟物理學、化學非常接近的硬科學，是絕對講求實證的一個學科，但如果你真的依靠探礦或者測繪這些東西，依靠理論——無論是李四光發明出來的那些理論[5]還是其他人的理論——其實都跟算命先生的理論差不多，都是一面摸索一面修改的那種東西，都是達爾文式的試探性的和經驗性的做法；文明季候論就是一個包裝性極強的東西，它像巫術，像算命那樣，不會給你得出準確的結論。什麼叫準確的結論呢？就是針對一個固定的時間點和具體的內容所下的判斷。

袁：例如說「明天這裡要下雨」。

劉：確實是這樣，如果你只能給出一個一般性的趨勢，這是沒有用處的。舉個極端例子，「他是要死的」，但我不能確定這個人是二十歲的時候死還是八十歲的時候死，這個預言對他有什麼用處呢？沒有用處。但是真的一點用處都沒有嗎？也不是，因為我可以不斷地在預言的過程中重新修正。如果你把它當作靜態的東西，武斷地定一個時間點，那完全沒有用處。但是如果你把它當成一個動態求取極限值的東西，像地質學家尋找水源或者金礦那樣，摸索前進，就會發現它還是很有用的。

5—李四光先後提出「地質力學理論」與「中國第四紀冰川理論」，一度被認為是發現大慶油田的理論基礎，惟中國學界目前對此仍無定論。

它雖然不準確，但是能夠不斷地鎖定範圍。像響尾蛇鎖定攻擊目標一樣，本來是個無限大的探索範圍，但透過它能得到一個模模糊糊的方向，雖然這個方向仍然不是具體的，但已經不是無限的範圍了。你首先要的就是這個模模糊糊的方向，否則接下來的工作就沒法開展。

任何地方都不確定，但你只要能夠區別不同層次的可靠性就足夠了。你不要告訴銀行家，所有人都會賴帳。你應該告訴他，哪批人賴帳的可能性比另一批人大。如果某個自稱銀行家的人跳起來說，另一批人同樣也有賴帳的可能，那麼你就可以直接根據杜月笙式的處事原理，把他列為十足的外行，多餘的解釋都不用。李四光憑什麼判斷大慶油田存在，從當時到現在沒有任何證明。他的理由跟女人選丈夫一樣，憑自己的感覺。他看了大慶的地質構造，覺得這裡跟其他油田類似。問題在於其他人也看了同樣的地貌，人家覺得不像。他正確不是靠自己有理，而是因為他擅長與主管打交道。許多人直到現在還說李四光無非是個有點本事的大騙子，只是碰上了狗屎運而已。醫生看X光片的方式是憑他感覺像不像腫瘤；司馬光之流評價皇帝，也是憑他自己感覺後者像不像亡國之君。只有收集材料的臨時工才會追求準確性，那是因為負責周邊小事情的人不負決斷責任。決斷者無論有多少材料，最終都是憑感覺下結論的。材料有其必不可少的最低閾值，當超過這個閾值以後，數量、精度和決斷的正確性根本不成正比，最終還是要看當事人的建模能力。

袁：可以把歷史當成我們認知個人命運的一個工具嗎？

劉：與其說認知個人命運，倒不如說是認知一種布朗運動[6]。因為集體趨勢比具體的趨勢要容易判斷，它存在著多個作用因數相互碰撞和抵消的問題，所以從集體趨勢裡理出線索來反倒是比較容易。線索有它自己的力量，它是會消滅的，也是會顛倒的，但是它在消滅和顛倒的過程中會出現一定的跡象，因此你可以隨著它表現出來的各種表徵的改變，而相應地調整你的觀點。

這種技術是什麼呢？就像算命先生給你算命、老中醫給你看病，他看你的氣

6—布朗運動（Brownian Motion），指微小粒子或者顆粒在流體中做的無規則運動，可用於分析生物族群的擴散過程、液體中的沉澱現象、人耳的聽覺、電流計的熱擾動等。

色和脈象，氣色和脈象是不斷變化的，所以他要不斷地修改預言。今天他可以看出你的面色非常紅潤，明天可以看出你的面色發黃，每天的面色都不一樣，他會隨著波動的過程不斷地鎖定。他第一次看你臉色的時候，對你其實是一無所知的，所以誤診率很高，但是他第一次給你下了藥，然後下個星期再下一次藥，這個過程如果持續六個月以上，他對你的身體狀況差不多就完全了解了，這個時候他給你開出的藥就是相當有把握的。算命也是這樣。算命先生做的是什麼？就是在套你的話，他從你的話中套出你對未來有信心還是沒有信心，樂觀還是悲觀，你對你的生存環境有什麼看法，生活是比較和諧還是坎坎坷坷，這些都是你自己釋放出來的語言信號和身體信號。你把這些東西展現出來，等到雙方交談結束，他就會像個優秀的心理分析師一樣，已經把你的生活路徑以及大方向摸準七八成了，然後他的判斷就會相當有效。之所以有效，是因為他是一個充分了解你的生活，但是又跟你沒什麼利害關係、不受個人感情和偏見影響的旁觀者。一般這種旁觀者對你看得不準，是因為他不了解你的具體資訊，而了解你的具體資訊的人又不夠客觀中立，受感情因素的影響產生了嚴重的偏見，但是算命先生恰好可以把這兩種有利因素結合在一起：他既不受偏見影響，又會像跟你親近的人一樣了解你，偏見少而了解的資訊多，所以他能夠做出比你親近的人更中立的判斷，同時他又能比純粹陌生人做出的判斷更準確。這就是所謂的知人論世。

優秀的政治家，擅長的就是這種知人論世的東西。很多東西表面上看與政治無關，但實際上都屬於政治。

像秦暉的說法，我敢肯定二〇〇五年以後他就沒再從事過學術無產階級[7]所做的那種學術，實際上他做的研究就像其他人評價龍應台時說的，你研究的對象不是你的專業，你研究的對象是中國——這個複雜的系統本身。如果要研究中國，那麼你所需要的理論就不是一套框架，而是剛才我所描繪的那樣，一個達爾文式的不斷鎖定和修改的東西。在這個過程中，預言是有自我實現性的。有些東西一旦被傳播開以後，就跟原來不一樣了，它能夠自己產生相應的後果，所以在這種情況下，話語是有魔力的，但是這種魔力跟它正確不正確沒有關係。你可以用錯誤的資料編出

7—劉仲敬認為，現代大學體系產生的專家學者缺乏健全常識與格局感，只懂得撰寫視野狹窄的學術論文：「論文格式、選題不得重複、引用規範這些是為什麼準備的？是為學術無產階級準備的，是為參考策時代的書記員準備的。書記員不是紳士，根本沒有署名權，最後寫出來的書都是由紳士署名的，書記員蒐集到的東西只能算原始材料，也就是供別人加工用的……真正原始意義上的、第一次世界大戰以前的、符合牛頓和愛因斯坦的定義的科學家，指的都是可以自由探索的紳士。他們如果被人問到你的專業領域是哪些，那麼他們就會像馬克斯·韋伯那樣發怒說，我又不是一頭牛，難道我有專門吃草的地方嗎？」

一個正確的結論，所謂正確不是準確意義上的正確，而是說它在適當的時間點上能夠發生適當的凝聚作用，把各種混沌不清的水流引向你所希望的方向，這種行為本身就是政治。所以你贊成和反對本身是無所謂的，不代表你支持或是批評。你支持的東西實際上可能是形勢所逼，是你必須反對的，反過來說也是一樣。

袁：您在二〇一四年的長沙演講《格局、節點、路徑與命運》，提到說「根據一個人三十歲時的情況，就大致可以判斷他六七十歲時的情況」。當時有觀眾提問：把歷史學變成一種指導個人命運的工具，這是不是把它的作用看得太小了？結合您以上的話，這種問法應該是對您的誤解吧？

劉：什麼是歷史學？歷史學是做什麼的？從來就沒有明確的定義。你可以讓它派上各種用場。但是就中國古代說的那種「究天人之變」的意義而言，指的確實就是這種東西，他們不是跟你講實證性的東西，或者純粹學術，他們要的就是用歷史智慧來引導未來，至少你要做到能夠避免犯過去的錯誤。嚴格地說，是沒有歷史學這門學科的，現在說的史學，是十九世紀後期建立的東西，而且也只是歷史研究中的一支，它們始終沒有能夠「罷黜百家」，甚至連嫡系的地位都沒有取得，因為他們所做的事情本身就違反歷史本身的性質，是不可能實現的東西，比國家計委管理經濟還不合適。人世是如此紛繁複雜，你想把它科學化是不可能的，到最後歷史研究還是以觀察性和描述性為主的東西，但是觀察和描述可能會有無限多的方法。

論證什麼叫正確，什麼叫不正確，其實是一件非常無聊的事情。真正管用的東西，其實是你從混亂中提取的線索，但是這種東西跟歷史的關係不大，跟哲學的關係倒是比較大。

袁：所以您對「理聰」[8]這類人做了很多嘲諷。我們繼續談文明季候論的預見力吧，您之前有一個判斷，說美國現在已經到了接近羅馬共和國的某個階段[9]。如果有人問，這個判斷是怎麼得出來的，您會如何說明呢？

8—中國網路用語，指過度崇尚理性、邏輯和實證的人，含貶義。

劉：當然是憑著歷史事件這類表象，表象就像看人的氣色一樣，你看他是衰老還是年輕，可以從他動作的活躍度來判斷，可以從他的冒險性，或者其他習慣性類似的徵象來判斷，這種判斷是綜合性的，所以說你實際上是預先做出這種判斷的。你閉上眼睛說某人一定很年輕，但是說不出理由，就會絞盡腦汁想找出理由來，原來這個人跑步的時候動作非常生猛，好像除了青春期小孩，上了年紀的人是不會這樣的，運動員是會懂得謹慎使用體力的，那種浪費性的、自我毀滅性的消耗體力的方式，只有十幾歲的小孩才做得出來。這種浪費性的使用方法暴露了他還不能夠對自己的力量進行深刻的規劃，而規劃必然是長期經驗的產物，代表著原始力量的嚴重損耗。但是這是你事後總結出來的，而且不一定正確。

有個故事是這樣的，某個資深的海關官員，有一部貨車從他面前經過，提供的證件都沒有問題，已經開出去了，他突然覺得不對勁，於是把車叫住，仔細查驗後發現果然是偷運黃金的車子。但是別人問他為什麼能發現，他自己也說不出來。他就是覺得有什麼地方不對勁，第二天晚上才想起來，原來這車經過時，車胎在地上

9—劉仲敬於二〇一四年接受「共識網」採訪（題為《我們在世界中的位置》）時指出：「美國是今天的羅馬，在國內是共和國，在世界上是帝國。今天相當於共和晚期和帝國前夜，格拉古時代以後、西塞羅時代之前。辛辛納圖斯和華盛頓時代的淳樸已經一去不復返，格拉古正在攻擊先人的美俗，但凱撒和龐培的世紀還不一定會出現。迦太基和安條克已經滅亡，希律王和托勒密正在垂死掙扎。格拉古和西塞羅之間的羅馬，權力已經強大到任何外部勢力都無法挑戰的地步」。

壓的痕跡特別深，跟其他車不一樣。按說它報的那些貨物應該是相當輕的，不應該壓出那麼深的痕跡。他當時看到了，馬上覺得不對勁，但他想不起來到底哪裡不對勁，事後才想起來。其實這個事後的理由還不一定是真的，很有可能是他發現這個問題以後，自己都覺得不對勁，於是非要找個理由不可，最後找出了這個理由。當時他覺得不對勁可能不是這一點，說不定他就是因為貨車司機表面上看起來鎮靜，但是他有一些慌張的表現，看他眼神不對，樣子不像個好人，然而這一點你沒有辦法證實。把他抓住了以後，然後再去找理由，最後想了一下，在種種不對勁當中，車胎這種不對勁是最符合「理聽」標準的，是最容易得到別人認同的，於是就把這個理由拋出去了。其實這不一定是真正的理由，因為一個人很可能是首先覺得你的神態不太對勁以後，然後再去找理由，然後才發現這種證據的，很可能都是這樣子的。最初的理由和最終的理由往往具有不可通約性，這是一種地方性知識，是只可意會的，超出了人類語言所能說明的範圍。

這個東西不見得可靠，不是科學式的可靠，但是它存在可靠性，因為它長期以來沒有被刪除，沒有被刪除那就是可靠的，因為在很多情況下，可以說人類在大多數時候都是依靠這種技術——觀相的技術——做出判斷的。這種技術可能構成了過去人類判斷力的絕大部分，而能夠科學地寫下來，用語言來交流的東西則很可能只是判斷的一小部分，只是浮在表面上的那部分，很可能只有在你直覺健全、常識健全能夠發揮作用的時候，這些知識和能夠通約的東西才能夠發揮錦上添花的作用；如果常識非常不健全，那可能再多的知識也沒用，甚至越學越差，這是沒辦法的事情。

袁：那麼應該如何培養「健全常識」呢？

劉：沒法培養，我覺得這是一種遺傳性的因素，再加上個人的生活經驗和學習體驗。先天條件肯定是存在的，如果有人先天有近視眼的基因，還經常讓他去看書看電腦，那就肯定會把他培養成近視眼。反過來，如果沒有這方面的基因，你怎麼培養他都不會近視。如果沒有這些方面的基因，培養就是沒有用的；但是有了這種天賦並不代表你的常識一定會健全，還要看你怎樣培養。有些東西你只要從氣氛上就能看得出來，這時候去找統計數據反而是愚蠢的。人類祖先如果天天去找統計數據，那他基本上就不用做任何決定了。人和大多數生物都需要在非常短的時間內，依靠不充分的資訊做出盡可能準確的判斷，但是學術訓練不是這樣的，學術訓練要求你對極小範圍內的事物做出高度準確的判斷，而對於那些你不可能充分掌握其資訊的絕大部分事物和領域而言，它們是不會要求你做出任何判斷的。這就是為什麼有些中國的貧下中農會說自己的孩子「讀書讀傻了」的原因，如果你把學到的一套學術方法推廣到絕大多數事物，就會反而比只受普通教育的、擁有豐富生活經驗的老農民更難做出準確判斷。

袁：學習歷史可以幫助我們增強這種判斷力嗎？

劉：作用不大，主要還是看個人經驗。歷史是一個具備刺激性的補充，它是用來幫助你對比的；在類似場景出現的時候，你可以想到以前這樣的情況發生過，出現過什麼結果，你可以使用這個參照系，但是這個參照作用不光歷史學能夠提供，文學作品同樣可以提供，而且提供得更加豐富。文學作品描繪的是那種沒有實際發生過，但是符合人情事理的、按照人類社會狀況完全有可能發生的事情。比如並不存在伊莉莎白嫁給達西這件事，實際上這兩個人都不存在，只是簡．奧斯丁的《傲慢與偏見》裡的小說人物而已，但是英國紳士的女兒嫁給另一個英國紳士，這種事情確實非常的多。如果你想用建模的方式做出一個適合於類似社會環境的判斷，那你與其參考相關歷史書，還不如參考奧斯丁的小說來得可靠；如果你想了解比如紅槍會[10]這種東西，你去查史料，那還不如相信《水滸傳》，儘管《水滸傳》裡面的人物沒有幾個是真的，但那無關緊要，它的可靠程度肯定會比那些加了修飾、摻入了各種個人意見的歷史書要高得多。有人說毛澤東從《水滸傳》中學到了很多知識，那不是開玩笑的，確實就是這樣。

袁：就像您曾經說過的，您真正擅長的其實是觀察社會生態位的技能吧？可能小清新知識分子們會覺得這些東西太冷酷了、太低端了，但實際上這些才是組成他

10—義和團被鎮壓後，餘眾於一九一六年在山東成立「紅槍會」，以宗教結社方式組織農民，其後擴展至河南、江蘇、陝西等地。

們生活基礎的因素，是嗎？

劉：社會生態位是非常豐富、非常複雜的東西。小清新是什麼人？他們除了一兩個抽象的原則就什麼也沒有，用虛擬方法來代替現實。他們心目中的世界是異常單調的。你看到他們，就會得出一種類似塔列蘭（Charles Maurice de Talleyrand-Périgord）[11]看法國年輕世代的感覺。他說：這些新時代的人們，簡直都不知道生活是什麼樣子。小清新們用幾個大而化之的抽象概念，把所有細小的生態位都給一筆抹平。實際上各種小生態位的細節之豐富，是無窮無盡的。

袁：他們好像不願意看到那些非常複雜也非常陰暗的東西？

劉：如果你覺得歷史比較陰暗，其實是了解得還不夠深。說到底，歷史的陰暗面並不比日常生活中的陰暗更多，只不過因為歷史書記錄下來的往往都是些大事，所以就相應地被放大了而已；但是對於當事人來說，按照實際比例來說，其實是一

11—夏爾・塔列蘭（一七五四年～一八三八年）是路易十六時代到奧爾良王朝時代之間的法國政治家、外交家。塔列蘭家族（House of Talleyrand-Périgord）發源於法國西南部，除他之外，歷史上先後有四人在政界、宗教界擔任要職，可謂相當顯赫。該家族的最後一位後裔於二〇〇三年逝世，是為塔列蘭家族之斷絕。

樣的。你搶小孩一個玩具，他感到的痛苦就跟成年人被搶了一輛汽車而感受到的痛苦差不多。歷史上發生的各種事情，如果有人覺得陰暗，其實它們跟他在生活中曾經動過的那些齷齪的小心思差不多。我敢肯定每個人在他的實際生活中都是無師自通的權術家，都玩過小權術。比如哄騙這個人做什麼，哄騙那個人做什麼；你之所以不覺得自己是壞人，就是因為這些事情都非常之小，讓人感覺不是很要緊。但是別忘了，那些大人物，當他們讓幾百萬人去送死的時候，這幾百萬人的分量，對於他來說就跟你讓一個人幫你拿快遞的分量差不多，你覺得拿個快遞無關緊要，就讓人白白替你跑一段路，這不算什麼壞事；同理，在大人物看來，犧牲幾十萬軍隊對於他來說就是一件小事，就他掌握的巨大資源來說，不會多於一個快遞員的價值。

袁：關於這點，有人對您展開激烈的抨擊，說您只看到了利害，也就是人的生物性，而沒有看到人的精神性、心靈的超越性。

劉：按照生物學家的邏輯來看，這就叫小清新。生物學家肯定會告訴你，什麼叫人的精神性？什麼叫心靈的超越性？這些就是意識的達爾文演算法。它用一個積累和鎖定的方式讓你以最快的速度算出最適合達爾文選擇的路徑積分來，這就是心靈。比如有人背叛了你，你覺得非常憤怒，於是說「我想殺了他」。這時候就會有所謂的「理客中」[12]站出來，從理性的角度分析你該如何如何，其實這種分析反倒是最不理性的。為什麼你會想殺了背叛你的人？就是因為你的祖先們經過無數次博弈以後，得出這個結果屬於最佳的博弈選擇，於是你就不用再去重新算，直接按照這個最佳選項去做就行了。就好比我用電腦算出某道數學題的結果以後，就不用自己再在草稿紙上面筆算了，它給你節省了不少工夫。理客中們企圖用個人的智力代替達爾文博弈，結果你算出來的比別人算出來的更慢，結果更差，卻還以為他們自己比別人聰明。這就像有人看到蜜蜂築巢以後，就想憑著自己在中學數學課上學過兩天的所謂知識，設計一個比蜂巢更好的結構，結果發現還不如蜜蜂做的。因為蜜蜂那一套是經過達爾文演化選擇出來的，是經過反覆淘汰後剩下的最優選，一個優秀的數學家頂多跟蜜蜂差不多，那些不夠優秀的數學家肯定還不如蜜蜂。因為凡事都有一個成本效益計算，有些時候效益最高不是必要的，而成本最低才是必要的。

12—理性、客觀、中立的略稱，中國網路用語，含貶義。

比如說，我現在有兩個選擇。第一個選擇是，我可以根本就不用動腦袋，以基本上接近零成本的態度直接按照「摩西十誡」或者耶穌的「登山寶訓」，甚至《論語》上的道德教誨行事。既然古聖先賢都這麼說了，我照著做就行，這樣我就可以得到一個雖然不是絕對好，但也還算過得去的廉價七成正確。第二個選擇是：我先研究那些古聖先賢的著作，然後再研究一下現代社會，研究一下這些經典在現代語境中應該怎樣解釋，然後慢慢地就可以把廉價七成的正確率提高到九成以上的正確率。但是這時候我鬍子都白了；雪上加霜的是，這時候突然冒出個搗亂的人，他說那些經典都是迷信，你應該統統扔掉！這樣一來，七上八下、四捨五入之後，我花了幾十年時間得到的僅僅是個五六成正確。那這兩人中哪個更占便宜？我告訴你，就是那個閉著眼睛遵循《聖經》教誨的人最占便宜。雖然他在二十歲剛出頭的時候正確程度不如你在八十歲的時候，但他以接近於零的成本跟你在五十歲的時候的正確程度差不多。你花了三十年時間才得到他從一開始就有的那個正確程度，然後再花三十年時間才比他那個廉價七成正確稍微強一點。我不能說我得到的最後成果比只讀《聖經》別的什麼都不讀的人要強得多，因為我花的成本比他高得多，其實還是我吃虧。

至於把繼承到的博弈經驗全部拋掉，然後憑著自己的私智重新計算，取得的成就還不如那些原教旨主義者，這種行為就純屬不智了。這種人屬於蠢貨，真正聰明的人肯定不會這麼做。一個工程師不會為了證明自己是最偉大的工程師而把前輩和同行的成果棄之不顧，任何一個有職業道德的科學工作者都不會拋開前人的成果從零開始。如果有這種想法就是虛榮心衝破肚皮，自己都不知道自己是老幾了，這種人肯定不是智者。

袁：現在有很多人都在談這個問題，要學習古人的智慧，成為像紳士一樣的人，積累德性之類的。如果確實有必要開展博雅教育，您認為應該怎麼做？

劉：它追求的就是系統的豐富度，相當於圍棋訓練中的步法訓練。當各種各樣的步法你都練習得差不多了以後，別人會有什麼動作，你提前五步就可以看出他接下來的布局是什麼。如果你事先沒有接受這種布局訓練，就只能每次看到那一步的意義，而沒法把多個步驟聯繫起來，茫茫然什麼都看不出來。這一點從認路方面也可以看得出來。有些人比別人會認路，為什麼呢？因為他大腦裡的各條道路都能迅速地連綴起來，形成一幅路線圖；而有些人就不行，他走到這個路口的時候認出這條路，走到下個路口的時候就把原來的路忘了，最後所有圖形都連貫不起來。

博雅教育是做什麼的？就是把各種複雜的、多層次的子系統連綴節點植入你的腦海，一旦你有了這個儲備庫，就像手機有了一個導航系統，認起路來會比其他途徑快得多、準得多。

袁：但是博雅教育也有可能變成導致以下情況：某個人認為他足夠聰明，理由是他已經讀了很多古人的書。您怎麼看？

劉：古書為什麼能夠流傳下來？這就是一個達爾文式篩選的過程，所以你要選經典的話，就要在最低時間成本內選出內在價值最大的著作，這樣的著作像一粒粒的種子，包含了大量路徑積分，因此內在的組織豐富度非常大。如果你讀的是幾十部諜戰小說的話，那就沒有這樣的豐富度了。

袁：那麼，讀幾十部柏拉圖註疏是否可以？

劉：讀幾十部柏拉圖註疏這種做法恰恰是專業教育，是做題家的讀書風格，如果你在兩漢時代的官學去給那些經學家當弟子，他們就會這麼教你。經學家走的是非常專業化的道路，比如一輩子研究《春秋公羊傳》，經註至少有幾百部，你讀完都老了，然後你變成了《公羊傳》專家，但是對《穀梁傳》卻非常外行。

袁：那博雅教育應該是，這個領域讀一點，那個領域也讀一點嗎？

劉：也不是這樣的。要有路徑積分的意識，少量精讀，然後你就會建立一個類似導航器的概念，這個導航器會自動展開子系統，再然後你就不用去考慮資訊甄別的問題了，因為你已經有資訊甄別的能力了。但是關鍵在個人。有些人資訊閾值很低，到了一個很低的閾值他就爆頭了，就像大壩決堤了一樣，各種資訊完全碎片化，資訊一旦切斷了彼此之間的聯繫，就完全成了垃圾；即使原先非常寶貴的資訊，只要離開了它在原初環境中的位置，也會變成垃圾的。但是這個事情有很多客觀因素，有一點我能肯定，它確實跟蛋白質供應量有關——如果有的人小時候挨過餓，他的大腦容量就會比較低。沒挨過餓的人不一定很高，但是挨過餓的人一般都比較低，他往往在資訊接收到一定數量的時候就短路了，再接收下去就可能發生類似電腦當機的場面。

袁：這樣說來，比較理想的情況是像曾國藩那樣，書讀得不算太多，也不是很專業，但有足夠多的健全常識？其他很多人書讀得比他多，或者比他專業，但是做事和看人卻比不上他。

劉：其實知人論世也像律師打官司的技術。好的律師是什麼樣的呢？他不會像私人偵探或者科技專家那樣去化驗血跡、毛髮、皮革、字跡、信件，所謂史料學其實就是那些筆跡鑑定專家、血型鑑定專家做的事，但是鑑定完了以後這場官司能不能打贏，技術專家的作用是微不足道的，關鍵還在於檢察官和律師能不能開動腦筋，把技術專家向他提供的各種材料編排成一個合理的故事。

袁：如果這樣的話，那豈不成了相對主義？

劉：相對主義不是這麼解釋的，這是一個認知能力的限度問題。由於成本的有限，你不可能無限提高成本去逼近真相，哪怕你已經把真相逼近到了百分之九十以上，可能也需要再增加一百倍的成本才能把真相從百分之九十提高到百分之九十九；然後為了從百分之九十九增加到千分之九百九十九，你可能還需要再提高一千萬倍的成本。成本提高得非常迅速，而效益提高得卻越來越慢，到最後總會遇到一個閾值，到了這裡你就會提不上去。因此，所謂真相都只不過是這些博弈的臨時組合而已。

陪審團憑什麼做出判決？他們其實不知道真相，律師和檢察官也不知道真相，但是他們可以判斷各種說法的內在合理性。合理的說法，內部各個元素之間沒有明顯的衝突，各個角色的性格和地位也沒有明顯衝突；而在不合理的說法中，這些角色的情節和性格會有很明顯的矛盾。這是小孩子都能感覺到的事實，我想你不可能感覺不到，阿嘉莎．克莉絲蒂（Agatha Christie）筆下的故事就很精巧，而詹姆斯．龐德（James Bond）系列就很粗糙，你不需要掌握什麼文學批評理論，只要實實在在地讀一下這兩個系列的書，馬上就能感覺到哪些故事合理，哪些故事不合理，這就是愚夫愚婦都可以擔任陪審團成員的道理。

袁：換言之，還是要足夠信任愚夫愚婦的健全常識。但是健全常識本身卻是不可追問的？

劉：健全常識是個流體式的東西，你不能憑一時一地的情況就對它下結論，因為同一件事情，或者同一個因素，在不同環境中的意義是不一樣的。比如打鐵這件事，在某些環境下就是特別高雅的，而在某些環境下卻是特別低賤的，而在另一些環境下則既不高雅也不低賤，只是一個平平常常的職業。在不同環境中產生的常識是不一樣的。在某個環境中，比如說竹林七賢那樣的環境，他突然跑去打鐵，那是在故意嘲弄社會；在另外一個環境中，打鐵恰好是上等人的標誌；在第三個地方去打鐵說明他是一個世襲的賤民；而在第四個地方，比如說現在的美國，就什麼都不能說明。任何一個想賺錢的人都可能成為鐵匠，他只不過碰巧在許多能賺錢的職業中選擇了這一種而已。

第二章 歷史演變的底層脈絡

何謂「神意秩序」——從「自組織資源」出發的歷史觀——文明的鼎盛、衰亡與重生——政變演變與憲制鬥爭——法統與法權——土豪與遊士

袁：您的文章裡不乏讓人印象深刻的動人修辭，例如「神意秩序」、「上帝隱秘的公正法則」之類的話，某些人把它們稱為是「神棍」式的說法。您能不能解釋一下，「神意秩序」是什麼？

劉：發明的東西才能說明，發現的東西是沒法說明的。因為你必須對某些不可能認知因素有一個深刻的估計，才能感覺到這個世界存在著自發的秩序。神意是什麼？是人不但沒有辦法控制，甚至沒有辦法認知的東西。認知能力山窮水盡之處，神意秩序就會顯現。如果你體驗不到，就說明你不習慣將「格物致知」原則推向自身無法支撐的極致。

認知邊界之外存在高度異類和陌生的東西，那種感覺就像狗看人一樣，如果人在做一些有意義的事，那麼狗是一定能夠理解的，雖然牠不理解你做的到底是什麼東西。所有養過狗的人都知道，狗是通曉一點人性的，牠對主人是有一定看法的。人對自己無法控制的事情也是這樣，有一些東西你能夠預見到它的後果，但是不能解釋它的原因，你能夠看出其中一定有某種規律存在，如果沒有規律，這些事情就不應該是這樣的，而且你會預感到規律的某些後果會影響到你，但你仍然不會知道規律的具體內容是什麼。我想很多人都有這種感受。

之前我去非洲的時候，在那裡見到了一個企業家，他在看到非洲大草原以後就覺得上帝一定是存在的，要不然世界就不可能這樣奇妙，這顯然不是哪個傳教士在旁邊一抓住機會就去煽動他，誘導他這麼說。他的其他所有同伴誰也沒有這樣的感悟，但他突然感覺到這樣複雜精美的地質結構，其實任何人都設計不出來，於是有了這種體會和感受。但你一定要問規律是什麼，上帝怎麼設計的，他肯定說不出來。所謂神意就是這樣的，是自然而然產生的東西；有些東西會表現出明顯的規律性，以至於很容易就會設想它不可能沒有規律，很明顯它不可能是無章無序的。如果是雜亂無章的東西，那麼它應該是隨機的。比如說獅子就不是隨機的東西，猴子也不是，所有生物都不是隨機的東西，如果萬物都是隨機生成的話，那麼肯定會存在很多形態千奇百怪的生物。比如說有很多生物應該有幾個腦袋，而不是一個腦袋，還可能會長三個或者四個翅膀，各種各樣的可能性都會存在，各種方式都會隨機分布。

但生物和自然形態的分布不是隨機的，它有一些固定的模式，而這些模式好像有固定的合理性，這些合理性你大體上能夠看出來，這一點就足以使你懷疑神意或者規律的存在。但是懷疑既沒有用，讓你證實也不可能，因為這僅僅是觀察，你在觀察當中能夠證實的地方只是極少一部分。現象背後的東西，第一，你不可能證實；第二，即使你能夠預見到它的後果，也沒法清楚解釋。

袁：您之前有這樣的說法，比如先人在文明的早期階段積蓄德性，而後人揮霍德性，這是不是也可以看作一種「神意秩序」？就好比佛教說的，某個人在最開始造了孽，之後一定會有報應？這點您能不能展開說一下？

劉：這個也是沒有辦法展開的，因為有些東西超出了人類觀察能力的界限，但是人類行為能夠感知到它。比如紫外線，雖然你看不到，但它射在你皮膚上會產生一定的後果。人類有很多行為都是這樣的，我覺得這些行為也可以說是「造孽」或者「積德」。這些東西其實都跟肉眼看不到的紫外線一樣，他的行為後果越過出了他的理解範圍。他在自我所身處的「理性之洞穴」中無知又武斷地假定超出理解範圍的關係不存在，不知道這個後果還是會兌現。他以為這件事情不會有後果，真到後果產生了之後，他也沒有辦法證明這件事情是什麼因素造成的後果。

無神論者最容易這樣。你可以把他比喻為某種鳥類。有些鳥是不會數數的，所以如果要觀察這種鳥類，就要用如下辦法：兩個人走進樹林，然後一個人出來，這樣鳥就安靜下來了，因為如果有人看著牠，牠就會驚慌不安，你就觀察不了的，必須得人走了牠才會安靜；但是如果你們真的都走了，那就沒有辦法觀察牠了。怎麼辦？你就利用牠不懂得數數這個弱點，兩個人進去，然後一個人出來，鳥不識數，牠覺得人已經全部走光了，其實還有一個人在那裡一動不動地看著牠呢。人類的觀察能力和鳥類的觀察能力都是有局限的，有很多東西都看不到。鳥不識數，人類也有很多東西無法認識；但無論對於人還是鳥來說，看不到的東西仍然有其後果。

袁：所以我們要足夠謙卑，明白自己的局限性？

劉：如果從後果來看，對於理論家來說可能會讓他們產生非常可怕的感覺，雖然他們計算了這麼多，最後總結的理論卻還不如某個信奉因果報應的沒牙老太婆看得準確，這種現象我之前已經多次見到。雖然沒牙老太婆其實還是不對，因為她那些因果報應的理論模式仍然是有缺陷的，但她們的認知裡有一點非常正確的地方，那就是所有行為都有一定的後果，只不過她們對後果的解釋不見得正確而已。

受過科學訓練的人很有可能會認為，只有他能夠分析的部分才有後果，大部分行為因為無法分析和確定後果，所以對於他來說幾乎可以等同於完全不存在。這種做法其實比沒牙老太婆還要危險。

袁：就像您提到過的那種情況，某些人說的話原本是用來騙外圍人士的，卻不知不覺地使他們自己的下一代也被迷惑進去。

劉：這個判斷倒是不見得正確，因為我雖然知道會有後果，但是後果是不是我認定的那個呢？那可不見得。說不定我判斷的後果完全判斷錯了，這件事情是有一定後果的，但是這個後果可能完全不是我以為的那樣，而是很有可能落到其他方面，而落到其他方面又恰好處在我的認知盲區之內，以至於我對它完全視而不見，甚至有可能這個後果不僅在我個人的盲區之內，而且屬於其他所有人，也就是全人類理性所固有的盲區之內，有很多事情可能都是這樣的。

袁：所以，別人要把您之前的各種講演，整理成一個理論體系也不是不可以的？受您的影響，這幾年有一些朋友也模仿您的寫作風格，但是文字往往顯得比較簡單粗暴，大概是因為少了您這樣清醒的認識。

劉：當然可以，但是這種從外部構建的理論體系有它內在的弱點。有些東西是我無法傳授的，或者說知人論世的東西，有些人你怎麼教都沒辦法把他教會，而還有一些人只要稍微提點一下就可以，你真的沒有辦法說你點撥的這一下到底起了多少作用。無心插柳柳成蔭，這種事情是經常發生的，情況就像園藝學一樣，植物生長是不可控制的，但是在不可控制之餘你還是得修剪枝芽。做的原因不是因為你確定會產生什麼結果，而恰好是因為你不能確定會產生什麼結果，這個道理跟養孩子是完全相同的，雖然按某些人的說法這也屬於一種神棍式的理論。某些東西是上帝送給你的禮物，不屬於你個人，不是你私有的東西，不要以為小孩是你私有的東西，你就可以把他淹死，或者不養大；他是上帝送給你的，你要為了他而在上帝面前負責任。人所做的每一件事情，他所擁有的每一種資本或者才幹，其實都是像嬰兒一樣的存在，並不是真正屬於你自己的東西，實際上你什麼都不擁有，地球也不是只為了你這一家而存在的。

不管信仰哪種宗教信仰，所有人，包括無神論者，都知道自己在地球上只是一個類似租住房子的人，你僅僅是在地球這裡暫時停留一下，實際上這裡就沒有真正屬於自己的東西。蘇格拉底被判死刑後沒有試圖逃跑，他並不是有什麼邏輯上站得住腳的理由，而是他就是隱隱約約覺得，人類在這個世界上就像已獲得法庭判刑的壞人必須進監獄一樣，他不能未經神明（雖然蘇格拉底不清楚具體是哪一位）的允許就擅自離開，大概就是這個原因。

其實這也是一種直覺，我的直覺就是說沒有什麼東西是真正屬於你自己的東西，你也沒有無限的權利去處理自己的任何資源，包括才能。你其實只能對它們行使一種代理人的權利，在某些你的直覺允許的範圍內使用這個東西。

袁：具體如何使用？還是說只能靠各人的直覺而做出判斷？

劉：沒錯，這是不可能有實質證據的。你可以把直覺看成一種模糊的判斷能力，看作一種先驗式的東西，就像康德說的物自體。現象存在邊界，因為理性不能看到自己，但是邊界存在，理性產生的源頭你是不知道的，這個源頭為你設定了某些邊界，你能感覺到這個邊界的存在，但是你解釋不了這個邊界。能夠解釋的都是枝葉性的東西，就好像定理一樣，能夠被證明的定理都是枝葉性的東西，但是你沒有辦法證明公理，只能相信它。

你必須說兩點之間的最短距離就是一條直線，而不需要去證明這一點，你量一千次和量一次都沒有區別，你必須相信這一點，然後才能在這個公理的基礎上建立幾何學，然後再去證明定理。能夠證明的都是細節，這些細節都建立在那些不可能被證明、只能依賴信仰才能成立的先驗基礎之上，推理推到最後總會碰到這堵牆。

當然這樣說起來是很沒趣的，等於說人類中最聰明的成員積累下來的所有智慧，其實都是捕風捉影的東西，但實際上就是這樣。可以說在這個層面，經驗和先驗是殊途同歸的，你可以透過經驗而發現先驗，這個過程跟愛德華・柯克（Sir Edward Coke）[1]說的那種，歷代先人透過他們的經驗發現了「神意秩序」是一樣的，神意秩序就體現於普通法和習慣法之中。如果你去追求真理的最終源頭，無論從哪

1—柯克在《英國法總論》（*The Institutes of the Laws of England*）中寫道：「理性乃是法律的生命，因而，普通法無非就是理性而已。它可以被理解為透過長期的研究、深思和經驗而實現的理性之技藝性的完美成就，而不是普通人天生的理性，因為沒有人生而技藝嫻熟。這種法律理性乃是最高的理性。因而，即使分散在如此眾多頭腦中的全部理性集中於一人頭腦中，也不可能造出象英國法這樣的一套法律。」（For reason is the life of the law, nay the common law itself is nothing else but reason, which is to be understood of an artificial perfection of reason, gotten by long study, observation, and experience, and not by every mans natural reason.）

個方向出發，只要經驗足夠多，最後都會得到這樣一個讓人喪氣的結論：人類說到底就是走不出捕風捉影的洞穴層次。儘管你那些亂七八糟的方向不一定一致，甚至可能只是單獨研究某一領域，比如物理學的一個分支，但你得到的最終結果都是一樣——不可知論，或者說那是認知的極限。

袁：自組織資源也是您的一個基石性概念。您能否說明一下它的原理？

劉：自組織資源是存在的，因為你能夠看到它的產生；但它是怎麼發源的，這是不確定的。在你能看到的經驗體系中，它的發源是有歷史的，它一定會來自於更原始、更古老的自組織資源，這有點像是生物學所說的「生源論」（Biogenesis），也就是只有生命才能產生其他生命，但是最初的生命從何而來，這是一個謎。

所有秩序都可以直接或間接地追溯到某個或某幾個自組織體系當中，但是對這些體系的追溯都只能探索到比較近的那一段，最核心最遙遠的起源是不知道的。最簡單、最合理的辦法就是給它一個「神棍式」的解釋，就像生命起源的問題一樣，你可以說生命是上帝創造的，這種最簡單粗暴的方法最後反而被證明是最能夠以最小成本而合理解釋一切的答案；當然你不用這種結論也可以，你可以說是大自然，或者用其他辭彙來描述，但實際上你只是把事情描述得更加複雜。

袁：當某個社會的自組織資源消耗掉的時候，它就進入了文明的冬季，是這樣嗎？

劉：衰亡的情況是很容易研究的，這實際上也是歷史學的主要課題，至少我覺得歷史學就是這麼產生出來的。基本上所有值得研究的東西都是沒落、衰亡和退化。退化是什麼意思？就是複雜結構的簡單化和粗陋化。這一點馬上就可以看出來，因為演化這個詞其實不是一個簡單的中性詞；你確實可以看到一些演化是在複雜化，而另一些演化是在退化，它不但越來越簡單，而且越來越脆弱。某些寄生獸，因為它長期生活在黑暗地帶，視力就不如它們的祖先了。有很多東西，比如病毒，它本身是沒有獨立生存能力的，它很可能原先是有獨立生存能力的細胞，但是因為長期寄生的緣故，所以它必須選擇最簡便、最不容易被殺死的方式，蛋白質多了反而容易成為靶子而被別人打，所以它很有可能在這個過程中，慢慢變成了除了最必要的一點基因以外，其他的什麼都不留下來。這種退化顯然是普遍存在的。在很多情況下，人類甚至會特意對自己採取簡化措施，比如說中國的河南、安徽省一帶的流民，我覺得他們的性格特點、生活方式，甚至養育後代的方式都是有意地適應大饑荒、人相食那種環境，這樣造就的人種類型在沒有大饑荒的環境下就變成一種非常遭其他人類討厭的品類。

但至少說，這就是在那一帶的最佳生存策略。比如有些人比其他人更容易長胖，那是因為他的新陳代謝速度比較低，容易儲存脂肪，所以大饑荒爆發的時候，別人已經餓死了，而他的脂肪還沒消耗完。但是這種人在現代社會，在不缺吃的時候，就會比別人更容易發胖，更容易患糖尿病。可能有很多生存策略都是從類似的方式中產生出來的。文化是多重複雜生存策略凝聚而成的一個集合體，你把每個生存策略單獨挑出來，抽離它的所在環境分析，那就變得很不可靠了，但是這個基本原則還是存在的。一般說來，在歷史的黎明、文明誕生的時候，也就是自組織資源已經處在巔峰或者接近巔峰的時候，產生它的階段一般是沒有紀錄的，而在有紀錄的階段，人們看到的現象就是蕭條和衰退。

袁：也就是說，以前自組織資源充足的地方，到後來反而變成了以原子化流民為主的社會。那麼，自組織資源能不能積累，或者說再生？如果可以，那麼在什麼情況下能夠再生呢？

劉：我覺得是不能再生的，至少是不會按照某種規劃而再生，就像政府徵稅一樣，政府肯定要徵稅，分別只是徵得多還是徵得少，一個好的政府會盡可能少徵，保護社會的活力。因此你能夠做的就是盡可能少消耗社會的自組織資源，延長它的壽命。即使它是能再生的，這個再生過程也不是你能充分認識和估算的；你幫不了它的忙，你的活動只是消耗——有意識的人類活動一般來說都是起消耗作用，而不是再生作用。

袁：若干年前中國知識界有一種很常見的說法，就是要培育中產階級，那麼這些說法都是不可靠的了？

劉：中產階級這個說法肯定是沒有太大意義的，因為純粹按照財產來判斷人的德性是沒有什麼真正效果。很明顯，一個十七世紀荷蘭窮鞋匠的德性就相對高，而廣州十三行的一個行商的德性相對低。第二次世界大戰後產生出來的所謂新興中產階級，比如說一個大公司的白領，他的德性肯定不如南北戰爭時期的一個農場主，雖然你可以說他們都是中產階級，按照收入和其他指標來看，他們在社會中的地位是差不多的，但是從農場主到公司白領，無疑代表著德性的衰退。

袁：因為公司白領不能有效地參與地方政治？

劉：可以說，美國政治的黃金時代是在舍伍德·安德森（Sherwood Anderson）筆下的《小鎮畸人》（*Winesburg, Ohio: A Group of Tales of Ohio Small-Town Life*）裡的那些小鎮裡——只有幾千個居民的美國西部小鎮，最有錢的人也不過是鄉鎮上的三流銀行家，到銀行裡存個幾千美元，在當地就算是大戶了，顯得非常了不起。一般老百姓連一百美元的鈔票都沒有見過[2]，對銀行家那幾千美元的積蓄抱著一種神秘的信心，就像不識幾個大字的鄉下牧師對《聖經》和神蹟那樣堅信不疑。但也是在這種社會裡面，各行各業，木匠們、鐵匠們，以及他們的兒子、女兒們組成了最經典、最完美的自治體系。後來大公司誕生了，無產階級出現了，各種各樣的政黨經紀人也產生了，反而使這種地方自治體系走向衰退。

袁：於是導致整個系統越來越退化成散沙型社會？

劉：美國社會還沒有到這個地步，因為它的基本盤還在，還沒有退化到真正的一盤散沙的地步。真正的散沙型社會，美國人是完全無法理解的，你跟他怎麼詳細

2—南北戰爭後，美國經濟長期處於通貨緊縮，直至一戰爆發。據統計資料，當時美國民眾的年平均收入為三百美元到四百美元。

解釋也沒用，因為解釋要有用就必須落在他的理解力範圍內。而一個人能夠理解的限度取決於他的經驗範圍，外星人可能是存在的，但我理解不了，因為它可能跟我的感官沒有任何共通之處；如果它能夠在觀測紅外線時也顯示出來我也許能理解，因為光譜既包括紅外線也包括可見光，但它完全可能擁有其他我根本沒有過的感官，那就是我完全理解不了的了，完全在我的經驗範圍之外的東西，你怎麼解釋都解釋不通的。

袁：正因為這個自組織資源是不可再造的，所以當一個文明進入冬季以後就不可能再復甦了？但您以前還說過可以對其輸血，那又怎麼解釋呢？您是指殖民主義嗎？

劉：外來社區的完全替代，其實這是一種效果比較好的做法，它實際上相當於種族滅絕，但是它能徹底地消除費拉[3]互相感染的問題。如果沒有完全替代其實反而麻煩得多，因為殖民者有可能會受到原有的散沙化居民的腐蝕。就像你往沙漠裡

3—費拉（Fellah）原本是阿拉伯語對埃及農民（被征服的古埃及遺民之後裔）的稱呼。斯賓格勒對其賦予文化人類學的意義，引入歷史哲學的討論當中，用以指稱「已衰亡文明的遺民」。

面倒水，你的水都倒光了，沙漠還沒有濕潤起來。

南歐北歐情況不一樣，其實也就是因為這個原因。在南歐，羅馬帝國昔日的人口和制度在很大程度遺留了下來，而北歐的羅馬遺民則基本上被消滅掉了。不要說歐洲，就是義大利一國南北德性的差異都很大，義大利南方先後被拜占庭和阿拉伯人統治過，費拉性就很高，非常愛耍賴，至少你可以明顯感受到他們像騙子。到第三世界，那些完全沒有建立文明，在殖民主義以後才進入文明階段的那些野蠻地方、原始部落、游牧民族之類，他們雖然非常野蠻，但是不會耍賴，會耍無賴的人都是建立文明、然後文明衰退的族群，像義大利南部、中國、印度、阿拉伯半島都是這樣。

袁：正因為有這樣複雜的情況，所以人類社會不可能出現什麼普遍性進步？

劉：普遍性進步實際上是相當消耗社會資源的。第一，它能夠出現，說明它原先積累的資源相當豐富；第二，它是一種破壞，它代表著既有積累的毀滅。

袁：我們怎麼判斷不同社會的自組織資源誰多誰少，比如說您之前在《巫師和法學家》[4]所提到的，開始的時候似乎相去不遠，但發展下去就會分道揚鑣。

劉：這個你不能準確地判斷，但是可以大致判斷出來它能夠產生出來的結構的長遠性和複雜性。如果樹長得高，那麼它地下的根就一定特別深，因為它地上的高度和地下的深度是有某種確定的比例關係的，上面長得高而底下的根不夠深，就無法吸收足夠的養分，所以，如果一種文明的精巧程度超過其他文明，那就說明它在進入文明階段以前一定有特別深厚的根基。而從另一方面說，如果某個文明維持的時間特別長，那也可以得出同樣的結論。

這個差別是非常大的。有一些文明，比如說南美洲，印第安人的一些文明能夠維持的時間非常短，你從它們留下的一些遺跡來看，那些大的建築，往往比歐洲某

4—詳見劉仲敬刊於中國網路媒體「財新網」之評論《巫師和法學家》：「周禮社會的仲裁位於德教和甲兵之間，均以德性．巫術思維為基礎。真正意義上的法律是契約的後繼，產生於確定的因果關係。交感巫術依靠相關性模擬，對因果極為陌生……原始禮法類似原始習慣法，猶如草本植物的幼苗出土時類似木本植物的幼苗；但習慣法每隔百年就會上升到新的高度，禮法卻始終在相當於、甚至低於周禮的層次上橫向蔓延展開。巫師和法學家在起點處相去不遠，在終點就無法溝通了。」

些小國的大建築規模還要大，但是工藝極度粗糙，就像是用沒有雕琢過的大石頭勉強堆起來的。論規模的宏大，你會覺得這個地方的統治者就像法老一樣強大；但是從細節的精細程度來看，不要說古埃及，就是苗族、瑤族這些小民族都比它強得多，後者的石器打磨得更精心；你會感覺到，這些印第安共同體在存續的過程中可能過著一種非常奇特的不協調生活。

印加帝國給我的印象也是這樣，它極度粗糙，但是論管理方法卻是高度集權、高度理性化、高度科學化的。我的感覺就是它過早地到達了演化的岔道口，過早地在其他方面還很原始的情況下就發展出了高度的官僚體制，過早地用社會主義方式來管理國家。而他們那種為了結繩記事而做的繩子，卻跟杜林（Alan Mathison Turing）提出的磁帶式打卡電腦概念（即杜林機）不可同日而語。

因為某些因素產生得太早了，也就是過早地出現了收割者，那麼你的文明就會停留在收割者出現那一刻的高度，再也無法升高了；如果收割者出現得很晚的話，那就會長到更繁榮的高度才會被收割。這就像一個小孩還沒有長大，突然得了一次瘧疾，那他的身高就會永遠停留在這個高度；如果他當時沒有得瘧疾，或者成年以後才得瘧疾，就會長到平均的高度。我覺得官僚制度和國家建制的出現都是最危險的收割者，它標誌著這個文明抵達了它能夠達到的天花板。到了這個層次以後，就再也沒有辦法上升了。如果官僚機構和國家尚未存在，那它就還處在一個元氣積累的階段，說不定將來還會發展到你難以想像的高度。

袁：也就是說，國家的出現本身就是一種極大的揮霍，越是發展到現在這樣一種平民主義或者福利主義國家，就越是極大的揮霍。但是主流的話語好像卻把這當成一種進步的標誌？

劉：在他們的眼中，揮霍才是進步。你判斷一個人有錢還是沒錢，當然要看他會不會多花錢。他以前掙錢的階段你是看不到的，一個即將發財的人是什麼樣子的？在你身邊走過去了你都注意不到。但是一個已經發了財、正在揮霍他既有積累的人，卻是人人都能看見的。文明就是這樣的東西，你看到的文明就是揮霍者，即將出現的文明你是看不到的，即使你憑直覺感覺到了什麼，也沒有辦法發現直覺以外的其他證據。

袁：這樣說的話，歐洲進入現代國家也就是最近幾百年的事情，能不能說它的文明巔峰就已經留駐在那一刻了？如果是別的地方，比如說中國呢？

劉：我覺得它的天花板實際上就是十七世紀，牛頓和萊布尼茲所在的那個絕對主義時代。以後它的天花板只在細節上有所改變，但整體高度肯定沒有上升。愛因斯坦時代跟牛頓時代相比，壞的方面基本上都是相近的，但好的方面前者還不如後者。量子力學給我一種極為不祥的感覺，就像後現代主義和佛教給我的感覺一樣。信仰初民的智慧傾向於「為信仰而信仰」，末人的智慧傾向於「為解構而解構」。信仰剛剛消退，理性方興未艾，就是巨人開始的時代。理性厭倦了解構世界，轉而解構自身，就是末人開始的時代。前者內在地孕育了後者，猶如兒童內在地孕育了老人。

這就是斯賓格勒所謂的觀相術，也就是內在的同構性——同構性不是相似性。鯨魚和水牛有同構性，鯨魚和鯊魚有相似性。巴哈（Johann Sebastian Bach）和《詩經》諸作者的同構性在於青春的質樸，量子力學和佛教的同構性在於疲憊的精密。中國的文明天花板顯然就是在孔子時代，以後的人頂多只是重新接近那個高度，多半還是每況愈下的。

袁：文明能夠在它的天花板停留多長時間，這是一個隨機的事情？至少在孔子看來，他本人所在的那個時代就是一個衰退的時代。

劉：它不是隨機的，肯定有某種規律，至少你完全可以看出很多內在合理性，就像你看到獅子的時候會認為獅子不可能長三個腦袋，這裡面一定是有規律存在的，但是想要準確解釋是不可能的。你也區分不了到底是因為你知識有限才解釋不了，還是因為這件事情在本質上就是你無法解釋的，你在自己的有限認知範圍內確實沒有辦法對兩者做出有效的區分。

照孔子那個邏輯，肯定會認為積累者才是好的時代，揮霍時代一旦開始就是不祥之兆，這一點其實也是完全正確的。但他自己也是揮霍者——所有知識分子都是文明的揮霍者。問題在於到他本人能夠意識到這一點時，他已經變成一個知識分子。所以如果你不是揮霍者，就根本無法意識到誰是揮霍者；如果你已經能夠認識到誰是揮霍者，那就說明你已經是揮霍者了，這是非常可怕的悖論。

袁：就是因為有這個悖論存在——我相信您的好些讀者也意識到了這個問題——那現在該怎麼做呢？我現在意識到自己是文明的揮霍者了，同時也就意識到了自己很無助，那我們能做些什麼呢？

劉：那就沒有辦法對這種情況做出有效判斷了。孔子的做法是播種。

袁：他也不知道以後會種出什麼，總之先播了再說。

劉：確實是這樣。

袁：三世說[5]、周禮、王制這些自然是不在話下，孔子本人的政治主張到底是什麼呢？

劉：他沒有連貫的政治主張，但是有一致的傾向，就是「吾其為東周乎」，要求把歷代禮樂整合起來，復興一個有點像是東亞國際聯盟的東周。這個東周要尊卑有序，但不是強制性的尊卑有序，而是透過教化、發揮感召力，自然而然地讓所有人根據教養和德性的差別而自動進入各種各樣的不同位置上，就像一個排練得很好的樂隊或者足球隊一樣，所有人都會各就各位地自動跑到最適合自己的位置上去。所謂禮樂就是調整和諧度的意思，按照我的理解這也屬於自發秩序。

袁：利用霸主來尊周室？

5—《春秋公羊傳》以孔子在世年代為基準，將春秋時期的歷史從後往前劃分為「所見世」、「所聞世」和「所傳聞世」。到東漢時，公羊學派將其演繹為「據亂世」、「升平世」、「太平世」，後來康有為更在《大同書》主張它們是人類歷史的三個進化階段。

劉：這倒不是。就像是人生病了才需要醫生一樣，德性衰退了才需要霸主。德性衰退了以後，秩序出現了空白——好的秩序是不留空白、綿密的——出現空白以後，霸主就是應運而生的補丁，至於補丁好還是壞，要看你怎麼評價了。說它好是對的，因為不打補丁衣服就是破掉的，就會留下一些無秩序的地方，無秩序的地方就會有人受苦，所以有人給你打了補丁，不管打的補丁再糟，好歹有一個秩序，所以應該說這個補丁是好的。但是你也可以說補丁是壞的，因為補丁明明是非常難看，本來好好一件衣服，這一個補丁，那一個補丁，你為什麼要把衣服弄壞，或者弄壞以後為什麼不恰到好處地修整，非要打一個醜陋的補丁呢？看上去兩種理解是矛盾的，其實它們都是正確。

就像孔子有時候說霸主好，有時候說霸主壞——他說霸主好是什麼意思呢？就是說沒有管仲我們都要變成蠻族了，沒有一個霸主在那裡擋著，會出現秩序真空，我們都變成野蠻人了，這不行。但他也說霸主壞，為什麼呢？霸主跟真正的禮樂相比那是不行的，就像是補丁，沒有補丁的衣服才好看，這是理所當然的。說好說壞，背後肯定有一個評價標準，你不把做比較的標準公開，不根據歧視鏈原則來考慮問題，那就完全是胡說八道，那就變成毛澤東的延安政權說蔣介石的南京國民政府獨裁，別人肯定要問，蔣介石獨裁，那你毛澤東這套是什麼？這叫事不關己高高掛起，定期在幻想自己是美國人。

袁：從孔子到孟子之間就有一個巨大的變化。孔子還沒有說誰可以取代周室，孟子就直接讓其他人當「亂臣賊子」了。

劉：孟子時代，他已經把自己的智力看得非常了不起，準備把個人才智拿出來變現，作為實際的力量了。孔子是根本不會有這種想法的。把智力當作一種工具和力量來使用，實際上就相當於《約翰福音》裡寫的，把結果子的樹枝砍下來吃那個果子一樣。智力是需要有根的，你把它砍下來以後，果子是到嘴了，但是以後就沒有果子了，這就是禮崩樂壞已經變得不可逆的一個症狀。孔子如果看到這些，他應該可以斷定自己名義上的徒子徒孫是會不得好死的，就像你可以斷定聖經那棵樹枝被折斷以後，就再也不會結出新的果子了。

袁：這個過程發生得也太快了一點，中間好像也就只有一百年不到，從子路那一代人到孟子之間，簡直是急轉直下。

劉：那就說明中國的積累其實不是很多，積累不多於是你的文明季候就會轉得比較快。如果是非洲部落那些地方，肯定是在極短時間內，可能幾代人時間內就完成輪轉。像印加帝國肯定更快，它比東亞的文明誕生得還要晚得多，但是在東亞的明帝國時代已經是進入一個高度專制、高度編戶齊民的狀態了，所以它的文明季候比東亞轉得還快。而歐洲人從封建制度一路轉向民族國家，轉了幾百年都還沒有徹底轉出來，這說明它的積累很豐富；希臘羅馬人轉了幾百年，最後從城邦民主轉到吏治國家了；歐洲人轉了更長的時間，都還沒有完全從春秋時代轉出來。而東亞的春秋時代到戰國時代，兩百年時間就轉過去了。

袁：對孔子來說只能播種，但在西方，在十七世紀文明處於天花板的時候，西方知識分子當時的最好選擇是什麼？

劉：西方社會的複雜程度要大得多，包含了許多種不同的可能性。如果說孔子播下的是簡單而孤立的種子，那麼他們創造的東西就相當於很多種類似杜林機的東西。

袁：跟十八世紀相比，十七世紀反而是個機會？而且，十九世紀好像是疾風驟雨的？二十世紀又如何呢？

劉：十七世紀是個各種趨勢急劇上升的時代，十八世紀就不一樣了，十八世紀是你很熟悉的，人文主義思想的歸納和總結，也就是一種平台拓展的趨勢。十九世紀的西方文明其實並沒有什麼拓寬或者升高，散發著明顯的秋季氣息，這一時期西方知識分子建立的就是一種果實性的東西。二十世紀跟十九世紀是區別不大的，就科學方面來說，基本上是連續性的，理論上的突破是在十七、十八世紀之間，十九、二十世紀以後其實都是傾向於殘局收官的道路，當初天花板突破才是最重要的事件，但是突破天花板是不結任何果實的，它當時開拓的可能性直到現在被真正利用到的也只是極其微不足道的一小部分。突破天花板的那種人，必定就是我剛才說的那種年輕人，是以一種高度浪費性的方式使用他們的力量的，他們打開了朝向無窮可能性的通道，然後隨便地闖了過去。就像第一批到美國西部的那些人，看到四面八方全是野牛，劈哩啪啦隨便開槍就打死一大堆，下車只割一塊嫩肉，其他部分任其腐爛。後來才產生出科學養牛、精確利用每一塊肉的辦法，但是這已經不是開拓期、最富創造性的那個階段了。

袁：您之前提到，可以假想在未來世界會出現各種各樣的新組織[6]，就像科幻小說裡寫的那樣，這是否可以被認為是近一百多年來科學的快速發展給人類創造出的可能性呢？

甚至厭惡家庭因素。他們相對於民族國家的官吏機構和軍隊，擁有的優勢大大超過蘋果公司相對於中國國家計劃委員會的優勢，很可能導致傳統國家的衰敗。其三是拉普他（Laputa）式的科學家．士大夫團體專政，將治下的臣民完全改造成相當於礦產和家畜的資源，從而傳統國家的義務和負擔基本上消除，依靠低成本的巨大優勢而自我維持，只要能夠逃避或賄賂前兩種社會就能長治久安。」

劉：這倒不好說，因為人性的範圍是如此狹窄，以至於科學創造的可能性表面上是新的，但其實可能全都是舊的，只是在一個被放大的範圍裡，原來受到的一些壓制被撤除，使它以新的表現形式重新釋放出來。我倒覺得他們能夠產生的那些東西可能很少是中世紀早期沒有產生過的，中世紀早期是一個非常怪異的實驗期，產生過各種各樣複雜的東西，後來能夠留下歷史紀錄的，都是經過比較和規範、淘汰以後剩下的一小部分。我有點懷疑，即使人類到了外星球，釋放了各種可能性之後，豐富度和變異性也不一定能超過那個時代。

袁：那在當下和未來，東亞大陸還有什麼比較可行的組織形式、能夠為人們提供機會做成熟的政治參與？宗族之類的肯定是不可能了，過去那種具備社團性質的俱樂部，還有沒有可能呢？今天的人直接參與地方政治的可能性越來越小了。

劉：我比較傾向於認為，這種過程會像打亂化學物質的分子鍵一樣，把原有組

6—劉仲敬的相關評論如下：「具有自我延續性的共同體至少有以下幾種。其一是延續猶太教傳統的教會，尤其是具有原教旨傾向的教會。他們能夠維持高生育率，能夠吸引和保護從社會離散的游離者，不需要國家組織的支持而能夠維持和擴展，能夠在自然和社會災變中保持巨大的抗壓力。其二是極客或其他類型的騎士團組織，有些可能像科幻小說《為和平而戰》（*The Peace War*）提到的叮噹客（也就是家庭作坊式的科研小組），有些可能像聖殿騎士團那樣的武士．金融家組織，有些可能像日本武士或僧侶。這些小團體很容易占據關鍵性的生態位，發揮與其人數不相稱的龐大影響力，依靠兄弟會契約和學徒契約的變形，不依靠

織中的能量全部釋放出來，直到下一階亞穩態出現。釋放過程中的原子是相當活躍的，但是枯竭會來得非常迅速。這一點主要還是看歐洲核心區的情況，因為他們那裡畢竟還是文明核心地帶，雖然正處在迅速轉向官僚化的過程中。如果他們在徹底進入老齡化社會時，即使加上了現代科學的可能性，但仍然開發不出什麼新東西，那麼一種羅馬帝國式的未來就會變得無法避免了。在這方面中國經驗是不算數的，因為中國處在世界秩序的末位狀態，在可以預見的未來，它能夠得到的各種組織模式都是直接或間接從西方滲透進來、變形以後的東西。就像中國人用的是盜版軟體，對於他們來說，已經是升高了無數級的新天花板，無數的新可能性得到釋放，雖然其實那都是美國人的剩飯剩菜。人類的命運歸根結底還是由西方的前途而決定，現在中國做的東西全都是外圍性質的，是影響不了基本格局的。

袁：社會積蓄元氣最為深厚的美國，現在是不是也出現了這樣的情況呢？

劉：美國還有點不好說，因為美國的自由資本主義和科研開發結合到一起，等於是產生了很多個小範圍內的新變量。從性質上講，這些新變數是跟西部開發時代的野牛差不多，但是它們所需要的空間其實只是一條街，甚至一間房屋就足夠了。你從有形的角度上看完全看不出新變數的存在，但實際上它是存在的，而且將來可能像個泡沫一樣，膨脹到整個宇宙都有可能。也許全世界百分之八十到九十的新變數都在美國，還有百分之十幾的新變數分別落在類似以色列和芬蘭的國家，而中國有的只是不到一百萬分之一，所以文明的基因多樣性這個東西，跟國家領土範圍的大小確實一點關係都沒有。

比如說，全世界馬鈴薯的基因多樣性絕大多數都在秘魯的幾個小縣城那個區域內，那個區域的基因多樣性比全世界其他地方加起來還要大。近代以前的西歐，特別是西北歐那一小塊地方，積累的文明基因多樣性，也比全世界其他地方加起來都要多。那麼現在也可以說美國那幾個加起來可能只有幾個居民區大的地方，它積累的基因多樣性占了當今已知文明的百分之八十到九十以上，將來的世界完全可能由他們的後代來繼承，其他人頂多就是可以搭趟便車而已。

袁：這個基因多樣性，應該需要一個比較好的外在條件的配合才能釋放出來吧？

劉：那倒不見得，因為基因多樣性本身就是為了應對各種外界條件設計出來的。在任何情況下，外界條件都是不可控或者不友好的。如果外界條件顯得比較合適，那實際上就說明你的基因多樣性足夠多，在浪費了很多以後，仍然能夠找到足夠多的鑰匙配這把鎖。如果你的基因多樣性不夠多的話，多半就滅亡了，這時候的釋放難度就無異於「青暝貓拄著死鳥鼠」的機率。

袁：美國有一個很長期的積蓄過程，從建國之前一直到奉行孤立主義的那段時期，它可以避免與外界的衝突，自己慢慢地積蓄元氣。但是現在美國已經處於羅馬帝國或者準羅馬帝國的位置了，如果出現分裂的話它還可能釋放出更多的基因多樣性嗎？

劉：這是一個政治問題。它現在賴以存在的真空泡大體上不是政治性的東西，它開發出來的東西——如果將來成熟的話——很可能就類似於西歐封建再次展開的模式，基本上也就是一個沒有國家建制的世界。很可能到官僚國家體制在全世界絕大多數國家占據主流以後——現在看來言行顯得極端怪異的極客（Geek）組成的小組織就會變成締造未來社會的種子，就像現代社會的所有憲法形式，其實都是從封建時代那些西歐小邦國發展起來的一樣。

袁：那麼，您能不能說說最有可能出現在哪裡？大概只有在整個全球大環境重新洗牌以後才有可能？

劉：那就不好說了，很有可能是在美國中西部的亞利桑那州或者其他類似的地方。但是全球大環境有沒有洗牌還是可以看出趨勢的，某些東西已經明顯表現出它們在生態位上與恐龍相同，也就是內在約束太大，以至於沒有多少機會重新輕裝上陣了。

袁：接下來我想向您請教一個更為具體的問題，也就是您經常談的古老自由與新興專制，這也是自組織資源的延伸討論。古老自由實際上是什麼？

劉：所謂古老自由，也就是符合習慣的，而習慣是在演化的過程中形成的，它跟所有成員的德性契合無間，所以彼此之間不會造成自組織資源的浪費；並非源自古老自由的構建式法律是具有普遍性的、一視同仁的法律，這會造成巨大的浪費。

就像讓你管理一支足球隊，好的足球隊是成員彼此之間有著高度默契的，你根本不用寫一部法典專門規定在馬拉度納（Diego Maradona）搶球的時候，羅納度（Ronaldo Luís Nazário de Lima）應該做什麼，那既不可能，也毫無必要。好的球隊肯定是彼此之間能高度默契配合的，一個球員有一套動作，其他球員也這樣。就像一個人的各個器官一樣，彼此間會做良好的協調配合，如果培養不出這個高配合度，那它就不是一支好球隊，無論單個球員的體能有多麼強大，這樣的球隊肯定是要踢輸球的；好球隊之所以好，就好在它的協調性特別強，而協調性只能是靠習慣得來的。所以，等到你必須對所有成員都制定一部法典，規定在什麼情況下應該做什麼的時候，這個球隊就不可能是好球隊了，甚至完全可能大踢烏龍球。在這種情況下，能夠安安穩穩地過日子就已經很不錯了，這時候就不得不依靠成文法來統治。既然要用成文法來統治，那你就不能指望他們都變成菁英；既然他們不可能變成菁英，那你就只能防止他們墮落到平均水平線之下——只有在這種情況下成文法才有意義。

袁：這就好比一個公司在剛創業的時候，可能只是幾個人聚在一起，每個人都有很多點子，這個時候你就說不清楚他們會創造出什麼。後來他們演變成了一個大公司，制訂出了各種條條框框的規章制度，然後進來的人都是流水線上的人，可以這樣理解吧？您剛才談到了一點，就是組織資源越豐富，它的文明就出現得越晚；反之，組織資源越簡單，就越適合專制。那麼世界上的幾個主要文明，它們從自由到專制的時間大概是多久？

劉：蠻族總是自由的，他們只受習慣法統治，而且蠻族部落的文明複雜性恐怕比大帝國還要複雜，儘管人口可能只有幾百、幾千，但是它的統治方式，你只要找些傳教士，把他們的古老神話記錄下來，把他們那些古老的習慣法記錄下來，就會發現這些東西比《荷馬史詩》還要複雜。他們唯一缺乏的是文字紀錄，文字是和官僚制度同時產生的，它代表著消費，只要把這些自組織資源釋放出來，那就是一個現成的希臘城邦了。

從某種意義上講，文明的開始其實就是煙花開始點燃，過去的資源開始消耗，估計在最開始的時候是一面消耗一面生產，而且生產的速度可能大於消耗，但是過了某個閾值以後——一般這個閾值就是專制國家出現、例如凱撒或者戴克里先登場的時候——消耗速度最終不可逆地超過了生產速度，甚至生產趨向於完全停止，最後經過或長或短的階段就會燒成一堆灰，在燒成一堆灰之前統治形式會墮落為最簡單的形式，也就是依靠赤裸裸的暴力。

袁：這是不是一個建構式的說法？因為完全依靠純粹的暴力而統治是不可能的。

劉：就像代數幾何裡的雙曲線一樣，曲線不斷地逼近數軸，但是一旦接觸到數軸，文明也就結束了。文明在結束以後肯定會有一條漫長下降的線，它向暴力不斷地靠近。但一般來說衰落的文明是達不到那個終點的，因為它在還沒到這個階段的時候就被其他文明征服了。

袁：這種情況畢竟充滿著各種各樣的偶然性。那麼，就主要的文明例如埃及來說，埃及文明在什麼時候仍然享有古老自由？

劉：埃及文明享有古老自由的時代大概就是州國時代[7]，這個時代幾乎沒有留

7—即前王朝時期（Prehistoric Egypt），時間為西元前四千年至前三千年左右。這一時期，埃及處於城邦林立的局面，並出現了多個文化中心。

下任何王朝的紀錄，上埃及和下埃及各州還在不斷地爭戰；這也是個歷史紀錄最少的時代，因為那時候書吏階層還沒有產生，但是當時的埃及城邦應該是最有生命力的，因為他們肯定是從高地上遷徙過來的，把那些本來充滿蚊子和爛泥，根本不能居住的地方開發成了繁榮的國家，其中所表現出來的組織力量肯定是事先具備的。

到了古王國時代，實際上就已經進入衰退期了。但是衰退初期還是有一定封建結構的，地方諸侯的自治傳統仍然相當濃厚；再到新王國時代，一切都消除了，完全是由鐵打衙門一般的官僚機構來統治。然後經過短暫的軍國主義時代，接下來就進入到了被外族征服的時期。軍國主義和外族征服的時間總是非常短暫，不超過三代人，它代表著最後一柱輝煌的煙花。

袁：蘇美（Sumer）、巴比倫這兩個文明的情況又如何呢？

劉：這兩個文明的情況比較特別，因為它們的地理位置很特別，外族王朝發揮的作用要大得多，但基本規律還是一樣的。吉爾伽美什時代明顯就是一個希臘城邦式的時代，烏魯克國王跟英格蘭王國的獅心王或者黑太子是差不多的，動不動就放下他的王位跟其他英雄跑出去雲遊冒險，他不在的時候王國好像也治理得挺不錯。他本人回來的短暫時間，不是跟貴族打架就是跟平民大會爭鬥，從這一點上你也可以看出烏魯克是有政治自由的。

袁：您剛才說到軍國主義階段非常短，那放在中國的話，這個階段就是秦政？也包括後來的漢武帝時代。這似乎相當於快到極點的時候發生了一個膨脹，然後馬上就收縮了。您之前提到，中國人的很多認識全都顛倒過來了，現代國家實際上才是不自由的、武斷的。是否可以這樣說，正是今天中國人很享受的現代文明把他們養成了這個樣子？

劉：秦政是比較早的一個階段。在秦始皇和漢武帝之間，有一段休養生息的時期，要不然漢武帝的軍國主義也不可能維持這麼久。中國的教育本身就是士大夫式的，所以在開始的時候就已經包含了預設的顛倒價值觀，如果不跳出這個框架，就很可能認為這個價值觀是唯一正確的看法。我在年輕的時候，曾經一度很佩服戈德溫（William Godwin），他是雪萊的老丈人，曾經寫過一段很自戀的話：如果有兩個人遇上危險，一個是你自己的親戚，另一個是偉大的文豪，你應該救哪個？他說你絕對應該救文豪，損失一個文豪對文明的損耗太大了，而那個親戚不過是凡夫俗子，大致上是這個推論。當時我是無限崇拜這段話的，現在我倒覺得它充滿了知識分子像泡沫一樣的自戀心態。但是，我到現在還經常看到跟過去的我類似的人在說同樣的話，所以我大致可以預見到這些人將來會發展成什麼樣子。之所以可以預見，是因為當時的我跟他們的心理同構性是極高的。

袁：好的，接下來請您談談政體演變和憲制鬥爭這兩個概念。

劉：有憲制鬥爭，那就是在文明的黃金時代，自組織資源非常豐富的情況下。在最開始的時候沒有憲制鬥爭，只有習慣法的衝突，圍繞習慣法可以進行一些鬥爭，但還上升不到憲制鬥爭的高度；在憲制徹底衰弱以後，鬥爭意義也消失了，只有爭奪權力和物質的具體鬥爭，不再有什麼憲制的鬥爭。

像范進那個時代就沒有憲制鬥爭。張居正和高拱有什麼憲制鬥爭呢？他們無非就是爭奪誰當首輔的位置——而誰當首輔都要去賄賂太監，以及其他諸如此類的事情。皇帝制度就是憲制鬥爭結束的一個標誌，因為說白了：大家爭的就是皇帝背後的那份天子富有四海的物質利益。皇帝制度和科舉制度在精神上是高度同構的，儘管科舉制度是為那些貪生怕死的人準備的，而皇帝制度是為那些不怕死的亡命之徒準備的，但總之人人都享有一個魚躍龍門的機會，「王侯將相寧有種乎」嘛。

袁：政體循環這個說法是柏拉圖提出來的，柏拉圖本身就處在希臘文明的黃金時代。在古希臘人提出這個理論之前，他們也經歷過文明的衰落吧？

劉：古希臘人在以前曾經有過埃及式的邁錫尼文明，很像是埃及晚期的一個分支，他們自己的地位就比較像是後來入侵羅馬帝國的中世紀蠻族，占有了原先羅馬帝國的土地。他們一定是有一些上古記憶的，就像中世紀的人多多少少知道一些羅馬帝國時期的事情。所謂亞特蘭提斯的神話，很可能就是古埃及時候的神話，他們像柏拉圖描寫的那樣，是非常雄偉壯觀的、已經滅亡的古老文明，有豪華的宮廷，有高雅的士大夫階層，但就是沒有提到他們完全沒有政治自由這一點。然後這樣的遠古文明就在大洪水中毀滅了——大洪水是一種神話性的隱喻，極有可能就是指他們自己的祖先、也就是蠻族們對希臘半島的入侵。

袁：所以憲制鬥爭，只是在一個很短暫的時期內才有的？

劉：鬥爭的時間或長或短，這跟文明本身的季候位置、性質也有關係。對於中國人來說，西周和春秋時代就是憲制鬥爭時代，看上去跟歐洲相比是很短，但是比中國更短的文明還有的是。

袁：在秦漢之後，中國就沒有憲制鬥爭的可能性了嗎？

劉：是的，秦漢之後其實就只有蠻族才可能有，蠻族在闌入中原之後，把部落組織逐步改造為專制帝國，因此他們內部出現了憲制鬥爭——至少說是某種變形的憲制鬥爭。在這個過程中，儒家士大夫發揮了腐蝕劑的作用，盡可能地加快蠻族部落向官僚國家和郡縣制轉變的速度，實際上他們每次都在極力地把原來權力不大的部落酋長轉變成擁有絕對權力的專制領袖，在這個過程中，原有的部落武士和貴族權力就被消滅了。

袁：貴族武士有沒有可能在憲制鬥爭中獲勝呢？我覺得這種可能性或多或少還是存在的。

劉：他們也有可能獲勝，但應該是很慘烈的，這會導致原有居民被打壓下去，或者是徹底滅絕。如果像成吉思汗他們計劃的那樣[8]，要把華北大平原的人口殺光，

8—出自《元文類・卷五十七》、《元史・耶律楚材傳》。據記載，提出這項建議的是「近臣別迭」，惟該人並未見於其他同時代的紀錄。關於蒙古帝國之民族政策，另外的說法可參閱杉山正明《蒙古帝國的漫長遺緒：後蒙古時代與世界史的重新構圖》。

變成牧馬的草原，假如這個企圖成功的話，說不定蒙古人還真會在當地建立類似於中世紀歐洲的封建結構。這個封建結構大概有五百年時間來發展自己，可能到歐洲人出現在遠東的時候，它就已經可以發展到跟日本德川幕府差不多的程度。因為蒙古人建立封建制度是不可能長期維持大汗專制的，所以它肯定會出現海都或者其他藩王充當封建領主的情況，最後把大汗的權力變成一種阿加曼農式的象徵性權力。

這樣一個蒙古封建體制，因為它的內在性質是不適合於大軍對外征服的，所以也很可能征服不了華南，而只會把南宋當作神秘的、異質的拜占庭式帝國而晾在一邊。之後歐洲人到達遠東的時候，他們就會發現東亞有兩個不同的政治系統——華北的封建系統和華南的吏治國家——然後華南就會輕而易舉地被他們征服。

但是歐洲人對華北就要發動漫長而痛苦的戰爭，最後在戰爭的過程中，華北的封建體系很有可能會像明治日本那樣，試圖掌握歐洲文明的部分成果，並且加入後者的條約體系。當然這個前提是蒙古軍要滅絕掉華北的原有人口，這一點在當時其實也差不多快要實現了。但是你得佩服中國士大夫還是有一手的，他們有一種腐蝕能力，而這套能力也是他們長期研究歷史、究天人之變的結果。如果這些士大夫沒有經歷過儒家的所謂「博雅教育」，缺乏對歷史和人性的豐富了解，就很可能做不到腐蝕忽必烈這一點。因為很多最初條件不比他們差的其他人，在經歷蠻族征服以後就徹底滅亡。

袁：所以中國士大夫的成功與失敗，從長遠看還真是難以做出定論？

劉：有些事情你要說它正確還是錯誤是不好說的，說它是好還是壞，你肯定事先得有一個評判標準。但是這個標準本身不一定正確，很可能因為你自己有這樣一個價值體系於是就說它是好事，但這種價值體系到頭來很有可能會害死你。將來有朝一日你之所以會完蛋，就是因為你有這樣一套價值體系，把這件事情說成是好的。如果你當時有另外一套價值體系並說它是壞的，最後在更加長遠的未來，結果也許反而更好。

袁：也就是說，比如英格蘭，它能夠建立起那樣一種特殊的憲制結構，也是因為蠻族渡海征服的時候殺人比較多。這樣的情況還有別的例子嗎？以至於當地人對上一個文明只有很模糊的記憶？

劉：英格蘭王國的情況是這樣，而且我覺得希臘其實也是。古希臘人關於宙斯弒父的傳說，應該就是一種比較隱晦的表達。

袁：從這個角度來理解的話，憲制鬥爭並不是人力可以操控的？

劉：其實埃及也有這樣的機會。但是埃及法老取得了比後來中國皇帝更大的成就，也就是擊退了入侵的海上蠻族。這些海上蠻族很有可能就是《聖經》裡提到的非利士人的同族，如果這些人征服了埃及，埃及就很可能會經歷第二個封建時代。

袁：接下來我們談談法統和法權，這兩個概念對於中國人來說好像都是比較陌生的？

劉：西周時期的中國人可能對這些不太陌生，因為那個時候的中國跟現在的中國人還不是同一個種族，連頭骨的形狀都不一樣。他們大概還處在比較誠信的階段，他們的理性還沒有發展到敢於任意解釋一切事物的程度，因為能夠建立法統說明你還處在一個比較認死理、比較純樸的階段。

後來的中國，包括北洋時期講法統講得轟轟烈烈，但骨子裡都是假的，因為它的載體已經是一些非常狡猾的費拉了。太聰明的人是不能講法統這一套的，必須是謙遜、虔誠而純樸的人才可以。而謙遜和純樸是一個集體性概念，不是指個人美德；如果我個人有這種美德，而別人可以利用它來剝削我，那麼我的合理做法就只能是一邊宣傳這個美德，一邊卻永遠不去踐行它。我想每個中國士大夫都對這方面有著充分的認識和準備。所以說，要怎樣才能真正拯救中國，邏輯上的結論是「即使不把全部中國人殺掉，至少也要把中國的士大夫全部殺掉」，這是一個弔詭的真理。

其實我有點懷疑毛澤東是考慮到了這一點的，他發動文革可能並非完全出於純粹的暴虐，因為他自己也是個小知識分子，所以他很懂得他自己的同類在骨子裡是多麼邪惡。但是按照小清新的觀點，只要你這個中國人死了你就是受害者，因此你就必定是好人。而實際上你之所以死，很可能只是因為你在跟你的同類打架的時候，他遇到了任何人都沒法預料的好運氣，而你恰恰成了倒楣鬼而已。這是沒有辦法的，任何人在打架的時候，在很大程度上都要依靠自己控制不了的運氣。你就是在拔槍的時候先被別人的槍給放倒了，只差了那麼一秒，這有什麼辦法呢？但這並不是說你就是被他們陷害的無辜好人，其實大家彼此都差不多的。

袁：今天的中國人喜歡講憲政，但這個東西是有它的淵源的，在缺乏這個淵源的情況下，還能建立憲政嗎？

劉：顯然這是不大可能的，因為中國人已經狡猾得太過分了。不是說有沒有淵源的問題，而是你本來可以用於建立這些東西的土壤，現在已經徹底沙漠化了，中國社會已經沒有足夠多的純樸的人了。比如說在國府遷台之前，你還可以合理假設雖然中國統治者與知識分子都是些狡猾和不可救藥的東西，但是老百姓當中還有一些純樸的人。但現在詭詐的馬基維利政治深入到了每個社區，甚至每個家庭，以至於所有人都變得又壞又狠，因此誰都不信任誰。

袁：在別的地方也沒有成功的先例嗎？

劉：基本上說，一個文明真正到了費拉階段的時候，對於它來講最好的前途就是盡快滅絕。反例簡直是找不出來的，之後產生的新興文明實際上都是換過血的。新的種子在原來的地方重新開始，起死回生的例子好像一次都沒有。而且在這個過程當中，就像剛才說的那樣，你中國人要消滅得更徹底一點，這樣才對後來人有好處；有時候你自己死得快一點，才能更好地造福宇宙。

袁：按照您的說法，法統這個東西能不能把它簡單地理解為線性的，不斷地下降、下降？人民的虔信也是，能不能這樣理解？

劉：法統實際上是個類似花朵的東西，人們的虔誠和純樸達到一定高度後，它自然就產生能量了，就會自然地盛開花朵，而這個花朵是多餘能量的副產品。如果你沒有多餘的能量，這朵花就開不出來。但是這個能量並不是花本身造成的，而只是一個附帶的東西，就像你的身體會自動附帶熱量。如果你活著，即使沒有運動，也會輻射出熱量；如果你長著能看到紅外線的眼睛，就會看到運動員在做酣暢淋漓的動作時，他的身體發亮了，這圈亮光是周邊的，等他的運動平靜下來之後，這道亮光就暗淡了，而等他死了之後這道亮光就完全消失了。

袁：但也有人認為，不能簡單地把秦以後的帝國時代一律視為僭主式政治。他們覺得，比如五德循環論[9]這些說法也會起到一種替代性的法統作用，為政權賦予

9—按照該理論，中國的歷代「王朝」均屬於金、木、水、火、土這五種元素的其中一種「德性」，而根據演繹方法的不同，又分為「相生說」與「相剋說」兩類解釋王朝更替規律的論調。

合法性。

劉：這種觀念顯然是不正確的。五德終始說是一種非常精細的、有點像諾斯底派（Gnosticism）的那種知識分子的理論裝飾品。即使在帝王當中也只有文化程度比較高的人才能理解得了，於是把它立起來當花瓶。它的作用是超不出花瓶這個範圍的，民間信仰比它粗糙野蠻得多，要靠五德終始來樹立政權合法性是根本做不到的。

袁：日本是離中國比較近的，是不是可以說日本人一直有法統？

劉：日本那套八百萬神靈的說法，其實是跟春秋時代到西漢初期的中國神話差不多的，它有原始神話的特徵，最主要的地方就是極度混亂，缺乏系統性。也就是說，沒有經過一批訓練有素的知識分子的整理，然後因為它比較貼近生活，能夠與各個地方的英雄人物連結在一起。說起來有點也像希臘神話，動不動就冒出一個海克力士式的英雄，能夠打死幾頭豺狼虎豹，然後大家就把他當成地方上的小神了。神與半神之間沒有明確的界限，這就是一種原始豐饒的狀態。

袁：但是我們該怎麼理解法統呢，比如說君統一直沒有中斷？

劉：君統沒有中斷的話，那固然是一個德性的標誌，但不是德性產生的原因。法統不是簡單的等於君統，它比君統要複雜一些，儘管君統可能是法統的保障，但法統是一種連續的憲法統治，需要更高的抽象性。因為君統還有一個具體的人身，可以用具體人身的沿襲來保障法統，但是法統需要一套更精細的東西，它不一定需要君統，雖然有君統更好。把君統和其他所有力量都納入到它的抽象體系裡去，這實際上就是要求整個共同體的全體成員都要有非常精細的憲法層面的判斷力。

袁：像以色列民族就屬於這種情況，它沒有一以貫之的君主傳承，但是它有法統。按照您的說法，確實就很難說中國有法統了。但像日本這種情況，它的法統是不是也有可能中斷呢？比如說某個野心家哪天突然說我要刺殺天皇和皇室成員，這也不是完全沒有可能的事情。

劉：以色列人自稱為選民，就是因為這樣。日本的法統中斷，這種可能性一般來說只會存在於戰爭年代當中，類似戰國時代那種戰爭年代，原有的社會組織被破壞得非常嚴重，無產冒險家有很大的出頭機會，比如織田信長。但是這個時期很快就過去了，到德川幕府掌權以後就結束了，因為德川家康畢竟出身於鄉土性比較強的地方武士階層，他不是那種能當野心家的革命者，所以他的想法是盡可能把原有的憲法形式拼湊起來能用就好，自己能夠分到最大的一塊餡餅就心滿意足了。你可以想像一下，假如說劉邦這種人在白起之前就出現的話，說不定就會把中國引上這個協調性的方向。

袁：以三國時代為例，如果曹丕始終沒有篡漢，而是把漢室保留了下來，有沒有這種建立法統的可能性呢？

劉：即使曹丕沒有篡漢，他的幕府過不了幾代可能也會被其他幕府取代。他篡漢是種自我保護措施，現在不篡的話，以後就再也沒有機會了。漢魏晉是個連續的演化過程，不能因為後來人的朝代劃分就把它們割裂開來，魏是借漢的餘燼來維持自己的，而晉又是借魏的餘燼來維持自己的，所以從整體上講，無論他們怎麼經營，恐怕都阻止不了北方蠻族入侵的浪潮。因為蠻族闌入和中原人口衰減、社會結構瓦解的趨勢，在東漢中葉就已經很明顯了。

假設東漢沒有滅亡，那麼魏和晉很可能選擇了相繼以幕府的身分來輔佐漢室，然後內部鬥爭以幕府替代的方式而展開，但是大概也阻止不了永嘉之亂的爆發，因為這種幕府跟鎌倉幕府相比畢竟還是差很多的。曹氏在鄴城的政權是一個吏治國家，它只是把洛陽朝廷架空了而已，他們向地方派出的也是文官，沒有任何領主和騎士。司馬氏如果在河內建一個類似的幕府，再架空曹氏，得到的結果也是這樣，它沒有辦法重建春秋的封建制度。後來晉人有意重建封建，但是它派出去的那些諸侯王都兼任地方上各郡的郡長，等於說諸侯王不是靠他們的領主身分，而是依靠地方的官僚機構來維護自己的權力，因此這樣的假領主還是照樣打不過蠻族部落。

袁：接著談法統吧。以歐洲的情況來說，英國的法統應該是沒有中斷過，那麼法國呢？

劉：法國在百年戰爭後，法統實際上就進入了一個下降趨勢。絕對君主制產生以後，它的那種表面的輝煌，其實只是把地方共同體的政治資源吸取過來的結果。法蘭西君主為什麼會在這段時期顯得特別神聖？就是因為地方上的公爵、伯爵和地方共同體的統緒被它吸收了，在大革命以後它其實就長期處在革命和僭主專政的狀態了。別的地方可以透過自然演化而發生的事情，在法蘭西都需要透過革命和中斷來實現。大革命以後為了收拾殘局，就必須產生事實上的僭主，包括拿破崙，也包括戴高樂。

袁：中國人常說，中國的情況比較像法國。

劉：中國還沒有資格像法國。中國能夠產生出的最優秀的地方政權，頂多只能接近拉丁美洲國家的境界，那已經是中國人能夠自行建立的最好政權了。假如陳炯明真像他的支持者們所說的那麼富於理想，而且取得了長期的成功、體制能夠持續一百多年的話，廣東也許能夠變成一個半法國式的國家。其他的中國軍閥是連這個標準都達不到的。像里昂或其他法國城市普遍享有的各種自治權，是中國人在任何時代都沒法比的。哪怕在拿破崙時代，教皇快要變成他的傀儡的時候，教會享有的自由也比中國的任何時代都大得多。

袁：「決斷」是您常提到的一個關鍵詞。怎樣的決斷才是好的，這也取決於我們的價值體系嗎？

劉：決斷是不分好壞的，或者說好壞是決斷產生出來的，而不是好壞產生了決斷，你在決斷之後才會根據選擇的路徑說是好是壞。好比你決定開一個工廠，決定要開以後，你才能說做這個產品對工廠的營運比較好，買那個材料對工廠比較不好，這是決定要開這個工廠以後的事。如果你根本不打算開這個工廠，那麼產品與材料的好壞對於你而言就毫無意義了。這個決斷本身就產生了衡量的標準，本身就確定了好壞。

例如，很多人說中國這樣不好，那樣也不好，其實做出這個批評的前提就是你承認了中國的存在，並以中國存在為前提去討論是好是壞；但是真正應該被決斷的是什麼？其實是「到底要不要有一個中國」才對。如果你決定要有一個中國，這才能說毛澤東的措施到底是鞏固了中國還是坑害了中國。中國的自由派小清新說，不行不行，毛澤東這個不對，那個不好，簡直是害了中國；但還有一些人說沒有毛主席，中國就不會存在，這也是做出決斷以後才形成的價值觀，而雙方都默認中國要存在。什麼是決斷？中國應不應該存在，這才是決斷。決定了中國應該存在以後，毛澤東派和自由派的分歧其實是同一枚硬幣的兩面而已。

袁：如果這個可能性沒有了，也就不存在這樣的決斷了？

劉：玻利瓦爾要把委內瑞拉從大哥倫比亞共和國趕出去的那個時刻，就是一個決斷時刻；因為他當時還有蘇克雷和其他大將在，真要發動一場類似南北戰爭的內戰的話，鹿死誰手尚未可知。但是他做出了一個證明他本質上是個歐洲人的判斷：我也不是很願意，非要厚著臉皮當委內瑞拉人的開國元勛不可，你們自己愛怎麼辦就怎麼辦吧。

袁：歷史上的決斷時刻，也不一定是某個人有意識做出的？

劉：該怎麼說呢？這些都是背景知識的產物，來自某些你自己都沒有意識到的背景因素。你在做出決斷以後，發現這個決斷好像是理所當然的，你只能這麼做，不能選擇其他的。但其實真正起作用的東西是你沒有意識到的其他因素，那些在你的意識和理性判斷之外起到廣泛且深刻的作用、屬於周邊趨勢裡的東西。

袁：那我們把時段放長一點，假如英格蘭王國一直試圖往歐洲大陸發展的話，會變得怎樣呢？

劉：英國基本上沒有決斷時刻，因為無論對於個人還是共同體來說，決斷時刻都意味著災難，決斷是對政治德性的極大消耗。一個決斷是可以使你徹底毀滅的，相當於女人生孩子，一般情況下的各種決定是不太會涉及生死存亡的，只有在生孩子的時候才可能母子同時死亡。有可能會誕下新的生命，但也有可能自己也就此完蛋。

決斷是異常危險的，所謂「一之謂甚，其可再乎」。一個人如果一生中做過一次決斷，那就是被迫去參加冒險；如果從來沒有經歷過決斷，那就是最幸運不過的。被迫處在決斷狀態，並不是什麼浪漫的事情，那是極度痛苦和危險的事情。如果你既不覺得痛苦也沒有面臨危險，那你其實就不是處於決斷狀態。決斷以後你就不是原先那個人了，要重新解釋，要根據新的自我來定義過去的人生。可以說習慣法的演化是不需要決斷的，它能夠自動引用小規模的修補，並透過潛移默化的方式把共同體引到比較符合環境的地方去，需要決斷就說明你跟環境之間存在嚴重的不協調，你必須使用孤注一擲的手段去選擇用哪種方式來改變自我。一般來說，需要做出決斷的人已經處在不妙的境況，他再怎麼決斷，頂多只能是勝過他的同類人而已，不可能勝過那些用不著決斷的人；需要做決斷的共同體的文明天花板，天然的也比不需要做決斷的共同體的天花板要低一些。

南北戰爭那一次決斷，是對美國德性損害最大的一次。美國在其他時候是不需要做決斷的，因此南北戰爭對美國德性的損害之大，是後來的兩次世界大戰都沒法相提並論的，它真正地摧毀了一整個南方社會。賴山德（Lysander）不敢摧毀雅典城，因為他覺得那是褻瀆神明，而羅馬人摧毀了迦太基之後，也覺得自己會有報應。[10] 可以說美國只做過一件傷天害理的事情，這就是摧毀了南方社會。如果我奪走了你

10—據蒲魯塔克（Plutarch）的記載，伯羅奔尼撒戰爭結束後，底比斯軍官提議將雅典夷為平地、雅典人全部賣為奴隸。這時候有一個人吟誦優里庇德創作的悲劇《伊里克特拉》的對白，賴山德等將領大受感觸，決定保全雅典。詳見《希臘羅馬英豪列傳》。

的獎學金，那還不算傷天害理，因為你的損失僅僅是錢，而這種損失是可逆的。但如果我殺了你，這就是傷天害理了，因為你活不過來了，這種損失是不可逆的。

美國一共就只做過南北戰爭這一件傷天害理的事情，但是像中國這樣的國家，它就經常陷入這種決斷狀態，做的傷天害理的事情就非常多；決斷肯定是傷天害理的，就像羅馬神話裡說的，羅慕路斯殺死他的弟弟一樣，羅馬城就是建立在這個罪行之上的。決斷的另一面也是傷天害理，因為決斷的意義就包括要扼殺另外一種歷史可能性，它不是損害某些具體的、可以補償的東西，而是從根本上把一個可能存在的生命給毀掉，相當於殺害一個本來可以長大的嬰兒。做了決斷以後，就等於說這個人已經缺過德了，不到萬不得已的時候，他是千萬不能夠再冒險做第二次決斷了，因為做出決斷後他很可能就會死掉，但他竟然活下來了，那就說明上帝對他格外開恩；天幸不可屢邀，如果敢於試探上帝，上帝是會發怒的。

袁：這樣說來，當時的美國有可能走向不同的歷史路徑嗎？

劉：聯邦政府有可能讓南部邦聯獨立，而且這條路不一定更壞。南方的獨立很可能會導致以下結果：美國的地位不可能比一個大型版的瑞士更高，而南部邦聯則會變成大英帝國的附屬國，種族主義和殖民主義仍然會是世界主流的意識形態。今天的世界就會是巴西帝國那個年代的延續，仍然籠罩在歐洲殖民主義的統治之下。這個存在種族主義的世界不一定比後來蘇聯提倡的共產主義世界更壞，但是這一點看法在很大程度上取決於價值觀，因此從根本上講是無法比較的。世界總是充滿邪惡的，而你其實只是在寬容一種邪惡的同時憎惡另一種邪惡而已。相比之下，美國先後參加兩次世界大戰，或者說擴大官僚機構、邁向福利國家之類的事情都不算決斷，因為它們是順理成章的，只是在原有的演化趨勢當中做一些小小的修補而已。

像羅斯福和歐巴馬這些人，他們其實都沒有做決斷，他們只是在原有的體系中向某個方向自然地推一下而已。你不能因為喜歡或不喜歡歐巴馬，就把他誇大成革命家或者獨裁者，他其實兩者都不是，他只是順著原有的法統向某個方面做了一些可能不太高明的細節上的改變而已。到目前為止，美國只有林肯這一個革命家，也只有南北戰爭這一次決斷。

袁：英國的情況又如何呢？

劉：英國最接近於決斷的時刻是克倫威爾時期，從那以後就沒有做過什麼決斷。決斷越多，社會的元氣就消耗得越厲害，個人的命運就越糟糕。

袁：那麼，中國做的決斷特別多嗎？

劉：中國的情況基本上就是人人都太「聰明」了，每個人都在濫用他的決斷權。決斷是異常危險的事情，對於老百姓而言，最好是永遠都不知道什麼是決斷，這樣才能保持自己的純樸德性。

但實際上每一個中國人，基本上每一個人都在不斷運用自己的決斷權。中國俗話所謂的「活人還能讓尿憋死」，是指什麼意思？就是說我隨時都可以做一個決斷。中國人之所以活得跟動物差不多——就算物質生活再怎麼豐富——就是因為他們處在這種隨時做決斷和被別人決斷的可怕狀態。這種狀態的實際含義就是：你是在跟一群隨時都可能變成殺人犯的人一起生活，而且你也明白你自己也是潛在的殺人犯。其實在一個真正純樸謙遜的人看來，一個由無神論者組成的中國社會確確實實就是一個殺人犯集團，如果他到這種環境中生活，這種情況他自己連一點想像都不敢想，應該只會覺得苟活不如早死。

袁：您是說，中國人隨時都有可能去欺騙別人，他們隨時都有可能做這樣的事。

劉：確實是這樣，而且騙人以後還可以像劉小楓那樣，主張「為了我以後的新生活，這種做法是絕對必要的」。[11]中國人對於「新生活」這個詞用得是非常氾濫的，就像法國人改變憲法一樣，中國人隨時都可以為了極小的理由而發動革命、改變憲

暴地說，他其實是主張盜匪享有警察的權利」。詳見《遠東的線索：西方秩序的輸入與中國的演變》。

法。如果說某個女人是人盡可夫的，像《聖經》上說的撒馬利亞婦人那樣先後換了五個丈夫（見《約翰福音》第四章），那你確實是會覺得她對婚姻就是一種兒戲的態度，不管她怎麼換男人，她的生活都會過得很差。你從一而終，不見得會選到好丈夫；但是不斷地換來換去，你的日子肯定會變差的，這是沒有問題的。

袁：在政治層面上，中國經歷了哪些決斷？鄧小平有做決斷嗎？雖然改革開放實際上屬於毛澤東決定的中美建交的延伸結果。

劉：基本上說，中國每分每秒都在做決斷，例如我跟你說話的當下。很多人說中國在一九七八年之後就不再有決斷了，但其實下一個決斷馬上就會來臨。沒做決斷的中國，連三十年都維持不了。鄧小平在一九八九年的時候也是有做決斷的。

袁：所以回顧歷史可以發現，中國從秦始皇以來都在不停地做決斷？

11—劉仲敬的相關評論如下：「施特勞斯學派要求民主社會面臨強大的顛覆威脅時，要有行使緊急狀態的理論準備，翻譯成日常語言，就是要行使白衛軍的剿匪權力，用臨時的獨裁權保衛資產階級社會。決斷的意思就是為了保衛民主，不得不暫時犧牲民主。劉小楓的意思恰好相反——用資產階級臨時專政的正當性，論證列寧主義的永久性專政同樣是正當的。緊急狀態這個詞包含了臨時的意思，決斷就是日常的反面。二者的正當性都有賴於『臨時的』和『非常的』這兩個特徵，而劉小楓卻把這種正當性解釋為二者可以具備正常性和日常性。決斷的合法性有賴於決斷者保衛社會的性質，劉小楓卻將決斷權交給了社會的顛覆者。簡單粗

劉：確實是這樣，而且用得越來越濫。你可以看到魏晉南北朝的時候權臣篡位還比較有規矩，一定要天子主動禪讓給他，可以看到他們對做決斷還是有一定忌憚的。到後來這點程序都不用了，擁有強大武力的人直接自封為皇帝，也就是說決斷權從諸侯王的小範圍擴大到了所有的武裝小團體。

不過在這之下，還有一個巨大的平民階層是被排除在決斷權範圍之外的——與其說這是歧視他們，不如說是保護了他們；但如今，這道防火牆也被摧毀了。中國的每個妻子，或者每個丈夫都有可能把自己的配偶送到精神病院或者其他什麼地方去，或是發起假離婚，以騙取房產等利益。透過這種方式行使他們的決斷權，這在以前是完全不可想像的事情。

文革時，中國任何的地方政府都可以把自己當成革命領袖，把既有的遊戲規則全部改寫一遍，隨意行使決斷權；這種權力在大清國的時候，是沒有哪個縣官或者衙役敢瞞著皇帝私自行使的，雖然皇帝和大臣有時候敢於乾綱獨斷，但是一般的小

玩得下來的，需要高度同質化的地方精英核心才能運作。沒有社區自治，美國憲法就是一紙空文。」

官小吏絕對不敢自作主張。現在只要是個官就敢做決斷，甚至老百姓在自己家裡面都敢行使決斷權。

袁：您能否再舉一些具體的例子？

劉：你可以觀察那些上訪者家庭的遭遇，共產黨一定會策動他們的家屬來批鬥上訪者本人，這裡面各種亂七八糟的事情確實是無窮無盡。大清國時代，朝廷要嘛把你全家一起殺掉，要嘛全部流放到寧古塔，皇帝怎麼也不會想到要發動你的家人來對付你、讓你改變主意。發動兒子反對家長，這種忤逆孔孟之道的罪惡比起皇帝要鎮壓的對象的罪惡更大。

袁：您之前的演講《缺少土豪的世界》[12]，是很多讀者接觸您的起點。因此我想向您請教其中的兩個概念：土豪與遊士，這兩者會互相產生轉化嗎？

12—劉仲敬的相關評論如下：「土豪不是中國獨有的，任何穩定社會都有土豪或者類似土豪的社會凝結核。土豪的有機性越強，也就是說，他的共同體屬性越強，社會就越是穩定。美國社會從華盛頓·歐文的時代，經過馬克·吐溫的時代，直到羅勃特·佛洛斯特（Robert Lee Frost）的時代，基本結構沒有多大變化。它的土豪團體人數非常少：牧師、法官、小學校長、醫生，再加上幾個比較急公好義的商人。地方事務基本上就是由這些人包辦的。湯姆·索耶走丟了，撒切爾法官召集家長一起找。哈克貝利·費恩無家可歸，法官和牧師替他找養母。謠傳強盜出沒，也是這些土豪組織精壯男人巡邏守護。社區自治不是一盤散沙的群眾能

劉：土豪當然可以轉化為遊士，就像農民會轉化為遊民一樣。如果你剝奪了土豪的財產，那麼土豪還剩下什麼呢？他原有的社會關係也會跟著消失，而他在社會關係中釋放出的能量和資源要嘛損失了，要嘛被移為他用了。但他畢竟還剩下一樣東西，也就是知識和技能，他的知識和技能仍然高於普通民眾，因此他的合理選擇就是改做遊士。很多遊士都是從垮台的土豪演變而來的，垮台的土豪最容易變成遊士，就像農民變成流民一樣。如果你把農民趕出他原有的土地，他肯定要到別的地方去流浪，掠奪其他地方的農民，把別人也趕出他們的家園、也跟著變成流民。這種狀態就像傳染病一樣不斷擴大，最後只能採用極端殘酷的手法才能終止。要嘛把他們全部殺光，要嘛聽任自然讓他們全被餓死，或者相互殘殺而死。只有等他們死光了以後，新的穩定態勢才能建立，所以這是一個破壞性的過程。

消滅一批土豪的結果——基本你只能殺掉其中的一小部分人，而把其他大多數人都變成遊士。這些遊士不大可能重建另一個土豪社區，而是會破壞其他土豪的勢力，把所有社會凝結核都破壞掉，這種趨勢是人力很難遏制的，一般大面積的社會災難就是在這種社會解體的過程中造成的。

但反過來說，遊士變成土豪，這基本上沒有什麼可能，就算有可能，也是幾代人經歷漫長歲月之後的事情，個人基本上不可能憑著自己的主觀努力在他的有生之年從遊士變成土豪。釋放能量是很容易的，比如說把某個分子的結構拆散，就會釋放出巨大的能量；把某個原子的結構拆散，就會釋放出原子彈那樣的巨大能量來。拆開結構是很簡單的，但反過來不行，結構的破壞是不可逆的。

袁：還是來假想一下，如果孔子要變成土豪，那他要怎麼做？

劉：孔子的祖先是土豪，但到他的時候已經開始向遊士的方向轉化了。他的重要性就來自身處於轉捩點而具有的特殊性，不可逆轉而且不可複製。孔子其實也沒有辦法，他想模仿土豪，最可行的方法只能是招一批學生，自己給他們講課，勉強變成一個社團建設者；但是由學生組成的這個社團實際上是極其脆弱的，組織度非常低，但是孔子已經盡力了。在他的能力範圍內他已經盡了全力，因為他本來可以做更壞的事情，完全可以做類似蘇秦、張儀的那種人，也就是變成一個純粹的解構者。

袁：能不能把儒家當成一種準宗教團體呢？我孔子把你們全都培養成才了，然後你們就到各個國家去出仕，成為一股力量。

劉：可行是可行，但孔子這樣做得到的力量非常薄弱，也就是說組織度非常低，比起他祖上曾經屬於的貴族階層，組織度還是低了很多。

袁：這可能是因為孔子的那些學生分別到某個地方去之後，結果卻腐化了或者被別人排擠下去了。

劉：這種情況在孔子生前就已經出現了。有些學生一出去之後就不再遵守他這個老師的教導，孔子拿他們也沒有辦法，學生已經慢慢變成投機分子了。但是你也可以說孔子還是努力在做社會的建設者，之所以建設得不好，只是由於形勢所迫；其他人就缺乏他這種動機，於是直接做了破壞者。

袁：在中國歷史上，這種再造土豪的努力是否屬於一個貫始貫終的過程？

劉：效果都不是太好。真正建立土豪的過程都是從蠻族入侵開始，蠻族武士演變成封建貴族，這樣順勢而為的土豪勢力比較牢固。在社會已經散沙化的情況下，試圖逆轉這個趨勢把遊士變成土豪，這就相當於想把沙漠改造成農田，也許會有效果，但是效果還不如直接砍伐森林。蠻族封建要製造土豪，就相當於把森林砍掉，從林地裡開墾沃土，這是順理成章的事情，雖然之後也會導致沙漠化。但是你要把遊士變回土豪，就像是要把已經變成沙漠的土地重新變成農田，用了很多高科技手段，費了很大力氣，到最後效果還沒有人家砍伐森林開發新田地來得好。

袁：儒家的宗族化計劃，在東漢不是實現了嗎？

劉：東漢其實只是提出理想的階段，實際上要到魏晉時期才真正建立起來。這個過程也花了幾百年時間，而且從這些人的表現來看，遠不如孔子時代的儒家。

袁：您的意思是說，儒家士大夫一直在給自己製造這樣一種幻覺，就好像他們還生活在孔子時代裡。

劉：確實是這樣，他們始終把自己假想為孔子的同時代人，但實際上他們早已變成透過科舉而取得成功的貧下中農了。那種人如果生活在孔子時代，應該處在純樸制度的保護下，也就是說不會主動跑去做官的。

袁：如果說，從土豪變成遊士是一條單行道，那麼對於遊士而言最好的選擇是什麼呢？

劉：對遊士來說不存在最好的選擇，遊士的所有選擇都是投機，而且很難說這種投機比那種投機的效果更好或是更壞，因為你首先就很難找到那個標準。最好的說法就是：遊士從本質上來講都是賭徒，對於他來說這個世界就是一個巨大的賭場，什麼叫贏、什麼叫輸，可能到最後連他自己都弄不清楚。因為他的人生就像在扮演雙面間諜，你不知道他到底真正效忠於哪一方；也有可能是他已經投入到這種角色扮演的遊戲中而無法自拔，因此也無法判斷。

袁：那麼在當今歐美，什麼樣的人可以稱得上是土豪呢？

劉：組織良好的企業相當於一個城邦，具有傳承性的憲法式結構，這個憲法式結構往往可以追溯得很早，甚至可以追溯到十七世紀。經過幾次變化以後，原來的治理傳統仍然能夠以某種變形的方式存續下來，這種老牌公司實際上就相當於一個自治城邦。但不是所有資本主義公司都可以做到這一點，很多金融投資公司，實際上發揮的是腐蝕者的作用，他們是破壞者，釋放了干擾社會的能量。

袁：成立時間越是接近現代的公司，其內部是不是就越有那種獨斷式的權力架構呢？

劉：現代成立的公司大致上更接近於官僚體制的組織，但是這也不一定，因為資本主義還是包含了很多原始豐饒的成分，創業者大部分都是要被淘汰出局的，能夠長期傳承的公司，它的組織架構多多少少是有一定合理性的。

袁：按照這個標準，中國大多數公司就相當於黑社會。

劉：你要注意，黑社會在這裡不是侮辱性的稱呼——黑社會在中國社會中算是德性比較高的群體。一般來說，在小縣城裡面，黑幫組織的德性比普通官員還要高一些。他們對鄉親往往是有一定責任感的，而官員是流官，對具體的地方是沒有歸屬感的。

袁：像美國這樣的國家，怎樣才能盡可能地把它的文明季候延續得更長一點？這個問題其實也跟土豪有關。也許有人會說，比爾·蓋茲（Bill Gates）之類的人，他們就是現在美國社會的凝結核，起到的是積極的作用。

劉：這個問題沒有唯一答案，因為對現在的社會做判斷總是會有不準確的地方。起重要作用的因素還是文明基因的多樣性，多樣性當中的哪一部分最後會變成締造未來的種子，哪些部分純粹被消耗掉了，這完全是一個只有上帝才能回答的問題。不要說別的，在十一世紀西方社會組織已經基本固定下來的時候，你認為它當時產生出的各種各樣的教團中哪幾個會存留下來，哪幾個不會？從局外人的視角來看，那些教團都是拿羅馬教廷特許狀的教團，應該說規範度都是很高的，相似度也很大，但就是有一些消失得無影無蹤。而另一些教團，比如聖道明（Santo Domingo de Guzmán Garcés）他們發起的組織就會源遠流長，那你怎麼判斷呢？到底哪個因素使他們源遠流長的，沒有確定答案。

袁：另外也有這樣一種觀念——不受政府直接控制的社會機構越發達，社會就越進步，它是社會發展的一個標誌。

劉：這個並不是社會進步的標誌，但它是文明基因存在多樣性的標誌。但這個基因多樣性也是要看具體情況的，不是說數量多就好，而是要看組織類型的豐富多樣性，這才是合理的衡量指標；如果數量多但是類型相近，其實效果還是跟原來沒什麼差別。

第三章 希伯來・基督教文明

希伯來正典的意義——日耳曼封建——基督教文明的開展——

基督教的種子庫作用——基督教與「新邊疆」

袁：您有一個很重要的提法——我們要建立正確的「歧視鏈」，也就是要向「正典」看齊。就全人類的層面來說，文明天花板肯定是西方文明；而要說西方的正典的話，一個是希臘、希伯來的兩希正典，還有一個是歐洲中世紀的日耳曼（Germani）封建體制。這一百多年來，中國人可能最熟悉的就是希臘這條脈絡，但它也是從後發地區轉介過來的。本著先講主流、再講旁枝的原則，先請您分析一下我們不太熟悉的希伯來正典，它是怎樣在人類文明中占據了這樣的一個地位？

劉：希伯來正典是人類第一代文明的唯一繼承者，它更接近於文明種子基因庫的角色，其古老程度是別的文明全都趕不上的。可以說，猶太民族的特殊性就在於它是世界上唯一一個倖存下來的初代文明。現在人們說的希臘文明、華夏文明，這些都是第二代的文明。肥沃新月地帶產生的第一代文明，在巴比倫時代已經等於是進入它的衰亡期或者說秦政期了。那時候人們就是熱衷於興建圖書館、保存古籍，整個社會風氣都是文明進入晚期的氣氛，似乎進入了一個相當於後來拜占庭帝國的時代，竭力保存原典，雖然大多數原典還是毀滅了。像巴比倫最後兩任國王留下的龐大圖書館，整個視覺風格完全是拜占庭式的。他們在做這些事情的同時，整個文明的基礎已經不可挽回地走向了衰敗。在兩河流域的城邦時代，他們的普通市民曾經過著非常舒適的生活；但到了晚期的帝國時代，就只剩下豪華的宮廷了，而普通市民都是住在像地下室一樣的地方，過著豬狗不如的生活。

兩河流域的一切社會資源都被集中到上層階級，而猶太人就在這個時候被擄到了巴比倫，他們來的時候社會組織是非常簡陋的，到後來波斯人把他們放回去的時候，猶太人已經產生了一個組織非常嚴密的士大夫階層，帶著很精深的文化成果重返耶路撒冷、重建聖殿，主要的猶太經學著作都是在所謂的第二共和時代，也就是「巴比倫之囚」的時候寫出來的。他們一邊迫不及待地重建聖殿，一邊在做經學註釋，彷彿是在完成一個屬於全人類的使命一樣，也就是說一定要保存某些十分重要的東西。而且這個任務之艱巨，與猶太民族的人口之少、居住地域之狹小形成了極其鮮明的對比。

而波斯帝國取代巴比倫帝國就跟以前兩河城邦之間霸權更迭的改朝換代不一樣了，因為波斯人已經是新一代的蠻族雅利安人，跟原先在肥沃新月地帶成長的那些舊帝國完全不一樣。波斯帝國的本質是什麼？就是印歐蠻族入侵兩河流域的結果。對於當時的世界來說，印歐蠻族入侵就是一場「大洪水」，把過去埃及和兩河流域已經進入晚期的文明徹底洗蕩乾淨。現在歐洲的各種語言，梵語和波斯語都是這次大洪水的產物。在這個過程中，人類文明等於是重造了一遍。

因此，第一代文明沒留下來太多東西，少數留傳下來的典籍就是猶太人的經書。猶太人保存下來的東西，恐怕也就不僅僅屬於他們自身，更多是屬於整個兩河流域，因為猶太人始終跟兩河流域文明有著很深的因緣。

像聖經提到的亞伯拉罕，他就是出身於迦勒底的烏爾（Urim）[1]，烏爾差不多相當於現在的紐約，是個有著多元文化、在當時堪稱是非常「白左」的大城市，各種宗教、意識形態都在那裡互相競爭。亞伯拉罕屬於宗教改革家，因為他的父親那

1—即聖經中的「吾珥」，在古代時屬於幼發拉底河與底格里斯河的入海口。其建城時間可追溯至西元前五千年左右，工農業勢力雄厚，貿易發達，當地統治者曾先後三次統治整個兩河流域，史稱「烏爾王朝」。

一代是當神廟祭司的，負責祭祀月神和其他神祇，也出售可以治病的符咒等各式各樣的東西——當時的神廟相當於現代的科學院、研究中心、金融交易所和證監會，這些機構的職能它都是具備的。

猶太人之所以說自己是選民，那是有相當依據的——他們其實並不能算一個民族，至少不符合十九世紀以來對「民族」這個詞的普遍定義。人類經歷了漫長的歷史，文明都已經換了好幾代了，但猶太人卻能夠如此堅定，把他們自己的律法共同體堅持到現在。猶太人跟周圍所有民族都不一樣，只能解釋說他們是身負特殊使命的文明守護者。他們有時候自己也不完全明白，自己要保護的東西到底是什麼，但他們知道自己世世代代都負有特殊使命，守護著特別重要的東西。他們就把自己稱為選民，稱自己傳承的思想是上帝交付他們的使命。猶太人的一些傳說，比如所謂的七腳聖燈[2]，可能就是一種側面的表現，反映出他們對自己的遠古使命仍然有部分特殊的記憶。

2—即猶太教的燭台（Menorah），據《出埃及記》的說法，它是由摩西所造。燈盞有七個，象徵《創世紀》中提到的上帝創造天地與安息日。

袁：也就是說，人類第一代文明，巴比倫文明以及別的文明，其實都沒有直接留傳下來，是透過猶太人而留傳下來的。

劉：確實是這樣，猶太人就相當於一個「黑匣子」，在飛機快要墜毀的時候，負責保存最寶貴資訊的黑匣子就被拋出去了。後來人的解讀可能不見得正確，但這是有跡可尋的唯一線索。這個線索留下的文明基因說不定是最重要的，因為其實你也不可能完全弄清楚，文化基因是怎樣發揮它的作用。按照海涅（Christian Johann Heinrich Heine）的說法，猶太人是一神教的「瑞士衛兵」，他們像瑞士傭兵團忠實守護著羅馬教皇和法蘭西國王一樣，捍衛了最純粹的一神教傳統。如果沒有猶太教的話，後來有沒有基督教和伊斯蘭教的誕生也是很成問題的。可以說，猶太人很忠實地完成了傳遞文明種子的任務，沒有他們，現代文明最核心的部分就不存在。最核心的部分不一定是直接表達的，完全可能透過間接調適的方式，以一種人們看不見的方式產生作用。在它原先存在的時候，你不覺得它有多重要，但如果把它抽掉了，馬上就會看到像是從人體裡抽掉脊椎骨一樣的效果。

袁：但中國人一般習慣於想當然地認為，早期的文明是各自獨立發展的，巴比倫文明、埃及文明、猶太文明都是這樣，但您說其實不能這樣看？

劉：顯然它們之間不是一種平行發展的關係。《舊約》時代的早期猶太國家，它在國際上屬於不太重要的角色，而猶太神學傳統的興起，也是在非常晚近的時代，也就是耶利米那個時代、約西亞王在聖殿中重新發現約書的時代。這個「重新發現」很可能意味著一種覺醒，一種托古改制、再造傳統的企圖。這個時代亞述帝國即將興起——亞述人扮演的差不多是白起率秦軍攻趙的作用，也就是用野蠻的軍國主義手段把原先比較纖細、走向貴族化的文明一掃而空。巴比倫人毀滅亞述帝國以後，就有點像是漢帝國取代了秦帝國，基本上只能繼承秦制，再也沒辦法恢復古代文明，雖然他們也恢復不了秦帝國的殘忍和強大武力。接下來就是蠻族入侵的時代了，舊的文明基因能夠展開的可能性基本上已經窮盡，但是它們不能復活。

袁：但猶太人把這個文明種子保留下來的方式也相當特殊。

劉：他們產生出的拉比（Rabbi）階級，對於他們自己的共同體來說，是個極其殘酷而又沉重的負擔。猶太人的人口非常的少，哪怕後來又從外部吸納了一些人，但總人口還是很少的，他們在人類社會始終處於極少數派的立場。可他們幾乎把全部資源都用於供養他們的拉比了，猶太社會沒有祭司、武士等角色，也不建立國家，用這樣的辦法節省開支，而把十分之一的人口都培養成學生，專門負責保存典籍、研究典籍、傳播經學。

非常龐大的東漢帝國，它已經是最崇儒的中華帝國了，但它產生的太學生才幾萬個人，產生的著作也只有那麼少。跟猶太人為數很少的支派、例如哈西德教派（Hasidic Judaism）[3]這樣的猶太小支派相比，東漢太學生竟然人數更少；而猶太拉比撰寫的著作數量，可以說是車載斗量——你把猶太教跟基督教、伊斯蘭教相比，就會發現這三個宗教的著作數量是不平衡的。猶太教徒論人數是最少的，但相對於

3—「哈西德」（Ḥăsīdut）在希伯來語中意為「敬虔」。他們反對「猶太啟蒙運動」（Haskalah），主張延續摩西以來的神學價值，在拉比的領導下實行社區自治。據統計，目前全球約有十多萬哈西德猶太人，而美國的哈西德家庭通常養育八個子女。

他們的人口基數，著作數量居然是最多的，獨創的東西非常多；穆斯林的人口很多，但著作極少，而且大部分有成就的理論家實際上也是在引用希臘文明和基督教的說法，自己獨創的東西非常少。

有許多東西，中國人以為是由文藝復興時代的科學家所提出來的東西，其實大部分是中世紀的基督教經院哲學家提出來的；而許多人們以為是基督教、伊斯蘭教獨有的東西，其實也是由猶太經學家開創的。猶太經學家和經院哲學家是宗教界人士，他們是不圖世俗名利的，所以也不重視著作權，只要把思想保存下來、發揚開去就可以了。後來的士大夫往往就剽竊他們的思想，然後當成自己的創見拿起發表，文藝復興時期的義大利人，例如伽利略就經常做這種事情。

中世紀歐洲留存下來的東西是一個巨大的寶庫，人們對它的剽竊是不會完結的，因為你只要鑽進去，像歐洲探險家從敦煌偷卷子一樣，拿幾個殘篇就夠自己一輩子的研究之用了。而中世紀歐洲還只是已經保存下來的猶太種子庫的一部分，最近二十年現代考古學家在近東地區挖出無數古卷，從側面反映了《聖經》編輯時代的情況。《聖經》的編輯過程，等於是一個經學委員會對各種經書經過仔細篩選之後，把他們覺得最可靠、最不含流弊的保留下來；而所謂的「偽經」（Pseudepigraphos），數量其實比《聖經》本文要多出幾百倍，但都按照類似孔子定禮樂的做法被剔除了。

話說回來，「偽經」這種說法是不準確的。「偽」代表偽造的意思，但「偽經」並不是偽造的，它本身也有一定的權威性，只是權威性不如《聖經》本文，是稍次一等的，所以有人把它改譯成「次經」（Deuterocanonical books）[4]，就是次要的經，因為它們其實還是正典的一部分，而且正典的程度肯定比劉歆那個時代的人給孔子寫的經注，什麼《春秋元命苞》之類的要「正」得多。

袁：您說的這部分，對中國人來說一直都很陌生。

4—天主教《舊約》中含有十二章次經；東正教《舊約》另附四章獨有的次經，合十六章。《新約》的次經則有七章。新教各宗派，對於次經的看法並不一致。

劉：現在只有一小部分被介紹到中文世界，次經也是最近二十年才翻譯出來了一些片斷而已。如果把從哈西德教派、布拉格猶太社區[5]產出的那些神秘學著作全部翻譯過來的話，分量足以讓阿奎那（St. Thomas Aquinas）的著作都黯然失色。我現在了解到的其實也是支離破碎的各種線索，也是透過中世紀歐洲神學家和文藝復興時代的作家而間接流傳的片斷，他們等於是撿了一些吉光片羽的東西。真要系統性研究的話，我覺得現在好像還沒有任何中國學者具備這種能力，首先語言上能過關的人就很少。而且亞述學、希伯來學、聖經學彼此在古代有著很深的因緣，要想通曉所有的這些古代文字，我估計中國還沒有這樣的人。

但是這不是說不能判斷它的規模，就像羅馬鬥獸場一樣，你可以從殘留下來的斷壁殘垣看出它原來的規模有多大、設計範圍有多廣。我們現在只能透過追溯源流的辦法去找，也就是說先回過頭來追溯中世紀歐洲的哲學傳統，然後再繼續考究它的上游——中世紀歐洲的神學家都要學習希伯來文、阿拉米文，追尋古典文明的足跡，然後再順著他們已經探索到的線索去尋求這個源頭，就會發現是個極為龐大的

5 一九至十世紀起，猶太人開始在布拉格聚居，十八世紀初期更一度達到全城人口的四分之一。著名的猶太律法（Talmud）學者猶大·本澤勞（Judah Loew ben Bezalel，約一五一九年～一六〇九年）晚年亦定居於當地，並出版多本重要著作。

瀑布。實際上我們現在看到的這些東西都是從瀑布分岔出來的小水溝而已，但是這些「小水溝」的規模已經大得嚇人了。

袁：您說猶太人是人類第一代文明的種子庫，猶太教是一神教，但第一代文明都是一神教的文明嗎？

劉：第一代文明肯定包括奧丁崇拜之類的蠻族文化成分，然後從非常鮮活，也非常混亂的多元狀態逐步演進到一神教的狀態。摩西時代，建立一神教的集體衝動就已經在埃及和敘利亞一帶相當流行了。而存在的方案也不是只有猶太教這一種[6]，從當地的出土文物也能看出其他一神教的影子，但是最後勝出的就只有猶太教這一派。所以它等於是經過了系統的規範化，或者說是把各種思想高度壓縮後的集大成者——這有點像是宇航員吃的太空食品，把最為主要的營養成分存放在一個膠囊裡面，占的空間盡可能小。

6—據記載，西元前十四世紀的埃及法老阿肯納頓（Akhenaten）曾推行一神教改革，企圖將埃及的多神崇拜轉化為對他本人的唯一崇拜，惟改革在他死後被廢止。

袁：這個情況，就好比中國人說孔子是集大成者一樣，夏商周的三代文明到他那個時候正好結出某種果實了。

劉：猶太經學比孔子思想的規模要大得多，而孔子傳承的也是第二代文明——已經是中東地區的文明延續了三千年並且滅亡，新一代文明產生以後的事情了。

袁：猶太人有某種很強的異質性，他們這種一神教文明，跟中國人熟悉的希臘人、羅馬人都不一樣，這麼說來猶太文明是人類文明的一股潛流嗎？

劉：異質性就是選民的特徵，也就是說他們是具有特殊使命的，而這種特殊使命顯然是真的。如果有人說這種選民身分是可以製造出來的，那我請他自己製造一下試試看，別說維持幾千年，就是幾百年都很難。按照猶太人的神秘傳說，建築物是靠幾根頂梁柱支撐的，其他的大多數支架都是無關緊要的，只要關鍵的柱子穩固，整座房子就是穩固的。上帝給極少數人——有人說是七個義人——安排了特殊使命，由他們這幾個人負責支撐天地，如果他們不能完成自己的使命，世界就會毀滅；其他人要嘛是邪惡的，要嘛就是得過且過的，根本無關緊要。

袁：那麼希伯來文明的重要性是怎樣展現出來的？可能在比較早的時候人們根本就不知道，比如說古希臘人可能就不知道它，而羅馬人可能也會把猶太教當成跟自己很不相干的東西。

劉：希臘、羅馬人之於希伯來文明，就像是後來日耳曼人之於羅馬教會的修道士一樣，羅馬教會是已經毀滅的希臘、羅馬文明的遺產守護者，它在年輕蠻族的威脅下竭力把它的遺產傳承下去。希伯來人從巴比倫時代繼承下來的古代文明遺產也面臨著類似的情況，受到波斯、希臘甚至羅馬這樣的新一代雅利安人的威脅。雅利安人和日耳曼人提供的張力是非常重要的，他們那種屬於文明青春期的早期多神教是放縱和淫亂的，不過也代表了自由和生機。

如果不經過一神教潛流的洗禮和規範，雅利安人和日耳曼人說不定就會跟剛果、印尼的土著文明一樣，曇花一現之後迅速陷入自我毀滅的道路當中；而阿伽門農時代以及日耳曼人所體現出的各城邦的武士傳統與封建自由，對希伯來人來說也是非常重要的。沒有這種政治傳統的支持，僅僅是依靠希伯來人表現的宗教傳統的話，恐怕還是難以形成國家建制的，拉比階級只是一個宗教團體，猶太經書是一個壓縮膠囊式的東西，就像是讓你專門吃維生素過日子那種感覺，他們始終過著一種時刻為大洪水狀態做準備的特殊生活方式。按照它的規範，幾乎相當於是要在荒漠一般的宇宙空間中生存下來；但是這粒種子不可能一直保持種子狀態，因為種子歸根結底還是要發芽的。猶太種子庫刪除了那些不太重要的部分，只保存下最必要的文明基因，但是它的生命力還需要一個能夠展開的載體，而這個載體必須是一個「營養」足夠豐富、屬於原始豐饒的沃土，雅利安和日耳曼蠻族剛好提供了這個條件。

袁：希伯來傳統的發展路徑，是不是表現出了某種階段性，是一層一層地發展變化的？似乎看不出它的階段性和進化特徵。

劉：這就是希伯來文明最神奇的地方，它表現出來的東西好像是超越了時間性的。所以我說它有點像文明種子庫，種子的用途就是在植物本體衰老死亡之後，還能保持原初基因，然後在遇到合適的土壤時能夠再次生根發芽，它是一個近乎永恆的東西。而在向希伯來人提供原始豐饒的土壤方面，從最古老的蘇美人、埃及人，到希臘人、羅馬人和印度人，再到後來的日耳曼人和其他新一代蠻族，它們都是循著一條非常接近的演化路徑，就是從蠻族部落的封建自由階段發展到吏治國家，然後一步步走向衰亡。

而在這個過程中，希伯來文明卻一直保存著壓縮種子的形態，始終保持著原狀。而它的特徵也是由外在環境決定的。外在環境處在文明青春期、枝葉最茂盛的時候，這個文明基因庫是不明顯的，是退居在茂盛枝葉之下的；但是當外部其他文明都在衰老快要凋零的時候，這種近乎永恆不變的希伯來文明就顯得越來越突出、越來越明顯，到大洪水的時候就只剩下它了。這粒孤零零的種子像諾亞方舟一樣漂泊在洪水之上，然後等著洪水退去後出現新的沃土。

文明在進入晚期階段時有一個明顯的特徵，就是和文明最初期一樣，教會的作用會突然顯得很重要；文明最初期的時候，教會好像是唯一的、最強大的力量，而文明沒落時的情況也是這樣。但是在文明進入最繁盛階段的時候，教會反而顯得像是古舊過時的、行將滅亡的、應該被淘汰的東西。其實它不是，它只是隱退在了花朵和枝葉之下而已，而花朵是短暫的，很快就會凋零，枝葉也會很快就枯萎。當嚴冬來臨的時候人們就會發現，跟初期的情況一樣，又是只有種子能夠存活下來，負責保護文明基因。

袁：這樣的現象發生在歐洲，也就是蠻族入侵羅馬帝國的時候吧？那後來阿拉伯人被伊斯蘭教馴化，也是同樣的情況嗎？這是不是跟他們的社會組織有關？

劉：阿拉伯人的情況比較特殊，阿拉伯人和伊斯蘭教比較接近於後來的新教。

伊斯蘭教的典籍數量和經學傳統之所以不太豐富，可能是因為它本身與其說是一個獨立的宗教，更接近於猶太·基督教內部的一個比較大的改革派，或者說是改革派的異端，因為它雖然人數居多，但是成績還不如人數很少的猶太教派。而從猶太教的小教派就可以看得出來，有些東西是可以超越社會組織的限制的。

袁：基督教後來蔚為壯觀、席捲全球，塑造現代世界的實際上也是基督教文明，那麼基督教文明跟希伯來文明之間的聯繫和差別又在哪裡呢？請您談一下從猶太人播種到基督教產生這期間的情況。

劉：這應該先從基督教產生的時代開始說。因為猶太教是專門出產知識分子的宗教，所以它是不斷產生各種教派的。基督教剛出現的時候，當時的猶太長老並沒有覺得它有什麼特別之處，認為基督教只是猶太教眾多新教派的其中一種，它的特殊之處是後來在跟希臘哲學接觸以後才產生的新特點，希伯來人原本不太重視的特點。然後它在跟日耳曼人的習慣法傳統結合以後，把習慣法和原有的羅馬法相結合，又產生了許多律法方面的、組織結構方面的創造。

最後產生的新基督教，也就是中世紀以來的基督教，可以說已經是全新的教派了。它在希伯來版本的文明基因儲存庫的基礎之上，廣泛收集並以濃縮的形式加進了很多東西，形成了一種新的種子。現在如果直接引用基督教典籍，特別是阿奎那之後的典籍的話，裡面實際上已經包括了羅馬人和日耳曼人的文化成果。

袁：也就是說，如果基督教沒有變成一種普世性的宗教，像猶太教一樣局限於自己這群人當中，它就不會有現在這樣的影響力。基督教提供的自組織資源是不是有某些特別之處？

劉：基督教是超越文明的概念，後來的西方文明只是從基督教當中發育出來的一個子系統。在它還沒有超過母系統邊界的時候，人們是感覺不到這一點的；但是它越過原有的邊界之後，就會像人類離開了大氣層一樣，身體立刻就會發生危險的異變，然後死亡。在基督教社會裡，其他組織資源，包括表面上看起來明確反對教會的組織資源，其實都是在對母系統開發和利用之後而產生的資源。這些資源就像月亮反射太陽的光線一樣，它們的力量實際上都是來自基督教的，這就使得它們的逆反不會產生毀滅自身的作用。啟蒙主義就是這樣的，共產主義也是一樣。共產主義組織明顯就是一個反向建立的教會；而啟蒙主義鼓吹用理性壓倒啟示，但是它所依靠的理性恰好是天主教會——以阿奎那為首的那些經院哲學家——設計出來的，中世紀以前沒有這樣的「理性思考」。

袁：當基督教發展壯大以後，希伯來文明相對於正典的重要性是否也相對下降了些？

劉：希伯來基因是鑲嵌在基督教內部的核心部分，形成了一種逐層疊加的結構，最古老的部分位於最核心的位置，也是最不能被改動的東西，所以較晚進入的部分無法對它做出致命的傷害。演化過程是不能逆行的，所以你不能根據後來的合理或者不合理，對原始的東西重新安排，因為歷史路徑在演化初期就被奠定了，你沒有辦法對它進行修改。就像人的大腦一樣，腦幹上面才是大腦皮層，要是大腦皮層受了傷，最多智力受損；但是腦幹受了傷，就連呼吸和心跳都沒法維持了。希伯來在基督教中的核心地位就相當於腦幹在大腦中的地位，這是最不能動的部分，即使它看上去很原始、很野蠻，跟後來產生的博愛、普世觀念沒法比。如果沒有博愛和普世，你頂多只是降低了生存品質，但核心的生命系統還能維持下去，你可以維持更原始狀態下的生存。但萬一破壞了《舊約》裡最核心的部分，讓那些部分死掉，文明就徹底終結了。

袁：在基督教典籍的傳播當中，《新約》明顯比《舊約》的普及度更高一些。這是自從基督教產生以來就有的趨勢，那麼希伯來思想沒有跟它發生競爭嗎？

劉：傳播得廣的說法，並不一定是最本質的東西。傳播靠的是最大公約數，就是說範圍盡可能小、盡可能流於表面的東西；越是深刻的東西，就越難有最大公約數，很難讓所有人都接受，因為它沒有膚淺、模糊的空間。兩者之間本質上並不存在競爭的問題，組織上的競爭只是表面現象，實際上基督教的大多數思想資源都來自猶太教，即使表面上看起來不是猶太人寫的典籍、設計的儀式，但你也很難找出其他可能的根源。像布拉格教區或者塞維亞教區那些猶太神秘學家推演出來的東西，經過幾次改頭換面之後，重新在你想像不到的地方出現了，雖然人們根本就想像不出它的真正來源是什麼。不要說別的，馬克思主義就是這樣的，要是沒有猶太．希伯來的傳統，以各種改頭換面的形式逐層地向外輸送思想資源，我想現在世界上絕大部分思想體系是根本不會存在的。真正追究下去，可能人類思想的百分之八十或九十以上，都屬於希伯來傳統的產物。所以哪怕是純粹研究世俗事物的科學家當中，猶太人占的比例也是相當驚人的。這一點，你就很難只用世俗的理由，比如說重視教育、勤奮學習來解釋；因為要說到重視教育的話，反面的例子也是有的，例如華人家長瘋狂、病態、畸形地重視子女的教育。

袁：提到歐洲中世紀，應該會有相當一部分現代人直接想到的是「蒙昧」這類詞語。當時的普通人理解他信仰的基督教，也許只是把它跟自己身邊的各種迷信相結合來理解？在基督教的傳播過程中不乏這樣的現象，某些神甫到了這個、那個地方傳教，把教義跟某種原有的地方信仰結合，弄出一些神蹟之類的，使得當地人改信基督教。可能當時的人們，也是把基督教當成一個很具功利性的東西在信奉吧。

劉：普通人理解世界總是殘缺不全的，把抽象的教義理論跟具體的東西混在一起，比如說齋戒日能不能吃魚，諸如此類的小問題。「功利」這個詞不能夠隨便拿來定義，因為功利這個詞包含了你有能力進行理性計算的意思。比較原始的民族可能還沒有能力做這種計算。他們某些有點像是功利的東西，本質上其實更接近於一種巫術思維，並不是可以計算和比較的東西。

袁：但對於大部分人來說，他們所信仰的基督教，它的形象不也在長時段中逐漸變化嗎？

劉：確實是這樣，而且大部分人認為最重要的東西，可能根本就不是最核心的部分，可能他自己也沒有意識到，某些側面的效果反倒是最重要的。也可能根本就沒有什麼最重要的，重要和不重要其實是個觀察角度的問題，重要和不重要綜合起來就會形成一個你看不到的、整體上的巨大效果。因為你自己就是那個效果的一部分，所以就更看不出來了。

袁：根據您之前的說法，跟那些比較基層的小教派相比，可能一個維多利亞時代的英國貴族都顯得不那麼虔誠。

劉：最虔誠的人，按照所謂的階級分類法，應該是屬於中產階級的下層，也就是手藝人、小店主這些人，他們最虔誠。最上層和最底層的人都不是最虔誠的。最底層的人沒有一個獨立的人格結構。缺乏人格結構這種事情是很難詳細描述清楚的，但重要的一點是，他們沒有穩定的利益觀念和預期，基本上屬於「我只活在此時此刻」的動物性狀態。而最高層的人，他們是充滿好奇心的，就像亞伯拉罕的父母和他們那些鄰居一樣，什麼新奇的東西都想嘗試一下——現在歐洲的多元文化主義者跟這些人也有點類似。

袁：跟其他宗教相比，基督教肯定能夠提供更多的資源。比如說某個人信了教，即使他死之前還是一貧如洗，但至少會有一群弟兄圍在他旁邊祈禱。基督教在教義上是不是有超出其他宗教的特別之處，使它可以在「競爭」中脫穎而出？請您從這方面來談一談。

劉：這個要分析就太困難了。如果你把社會視為一個達爾文系統的話，那麼什麼因素能使基督教脫穎而出，這個問題本身就是毫無意義的。因為環境，或者說母系統與子系統之間的互動沒有固定規則，一切規則都是局部的、暫時的和不可重複的。即使在這個局部環境中，發現了某種優勢策略，但這種策略也沒有普世性，不能延伸到時段上稍微長一點，或者範圍上稍微大一點的其他範疇裡去。

比較簡潔的描述方法，就是宗教自身提供的解釋——這是一個啟示的真理，所以它本身就是超越世界的正確性，它裁斷世界而不為世界所裁斷，所以它當然會勝出，因為這是「神意秩序」的一部分，是神所安排的歷史進程的一部分。

以上這種解釋方法是最簡單的，比達爾文式的解釋方法易懂，後者既複雜又讓人頭痛，而人的大腦是很難適應多工運算式的解釋：多工運算式的解釋，光是在語言方面就應付不過來，因為人在運用語言的時候，說這件事就顧不了那件事，說一個層次就顧不了另一個層次。要把幾個層次和整個巨大的系統同時放在一起說，基本上總是會掛一漏萬。你只能像禪宗那樣，用手指一指月亮，它只代表一個暗示的線索，僅此而已，實際上你是描繪不出那個整體是怎麼演變的；如果你要指出哪個因素是最重要的，顯然也不能。那個因素肯定不是最重要的，只是跟其他系統相比，它具有一定的特殊性，跟那些不太特殊的因素相比，好像顯得比較突出。

從奧卡姆剃刀法則（Occam's Razor）的角度來考慮這個問題，如果要選擇一種最準確的解釋體系，那就會得到一個超出人類語言能力所能描繪的、過於複雜的體系；而如果乾脆從宗教本身的解釋出發，反倒是最簡潔、最容易理解的。用現代的人文科學理念，比如懸置（Epoché），也未必沒有可能，但超出一定範圍就連立論點都找不到了。

袁：是否可以這樣說，在各種宗教之中，基督教的教義，解釋也是最簡潔的？

劉：超越某種特定宗教本身，把各種宗教平行地放在一起加以討論，這本身就是一種達爾文式的研究方法。按照達爾文本人的說法，啟示肯定是唯一的，其他版本的啟示，不是誤解就是錯誤。啟示本身不需要做任何解釋，而用它來解釋別的東西，一切問題都可以解開。照天主教會的說法，你必須先信，然後剩下的東西才容易理解；如果你要想先理解了再信，那是辦不到的。無論神學教義是多麼複雜，但是歸根結底，在這一個關鍵的節點上，你要先信，然後問題才能解釋清楚，否則你就解釋不清楚，而且非常複雜，你也很難理解為什麼其他人會覺得這些事情非常簡單。

袁：這樣說的話，在奧古斯丁（St. Aurelius Augustinus）和阿奎那之間，奧古斯丁應該是更勝一籌的，因為阿奎那偏重於從理性角度證明上帝存在。

劉：奧古斯丁對當時流行的希臘哲學和小亞細亞的東方神秘學是非常了解的——這些東西可能是巴比倫占星術的遺留，它們的數量非常豐富，雖然這已經是他本人有意識刪減的結果。奧古斯丁一開始就是講占星術、生辰八字之類的，但你要注意，這些就是他在幼年時代接觸的學問，按照希臘人、羅馬人的標準，這些就是當時的理性科學。他們對占星術的看法，對占卜的看法，就跟現代人對科學實驗的看法是一樣的，有既定的程序，可以得出一定成果，但是解釋的範圍有限。如果超出這個解釋範圍而導致不準確，那也不成為不相信科學的理由。

最後經過複雜的思想鬥爭，奧古斯丁決定把這些東西刪除掉，但痕跡還是在《懺悔錄》裡遺留下來了，這些東西你現在可以說它們是偽科學，但實際上偽科學的思想方法，或者說巫術的思想方法其實跟科學是非常接近的，它們都是根據既定程序去判斷一定範圍內的內容。

袁：您之前有一個講演，題目叫《希伯來主義與清教共和主義》。結合現在談的部分，能不能這樣認為，因為新教（Protestant）比較好地保留了希伯來的成分，所以它就更有競爭力一些？

劉：「保留」也可以說是重新發現，因為人類的基因大部分時候是不表達的，但只要是寫到基因組裡面，說不定就在什麼時候，在一個你不大了解的誘導因素的刺激下，隱性基因就會表達出來。希伯來元素是重新發現的結果，而人們重新發現它的直接動機就是，這些人對日耳曼封建和羅馬教會的體系有著相當多的不滿，他們要回到《聖經》本身去尋找思想資源。能夠跟封建、羅馬相競爭而又符合正典的，這樣一來就只有希伯來了。

袁：那麼您提到的保存種子，其實也就是不斷地對既有正典的再發現？

劉：所謂再發現，並不是簡單的把原有的東西重新表達一遍，因為基因是沒有固定表達順序的。比如說原先表達的是這一段的基因，下一次表達的時候可能就是另一段的基因。表達的部分有些是重合的，有些是不重合的。原先好像顯得是冗餘的部分，現在可以加進來表達，而原先可能是有用基因的部分卻可以不表達。排列組合的方法總和雖然在數量上也許不是無限的，但是數目之大毋庸置疑，在幾千年歷史中是表達不完的，因此表達的可能性遠遠沒有達到窮盡的地步，再加上各個不同層次的誘導方式，情況就會更加複雜。

不同誘導方式誘導出來的東西，其中有一些肯定是屬於癌症，但癌症其實也是基因的一種既有表達方式，僅僅是錯誤誘導的結果而已，它表達的仍然是人體原有的機制。像萊登的約翰（John of Leiden）在德國推行一夫多妻制的時候，就說所羅門也實行過一夫多妻制，他自己不過是效法先聖而已，大概就屬於這種情況。7

癌症之所以是癌症，並不取決於癌症細胞本身，而是取決於它跟周圍組織的不協調程度。癌症所表達出來的基因，跟你受了傷以後皮膚重新長好的基因是一樣的。如果你完全不可能患上癌症，那你受了傷也不可能痊癒。但是在現在還不清楚的某些誘導情況下，在錯誤的環境中以錯誤的方式表達出來，就會變成癌症了。而誘導它成為癌症的某些基因，可能在另外一種情況下，卻恰好可以變成抗癌基因。這裡面的複雜程度遠遠超出了遺傳學家敢於想像和承認的程度。

宗教對於文明演化的作用也是這樣。所以歷史必然性這種東西，大多數都是你看到一個短時間內的子系統的演變，就覺得以後演變方向肯定也是這個樣子的。但是十次中間總有七八次——只要時間稍微長一點，環境稍微不同一點，你就會發現——你以為是普世性的東西，結果只是一個局部性的規則。

7——一五三四年，萊登的約翰率民眾在德國明斯特城起義。他掌權後頒布一條規定，所有未婚女性必須嫁給第一個向其求婚的男子（身分不限），本人更娶了十六個妻子。雖然大多數基督教會均抱持一夫一妻制的價值觀，惟「一夫多妻」的現象不僅見於《舊約》，《新約》也未明確予以禁止，馬丁路德最終意識到這一問題帶來的神學理論困境。

袁：在可以預見的將來，這個文明種子銀行還可以發揮作用嗎？

劉：你可以把斯賓格勒提出的文明季候論看成一個子系統，在巨大的、可以說是休謨式的達爾文系統中飄浮著的一系列秩序島嶼，而島上實行的正是斯賓格勒說的文明演化規則。它似乎確實是有一個從年輕到衰老的過程，但是秩序島本身之外的那片混沌之海，卻不一定適用於這一規則，所以說這個規則仍然是局部性的。雖然希臘．羅馬文明的衰亡，或者其他文明的衰亡規律沒有超出秩序之島的規則範圍，但是對於凡人來說，這個島嶼是極度龐大和久遠的，以至於人的一生在這個秩序之島中只不過是微不足道的一瞬。你沒有辦法識別出這個島的局部規則到底有多大，更無法確定這個規則是不是普世規則。應該說，它雖然不是普世規則，只是局部規則，但它卻是很有用的局部規則，因為在你可以想像的未來，你是走不出這個局部規則的生態場的。

袁：您提到，文明進入冬季的時候，教會的影響力就會重新上升。那麼，在文明還有生命力的時候信教，是不是比較虔誠？

劉：在文明還比較有生命力的時候，教會一樣在表達，而且還是向上面枝葉提供主要營養的力量，但它做的肯定是最乏味、最不顯眼的事情，所以人們普遍也是最不重視這種奉獻的。十八世紀的英國算是處在文明盛世了，倫敦的酒館和小巷子裡不時就會冒出戴著黑帽子的傳教士，苦口婆心地勸喝酒的人不要再喝了，再喝就要死人了。但這種行為是不會被大家注意的。其實他們就像園丁一樣重要，沒有這些人，恐怕他們所在的社會很快就會變成雜草叢生的地方。那時候教士們也沒有工夫寫什麼拉丁文長詩，或者跟這個學派那個學派打筆仗了，而必須像羅馬帝國晚期的人一樣，托庇到蠻族雇傭軍的麾下，戰戰兢兢地過日子。

袁：可以從季候論的角度來看基督教發展史嗎？

劉：基督教是不在文明論的觀測範圍之內的，因為基督教是希伯來傳統的一個進階版，因此它是圍繞著文明、養育著文明的一種母系統。它不斷地開出花朵然後再凋謝，凋謝以後還會開出下一代的花朵。當然這就好像是基督教之於猶太教一樣，之後又可能有新的升級。但是一些核心的東西還是會傳下來，這可能也是不斷演化的意義。

袁：所以它到底是叫什麼名字，其實是不重要的？

劉：基督教這個名字並不是基督徒自己命名的，而是那些想要嘲笑他們的人，用諷刺的語調命名的。他們其實並不這麼稱呼自己，但是既然別人是這樣稱呼他們，時間一長他們也就大方地接受了。例如奧蘭治親王（Willem van Oranje）[8]，西班牙人罵他是乞丐，他就說我們荷蘭人確實是丐幫，我們反對你們西班牙人屬於乞丐革命。按照莎士比亞的說法，就算給玫瑰換另一個名字，玫瑰花還是玫瑰花。

袁：也就是說，文明基因的種子庫會一直這樣傳遞下去，從猶太教傳到基督教，

8—威廉一世（一五三三年～一五八四年）出生於德國迪倫堡，父母信奉路德宗。他年輕時接受天主教教育，並先後獲得查理五世、菲利普二世重用。一五六五年起組織貴族反對西班牙統治，之後其長子被押送至西班牙，他本人也被西班牙刺客開槍射殺。

而在基督教裡面又表現在新教裡，尤其表現在扎根基層的教團裡面。整個西方文明發展下來，可能各種貢獻最大的事情，都是在這個底下的培養基當中發生的。能否請您談一下中世紀晚期和文藝復興的情況？

劉：其實中世紀晚期比文藝復興要好一些。文藝復興在很多方面是一個破壞性的逆流，幸好它造成的破壞程度不算廣泛，西方文明的基礎生命力還能夠維持住。文藝復興實際上是一個怪力亂神大復活的時代，希臘、羅馬、巴比倫以及東方的巫術又重新被挖掘出來，而民眾的主流意識也向巫術心理的方向退縮。有一種說法認為，現代科學是由文藝復興這條線引出來的，其實並不是。現代科學更多地是由中世紀的那些經院哲學家開發出來的，然後十七世紀新教社會中的自然哲人在掃除了文藝復興釋放出的巫術元素以後，把剩下的東西加以規範化，才讓整個科學體系得以建立，主要的方法論其實在文藝復興以前就已經具備了。當然文藝復興也有一些東西是繼承了中世紀晚期的，但它的最鮮明特點還是那些怪力亂神、巫術性的東西。文藝復興時期的科學大體上是跟占星術、黑巫術、地水火風四精靈的操作方法之類的東西連結在一起的。現在我們看到的文藝復興敘事，實際上是一個高度刪減和改寫後的簡化版，有點像《格林童話》的情況，大多數人看的其實是潔本，原版恐怕他們是看不下去的。[9]

袁：英國革命之類的事件，也是一種厚積薄發的表現嗎？

劉：現在說的科學革命，基本上都是在牛頓時代才展開的，也就是查理二世復辟的時候，他跟克倫威爾差不多是同一代人。這其實是同一種集體衝動的反映，也就是發現「神意秩序」的衝動。這種衝動既驅使克倫威爾和費爾法克斯去跟國王打仗、驅使保王黨人跟議會軍打仗，也驅使了彌爾頓那些人做神學研究，驅使了哈靈頓那些人去研究政治制度，更同樣驅使牛頓這些人在探究自然規律的同時，又在森林裡尋找各種神秘的東西。在他們看來這些行為其實是沒有區別的，都是為了發現「神意秩序」。

9—《格林童話》第一版發行時受到廣泛批評，例如用詞過於艱深、情節過於血腥暴力等等。格林兄弟在輿論壓力下修改了不少內容，包括將《白雪公主》和《糖果屋》的惡毒母親角色改為繼母。

解剖一隻跳蚤，嘗試從這裡面發現上帝是當時的基本方法論，正是這種精神驅動了新教改革。但是你不能說只有新教的改革，因為這個年代所謂的改革同時包括了兩個側面：新教的改革和反新教的改革。從現代科學的角度來說，兩種改革都起到了巨大的促進作用，其實它們只是立場不同，都屬於尋找「神意秩序」這一基本衝動的產物。

南歐的衝動，或者說義大利一帶的反宗教改革，它主要是整肅性質的，要對理性本身重新做一個有效的定義，把怪力亂神的東西與符合上帝意志、符合教義本身的理性區別開來。伽利略和塞爾韋特（Michael Servetus）這些人之所以倒楣，就是在這個整肅的過程中被牽連了進去。當時的教會之所以打擊他們，其實並不是針對血液循環論之類的觀點，而是說你們對理性的看法太荒腔走板了，把上帝設計的唯一世界說成是什麼具有多層可能性的世界，把多神教那些危險的因素重新引進到歐洲。多神教回來了，那些怪力亂神的東西也就會跟著回來。一神教的基本原則是保持理性的純粹性，不能受怪力亂神沾染，這是它的必要底線。

新教主要做的是自然哲學方面的事情，自然哲學是跟《聖經》平行的、上帝寫的另一部書——因為自然與人類是兄弟關係，這跟泛神論的說法不一樣。泛神論大致上是認為自然是母體，人類是子體。而《聖經》裡說自然和人類是兄弟，上帝用《聖經》來啟示人類，同時也創造自然。自然和人類是同時創造出來的，所以兩者之間有著一定的印證關係。因此總的規律是這一個：「神意秩序」包含了政治秩序和自然規律兩個層面。

袁：大概我們熟悉的現代文明就是這樣展開的。但也許到了十八、十九世紀，西方文明到了一個比較平穩發展的時期，這個時候基督教的作用就不是那麼明顯了？

劉：這個要看是從哪個社會階級的角度出發了。十八、十九世紀的宗教氛圍是非常濃厚的，除了最上層和最下層的那一小撮人以外，絕大多數的歐洲人基本上都生活在基督教的氛圍之內。在十九世紀中葉，也就是狄更斯那個時代，你要是在安息日還讓工人做工，就屬於一件為人所不齒的事情。新大陸的情況也是如此。新大陸可以說是一個去除了最上層階級的新歐洲，同時由於各種環境因素的影響，沒有產生流氓無產者階級，所以是個非常中產化的社會，因此它的虔誠性要比英格蘭本土強很多。但是直到十九世紀晚期，英格蘭社會的宗教氛圍仍然是非常濃厚的。

袁：但在晚近的時期，虔誠的程度好像就下降了。第一次世界大戰以後，各種各樣的非主流理論都陸續浮現，斯賓格勒認為，這彷彿是西方文明的喪鐘聲。那麼您認為，基督教的種子銀行，目前主要在哪些地方運作呢？

劉：這個就沒有辦法判斷了，在這麼多教派中，你很難做出準確判斷。就像《一千零一夜》裡說的那樣，一個石榴摔碎了，無數顆石榴籽散在地上——但只有一顆石榴籽是真正的魂器，其他的都不是，但你也沒有辦法分清楚。世俗的辦法分不清楚，因為它只有達爾文式的檢驗方法；經過淘汰後才選種成功的才是魂器，接受挑選的種子當然有很多，但被選中的卻很少。但是你可以看出被選中的種子應該是有一定特徵的，因為既然它能夠成為種子，就必然具備一個特性，它應該是高度簡約的，盡可能地剔除了冗餘的成分、刪繁就簡的；而簡約當中又能包含極大的資訊量，屬於那種壓縮餅乾式的東西。如果你看出某種東西屬於規模龐大的、華麗鋪張的、洛可可式的東西，那它就應該不是種子。

袁：那有沒有這種可能性，就是它在向外傳播的過程中，在原先文明的邊緣地帶激起了變異反應，所以就成了比較有希望的新種子？但是具體會出現在哪個地方，我們卻又說不準。

劉：這是有可能的，甚至應該說出現在邊緣地帶的可能性最大。最古老文明的核心地帶反而是組織資源消耗得最厲害、退化得最厲害的地方。比如說敘利亞一帶，那些地方才是基督教的發源地，但是當地的基督教徒可能只剩下百分之十左右，而且最重要的是整個社會也散沙化了。

演化閾值，出不去了，以後的技術要向比如說生物技術、延長人體壽命的各種技術或者是各種體驗技術的方向發展，六十年代那種太空歌劇式的開發已經走到盡頭，很快就要灰飛煙滅，那麼在這種情況下，恐怕人類的未來是很難避免羅馬化的。」

袁：能不能認為拉丁系國家也是這樣的呢？

劉：拉丁系國家是第二波文明的。可以說，中東地區是第一波文明的核心地帶，是消耗得最徹底的一方；然後以義大利為中心的環地中海區域是第二波文明的核心地區，消耗得也相當厲害，儘管消耗程度還沒有像伊拉克那些地方一樣。按照這種說法，也可以假定英美做為第三波文明的核心區，在遙遠的未來也會變成消耗殆盡的地方，然後更未來的文明核心應該是出現在新邊疆。

袁：人類的新邊疆還剩下哪裡？

劉：那就只能在地球以外的地方尋找了。[10]這種事情並不是天方夜譚，而是已經近在咫尺的了；從科技角度來講，二十一世紀確實已經到了類似大航海時代前夜的時刻，理論方面其實早就有了突破，只是缺乏一些真正心靈手巧的匠人把它們轉

10—劉仲敬的相關評論如下：「我傾向於認為，無論技術困難有多大，實際上確實非要有像卡爾．薩根（Carl Sagan）他們設想的那種外星居民。像阿西莫夫（Isaac Asimov）設想的那種，生活在浩瀚星際之中，大部分生活都依靠機器人來進行，然後以極低成本維繫一個小的定居點，維持生物人，甚至會產生跟現在完全不同的、適應各種不同外星環境的生物人，是很有必要的。也許在更加遙遠的未來，這些不同的後裔，因為他們採取了不同的機械技術和其他替代技術或者是應付太空生存空間不同的各種選擇路徑，會形成完全不能通約的族群，而這些族群之間的衝突才是未來世界文明的主流。當然你也可以假定人類出不去，已經達到

化為實用的技術，但是這些實用技術的苗頭，現在已經顯露出了不少。到時候大概又會出現一些新的麥哲倫船長和新的「五月花號」吧。

袁：也就是說，人類又要發現「新大陸」了，但是新大陸不太可能在地球本身，至少亞非拉是不可能的，因為這些屬於更早被消耗掉的地方。

劉：至少可以肯定的說，非洲不會是。非洲不能吸引技術前沿，這跟日耳曼時代的北歐以及十七、十八世紀的新大陸不一樣。羅馬帝國行將滅亡的時候，雖然這些邊界地帶很蠻荒，但它也是一個技術創新的中心。很多技術，例如在西北邊緣地帶的過冬牧草、水力磨坊[11]之類的技術，比羅馬帝國的核心地帶更先進；而移民美洲的那些人，像是富蘭克林本人就代表著當時的技術前沿，具有最強烈的探索精神。開發日耳曼森林的過程、移民美洲的過程，本身就是當時的重大技術革新的刺激因素，但是開發非洲並不屬於這類刺激因素。

11—關於羅馬帝國時代的水力磨坊，目前發掘到的遺址主要集中在法國、瑞士和英國東南部，最早的年代為一世紀左右。

袁：最近的幾百年，耶穌會士不遠萬里跑到東亞、東南亞來，好像也沒能達成他們原先的那些願景？

劉：他們其實已經達成了很多願景，所以才有現在的菲律賓、一個以天主教徒為主的國家。當時西班牙人沒有占領印尼，所以印尼才會變成穆斯林的天下。後來的荷蘭人只是在巴達維亞建立了幾個貿易口岸，但對內地完全放任不管；到了十九世紀推行殖民主義的時候，執政的殖民總督更加是人文主義的技術官僚了，這些人是沒有傳教熱情的。

袁：那如果工業革命早一點發生的話，這些技術成果和歐洲人的傳教熱情正好重疊在同一時刻，可能它產生的作用也會是最好的？

劉：可以這樣認為。印尼將來還會是教會競相傳教的一個重要場所，因為現在印尼的所謂穆斯林信仰多半是流於形式的，除了亞齊和其他幾個少數地方以外，它只是往既有的原始多神教罩了一層薄薄的面紗——這跟馬來西亞的情況不一樣，馬來西亞是從馬來穆斯林轉變而來的、針對華裔的民族，而印尼種族繁多，還沒有被灌輸太多被華人滲透的不安全感，所以將來在印尼還會有巨大的宗教競爭。那些信仰並不堅定的所謂穆斯林，未必能夠一直堅持他們的信仰，因為印尼也是新近皈依基督教人數非常多的地方，而當地的伊斯蘭教團體，並不像馬來方面的團體那樣神經緊張。總的來說，印尼還處在一種很原始的、發展可能性還很多的狀態。

袁：假設中國未來發生大洪水，基督教會能不能對那些幅員廣大的、被拋棄的「張獻忠地區」[12]起到一種救濟作用呢？

劉：這個是可以肯定的，現在教會的大規模擴張，實際上也是跟中國社會的崩潰同步的。基督教在日本的傳播非常緩慢，只能逐個逐個地吸收新教徒，這種大規模擴張之所以沒有發生在日本，就是因為日本原有的社會結構還很堅固。相比之下，福音在韓國的傳播就厲害得多，那是因為韓國跟日本不同，韓國比較接近於兩宋的

12—對於中國的未來局勢，劉仲敬提出「龍騎兵地區」、「敘利亞地區」和「張獻忠地區」的概念。龍騎兵地區屬於中共仍能保持直接管控的區域，敘利亞地區屬於可能出現軍閥林立和混戰的地帶，而張獻忠地區則屬於屆時社會運作將全面崩潰、爆發大規模人道災難的區域。他認為，中國各地應對武漢肺炎（COVID-19，二〇二〇年初於全球範圍大規模爆發）的策略，大致顯示了三個地區的分布範圍。

官吏統治社會，不像日本是堅固的封建社會，所以韓國社會是比較老弱的。將來的越南很有可能會變成天主教國家，現在天主教勢力在那裡的發展速度非常之快。

袁：「五月花號」那一代人，他們是團結在清教精神之下而漂洋過海的，但是未來邁向「星辰大海」的那些星際探險者，還會不會是這樣的呢？

劉：仍然會是這樣，因為星際探險這個東西的層次太複雜了。最初產生的探險組織，可能會類似二戰時期研究各種新發動機的創業團體。現在美國這樣的團體就相當多，包括商業性的宇宙開發團體，因為它們不受航太總署（NASA）那些官僚主義機構的限制，可以極大地降低運營成本，將來很可能就是由這樣的小公司實現聯合，首先把私人星際開發做起來。

目前來說我們還處在前哥倫布時代，還沒有到「五月花號」的時代。「五月花號」產生的那個時代是歐洲人大規模移民的時代，已經具備各種相應的成熟航海技術；而現在還談不上可以組織星際移民社區的地步，只能說目前極少數具備冒險家精神的團體有探索外星球的條件。從哥倫布到五月花號需要兩百年的時間，而要達到願意勞動的普通人也可以在外星球生活的地步，還需要邁過許多新的技術門檻才行。少數冒險家做短暫的星際探索，在外星球採一些隕石標本然後離開，這是一回事，而建立穩定的社區就是另外一回事。前者現在已經差不多可以做到，但後一項現在還差得遠。但按照歷史經驗來說，第一項實現以後，通向第二個層次的道路就很難再被扭轉了。

而在這種情況下，是有很大的概率產生具有新教精神的社區，因為冒險家需要具備的心理素質和定居者的不一樣，定居者必須具有極強的信心和團結力，能夠在極高的死亡率和極為困苦的條件下仍然不喪失自己的信心，維持共同體內部的秩序。而冒險家不需要這些品質，他甚至可以是無神論者、貪圖享樂的人，例如唐璜這種類型，可能會更好地承擔冒險家的使命。如果樸茨茅斯的清教徒生活在哥倫布時代的話，他們當中有十之八九的人肯定不會出海，事實上跟著哥倫布的那些人裡面，無產浪人也特別多。

袁：未來星際探索的任務，假設是由國家機器主導完成的話會怎樣呢？

劉：國家機器沒有辦法做成這些事情，這是可以肯定的。國家機器主導事情需要耗費很高的成本，而且執事者的想像力通常也很差。有一些事情是可以由他們率先發起的，但是他們開了路以後，真正能利用機會的不太可能是他們。

美國和歐洲的情況，就非常的不一樣。美國的私人宇航公司非常多，而歐洲的同類組織就非常少，基本上除了德語圈那一塊，民間就沒有做這些東西的人；學校裡面有幾個蛋頭學者在研究純理論，但是卻沒有一個像威斯汀豪斯（George Westinghouse, Jr）這樣具有冒險潛質的企業家，也沒有一個具有瘋狂精神的技術員把這兩種潛質結合到一起。只用了不多的幾十萬、幾百萬美元就能從美國海軍的廢料垃圾中拼湊出很厲害的東西來，這種瘋狂的人好像只有美國才有。

地理大發現起到了這樣的一種篩選作用——原先廣土眾民的許多大帝國，一下子都被完全排斥在外，而幾個小國卻突然得到了大半個世界。將來的情況很有可能也是這樣，巨大的新世界會讓一小撮冒險精神最強、冒險文化最為雄厚的美國社區把握；而歐洲、日本，可能還有中俄這樣的、勉強搭上尾班車的國家，透過官僚制度的主導，像當初法國和西班牙一樣，用很笨很慢的方式分到一小部分；還有更多國家連剩下的一小部分都得不到，完全被鎖閉在地球上，之後的結局就是徹底費拉化。

第四章 希臘·羅馬文明及其遺產

希臘文明的人文主義性格——羅馬文明與羅馬法——中世紀封建與蠻族習慣法——希臘殖民與英格蘭殖民——「新羅馬」的誕生——普世帝國的降臨

袁：您之前提到希臘的內容好像不是太多。能否請您展開談一下？比方說您所理解的希臘，跟一般人談的希臘有哪些不同之處？

劉：希臘是中國人了解得最多的，中國人的思路也最接近希臘類型。所以其實用不著專門講，因為不夠「獵奇」，沒有什麼特別需要重新理解的地方。所謂希臘類型，主要就是人文主義這個思路，也就是哲人當國的思路。現代人提到的希臘，一般都是指蘇格拉底以後的希臘，可以說所謂的代表性實際上就是節選它的一個特點，只看它的繁盛發展階段，就好像吃蔬菜並不是整顆植物都吃，而是只吃葉子或根莖一樣。

對於希臘來說，多神教時代還不是它的發達期，給後人留下深刻印象的是士大夫文化那一期，能夠影響到境外的也是那些哲人。實際上真正的希臘文化有很恐怖、很野蠻的一面，比《荷馬史詩》上說的還要野蠻；還有很黑暗、很陰暗的一面，例如酒神祭、血祭之類的儀式。很可能我們所知道的人文主義希臘或者荷馬的希臘都只是薄薄的其中一個表層，但是這些無關緊要，通常所說的希臘也就是指那些表層。而泛義上的希臘，人文主義的思路，包括後來復興的啟蒙運動，它實際上是個從希臘和希伯來二元結構重新向希臘一面倒的運動，但是它的影響也是薄薄的一層。所謂的希臘就是指士大夫文化，它始終能夠影響的對象也只是士大夫，不能像宗教一樣深入基層。

袁：也就是說，在兩希正典當中，希伯來肯定是核心的部分？而一般人對希臘傳統的理解，缺失或者疏漏在哪裡呢？

劉：希臘屬於知識分子的部分，希伯來屬於不可見的底層。中國人對希臘傳統的理解，只在細節上有疏漏，而格局上沒有——理解希臘，恰好是士大夫階級的特長。對於士大夫來說，希臘有着天然的階級親和力與文化親和力，他們容易對希臘達到同情的理解。而中國人所理解的希臘精神，可能比有宗教背景的西方人還更接近本質一些，這比理解日耳曼傳統也要容易得多。胡適的西學知識其實是很淺的，但是他可以本能地理解進步主義的格局；並不是說他的理解能力有多高明，而是說他實際上是個不掛儒家名號的儒生，本質上還是士大夫文化的產物。只要你的思維結構是從人文主義當中延伸出來的，就不用特別設法貼近希臘，你順著自己的思路，自然而然就可以了解它了。

袁：但是也有一些東西是中國人不大好理解的，比如說君主跟僭主的區別，或者亞里士多德的學問。而且，越是生活在中華帝國晚期的人，就越不容易理解這一點。

劉：君主和僭主倒不是很難理解，中國古代就有正統和閏統的說法，也就是合法君主與篡位者的區別。春秋時代的諸子百家，對應希臘、羅馬的某幾個學派是非常貼切的，因為他們的研究範圍都很窄，只限於人文主義、政治學和倫理學這幾個層面。而希臘文化的範圍雖然比諸子百家的範圍廣一些，但是它們的精神是一致的，希臘的一些東西，中國人是可以從典籍輯錄和博古傳統當中獲得的，希臘也是士大夫容易理解的。亞里士多德的收集方法，表面上是百科全書式，實際上漏掉了很多東西。例如希臘悲劇裡面的東西，他就刪掉了一大部分，因為那些東西在他看來不夠理性，不夠符合吉朋（Edward Gibbon）式的體面和樂觀。

袁：另外還有一些東西似乎也不容易理解，比如在《荷馬史詩》裡面，阿基里斯表現出的「我就是比你們高人一等，我就是比較偉大，我就是比較強悍」。

劉：阿基里斯時代是比較接近日耳曼傳統的時代，它是騎士時代的希臘，而不是啟蒙時代的希臘，這個時代的希臘也不是雅典和耶路撒冷意義上的希臘，後者是保羅在雅典遇上那些哲學家的時代，而智者學派跟蘇格拉底對抗的時代，相當於日耳曼封建以後的文藝復興時代。希臘沒落以後，也曾經產生過普通的僭主統治時期，但是那個時期很短，很快就終結了，接著就是羅馬人的征服。

袁：這幾年在中國出現了一種熱潮，要刻苦研讀古希臘的經典，學習古典哲人的教誨。按照您的說法，古人的這種教誨即便真有什麼微言大義，其實也不能幫助我們真正解決問題嗎？

劉：研讀希臘經典其實是一件沒有太大意義的事情，那些教誨跟孔門弟子的言論很接近，中國人理解這些東西是用不著特別花工夫的。問題的解決或者不解決也根本不是重點，能不能提出來有價值的問題才是重點。問題一般都是解決不了的，可能對於你而言是問題，但對於別人來說就根本不是問題。你之所以覺得是問題，那是因為你提問題的方式，而基本範式決定了你提問題的方式，後面的事情其實已經不重要了。

袁：說起希臘的城邦時代，當時好像沒有一個像周天子一樣，「普天之下皆為王土」的國王？

劉：是曾經有過的，在阿伽門農和萬王之王的時代，那就是古代希臘的一個共主了。阿伽門農覺得他的家族比其他家族都要高貴一些，有一種榮譽性質的，但並不是實際大權在握的權威。像奧德賽斯（Odysseus）這樣的，比較謹慎的小邦君主都覺得這樣的榮譽和地位是應該保持下去的。

袁：但是到後來的人文主義時代好像就沒有了？

劉：這是一個社會逐漸解體的過程，實際上國王、貴族和平民的三角鬥爭相當普遍，在蘇美也是這樣，但是兩邊演化的方式不一樣。希臘的演化情況是國王首先退出。

袁：透過亞里士多德的著作，可以知道希臘的各個城邦屬於很多不同的政體，在春秋時代也存在這樣的政體嗎？

劉：春秋時代的各國也存在政體上的差別，但各種政體的分布比重是不一樣的，而且政體之間的界限也不那麼清晰。總的來說展開的程度還是淺，畢竟東亞還是邊緣地帶，不是世界文明中心。但是基本類型確實是有的，可以在希臘各邦找相似的類型對應。亞里士多德那種中庸性的氣質，實際上很符合華夏士大夫的口味，尤其是那種把編輯和整理當作治學之道的基本路子。

袁：也就是說，到亞里士多德登場的時候，其實意味著希臘文明已經走到秋天了？

劉：希臘文明真正比較有生命力的時候，是在前蘇格拉底時代，也就是米利都（Miletus）[1]學派那些科學化的哲人活躍的年代。他們的理論突破是針對宇宙規則的突破，而蘇格拉底以後的哲人就放棄了對宇宙規則的關注，變得一切焦點都集中在社會學方面了。所謂把哲學帶回人間，實際上是收窄了它的範圍，降低了它的天花板。以後的希臘——當然這也是最經典的希臘，對後來的羅馬起主導作用的也是這一部分遺產——其實性質上跟諸子百家差不多，天花板都不高。天花板高的米利

1一位於今土耳其西南部的艾登省，古希臘時期的重要城邦之一。以泰勒斯為代表的米利都學派，活躍年代在西元前六世紀到前四世紀之間。

都學派，關心世界起源於火還是水，這類問題雖然有些荒謬，但實際上它比蘇格拉底以後的人要深刻得多，後來的希臘哲人等於是縮小了範圍，然後在小範圍內，把那些其實並不是很重要的細枝末節反覆咀嚼。

袁：接下來請您談一下羅馬。

劉：後人出於製造神話的需要，把羅馬的古樸氣質誇大了，實際上羅馬在雅典時代的對外貿易額就已經相當龐大，也曾經派人到希臘出使過[2]，而它政體的基本架構跟希臘城邦也是一樣的，只不過它的各個發展階段的延續時間都比希臘要長一些。羅馬也經歷過國王、貴族、平民的三角鬥爭，國王首先被廢除，接著在貴族和平民的勢力平衡之下度過了政體的黃金時代，隨著平民勢力上升，最後由共和轉為獨裁，再由獨裁轉為僭主而滅亡。但是它的每個演化階段都特別長——所謂特別長，就是說它的發育比較緩慢、德性比較穩固，不像希臘那樣迅速演變，在較短的時間內就把自己燃燒殆盡了。

2—根據傳說，羅馬元老院在頒布《十二銅表法》前，曾派人到希臘考察各城邦的政體和法制。

袁：比起希臘，也許羅馬更容易理解一些？

劉：一般人所說的羅馬，就是指晚期的羅馬帝國。那時候羅馬已經變得比原先更加粗陋了，除了實用的東西以外，一切都不關心，這種心態變化比較接近於秦漢帝國以後的中國，也是一個文明進入晚期的現象，儘管物質仍然輝煌，工程仍然細膩。這是它自身的性質所致，羅馬人不夠聰明，他們比較敬畏神明——之所以各個演化階段都比較緩慢，可能也是因為這個原因，它缺少太多的人為干涉。人不能太聰明，一旦變聰明以後，就總想人為加快歷史的進程，「奮其私智而不師古」。越聰明就越早衰，死得越快。人越聰明就越會燃燒自己的儲備，儲備燒完就沒有了；而越是愚鈍，越是敬畏神明，你的儲存就會比較足，你的發展過程就會越接近於自然生長。文明演化跟人體規律其實是一樣的。

袁：羅馬對後世影響最為深遠的其中一個遺產就是羅馬法，但您對它的評價似乎並不太高？

劉：羅馬法其實不是一個始終如一的體系，後來被基督教歐洲當作羅馬法的那部分只是沿用了中世紀羅馬法的概念，它其實是羅馬帝國進入晚期以後專門編撰和整理的法典。羅馬法最初並不是這樣的，早期的羅馬法也是習慣法的形式。在西塞羅之後，差不多是在從共和轉為帝制的同時，它的習慣法也轉變為制定法。但是日耳曼人只了解它的後半部分，所以在他們心目中羅馬法就只有制定法，代表繁複的、但是高度奴役性的文明，但其實早期的羅馬法跟日耳曼習慣法的精神是一致的。這種情況跟羅馬人對埃及人的看法差不多，羅馬人心目中的埃及是晚期文明、東方專制主義的國家。其實埃及也是有它的文明初期的，有它的州國時代，但是那個時代羅馬人沒有親身接觸到，它接觸到的埃及已經是垂死狀態下的埃及了。而歐洲人了解的羅馬，也已經是拜占庭式的、垂死的羅馬。但對於華盛頓這一代人來說，他們心目中的羅馬反而是辛辛納圖斯（Lucius Quinctius Cincinnatus）時代的羅馬共和。[3]

3—辛辛納圖斯是古羅馬貴族，晚年於鄉間務農時受到元老院徵召而擔任獨裁官一職，並在完成職責後迅速辭職歸隱。效法他的華盛頓亦在美國獨立戰爭結束後辭去大陸軍總司令的職務。

袁：中世紀歐洲可謂樹大根深，您也經常說英格蘭的憲政就是直接從中世紀封建變形過來的，但這個推斷會不會太跳躍了一些呢？

劉：這是很明顯的，憲政小而封建大。實際上，憲政只是封建其中一個比較規範的展開形式。你也可以說，所謂的憲政其實就是一種神話，至少我差不多是這麼認為的。雖然歐洲產生出憲政的時間很長，但是希臘時代和春秋時期也產生過，在他們封建體制崩潰的那一瞬間，也產生過類似憲政的東西，但是接下來就是平民政治和僭主政治了。歐洲的這種變化要緩慢得多，但也不是絕對的，就像羅馬人的發展階段雖然比希臘人的要長得多，但是基本格局還是一樣的。

第一次世界大戰以後的演化，你也可以看成是通向平民政治和僭主政治的道路已經被打開後的局面。它能延續很長的時間，其實也就是樹大根深的緣故。封建時期積蓄的政治資本是不是足夠多，直接決定了它之後的憲政能夠達到什麼樣的高度、能夠維持多長時間。如果積蓄比較多，那麼後來達到的高度就比較高。如果積蓄比較少，那麼後代的憲政就會曇花一現，接著就會進入漫長的僭主政治。

袁：可能只有西方中世紀，才把文明厚積薄發的過程比較完整的展現了出來。至少別的文明產生過這個階段的例子，還不太好找。

劉：例子也是有的，但是短暫，而且不完善。歐洲就是因為有中世紀的積累、靠所謂的「中世紀黑暗」，才把積蓄時間延長了，它的法統才會特別鞏固。

中世紀大概可以從這兩個點切分：一是封建以前的部落時代，也就是十一世紀以前；二是十四世紀，也就是絕對君主制產生的時期。十一世紀以前沒有規範的封建制度，還是以部落制度為主。封建制度是自發演進的，它的制度要演進到配合默契的完美階段需要幾百年時間。大概在聖路易那個時代，才進入到一個高潮階段，但這只是就西歐而言；東歐的演化還要晚一些，要等到十六、十七世紀它才進入封建憲制的完美時期，接下來就是絕對君主制的挑戰時期。

袁：按照您之前的說法，可以把中世紀封建看成是一個半無政府的狀態（Semi-anarchy）。這種情況是怎樣一步步具體演化出來的？

劉：在沒有公權力的時代——其實嚴格來說，從來就不存在所謂的公權力。任何自發產生的公權力本質都不是完全為公的，都在「為私」（Pro-civilian）和「為公」（Pro-government）的張力之下維持著微妙的平衡，而歸根結底它總是為自身的。但是它聲稱為公，我是政府，我跟其他公司不一樣，你們是赤裸裸為自己的，而我實際上在為自己的同時還可以為公共利益，大概就是這樣的。當然這只是一種理論上的虛擬。實際上如果換一種模型，把所有權力都看作私性的，把所有公權力的產生都看成各種私性權力之間喪失平衡的產物，可能會更合適一些。

歐洲中世紀的情況就是每個人都持有武器，各個小團體之間都相互鬥爭。相互鬥爭到一定程度，隨著武力的差異就會出現結盟和保護的關係，結盟和保護就是一種對象為秩序的生產力的交易。這個交易的程度各不相同，取決於各種德性，德性比較高的輸出能力比較強，它會建立一個比較大、比較鞏固的保護體系，雖然這個體系也不是永久和無限制的。這樣一來，各個保護體系、各個交易體系相互鎖在一起，形成了一個網路狀的結構，這個網路狀結構在開始的時候肯定充滿衝突和混亂，但是隨著演化過程，會慢慢形成一種舞伴式的默契。剛開始跳舞的時候你會經常踩到別人的腳，但是時間長了以後，自己的動作就會協調起來，不會踩到任何人，大概就是這樣子的。但是這個高度協調的體系也不是永久的，經過一定時期的和諧以後，整個體系還是會衰落。

袁：但是這種封建狀態，也是在很多偶然因素的刺激之下才產生的？

劉：這是個層次性的問題，因為系統運作並不取決於它的基本粒子是什麼。就像你燃放一個煙花，這個煙花的具體成分是什麼東西，關係並不是很大，只要它的展開效果是預計的，就可以了。封建是很自然的一般現象，就是說它沒有固定的狀態，它始終是個動態的過程。

袁：也就是說，封建階段的時間延續得長，反而是特殊的現象。那麼，羅馬文明輝煌的原因就是因為它的封建階段保持得比較長嗎？

劉：封建保留時間特別長就是特殊現象。基本上所有文明都有從部落階段到封建階段的過程，但是往往都轉瞬即逝，一下子就過去了。羅馬的情況，反而不是這樣。羅馬的封建時代就是它的城邦時代初期，也就是說在無文字的時代就已經結束了。它是把另一個階段拖得特別長，就是貴族與平民分庭抗禮的城邦時代，這個階段是它主要的積蓄來源。像我之前說的，有的植物積蓄來源是在根部，那是紅薯；有的在莖部，那就是甘蔗；有的在果實，那就是蘋果。論基本結構也許它們是一樣的，但是有些負責積蓄的部位，生命力顯得特別長，而那些特別顯眼的部分又分別處於基本結構的不同部位，所以儘管它們都有一個差不多的發展週期，有根有莖有葉有果，但是主要能力也是儲在不同部位的。

袁：對於中世紀歐洲，它的封建時代是終結於十四世紀。絕對主義的興起是因為受到了外力，例如鄂圖曼土耳其的刺激嗎？

劉：歐洲各地的具體情況不一樣，但在法蘭西這樣的演化核心區，大致上就是在十四世紀結束的。絕對主義的興起倒不是因為外力，因為它是從封建制度內部產生的，只要平衡被稍稍破壞，那麼凝結核就會在這個破壞點周圍分散開來，形成法蘭西國王與財政署、長袍貴族共同掌權的這樣一個聯盟，然後這個聯盟又會破壞各地領主之間的勢力平衡，逐漸形成圍繞著王室的權力核心，再然後這個權力核心會隨著每一個刺激而不斷擴大。這不是必然會發生，但是很大概率會發生的事情——有財政署這樣的組織，發生後續的衰變就是很自然的事情。動態平衡早晚是會被打破的，只是維持時間的長短不同而已。

袁：法國的情況是國王打破了原有的平衡，那麼波蘭王國和神聖羅馬帝國的情況呢？

劉：波蘭的演變主要屬於地緣政治的影響，因為它的發展比較晚。對於進入母系統太晚的子系統來說，外部環境就比內部環境更重要了。如果它要自行發展的話，那麼就跟九世紀到十一世紀的法蘭西王國差不多；如果它再經過一段時間的自動演化，那就不知道會變成什麼樣了。但是它這時候已經沒有自動演化的機會，外部的國際形勢迫使國內的憲制必須隨之扭曲。

神聖羅馬帝國是一個比較抽象、普遍的天下體系，所以帝國下面的那些地方性邦國享有很多特權，因為帝國的權力是抽象的，而不是具體的。但像法國和西班牙那樣的國家，甚至像勃艮第（Burgundy）[4]這樣的小邦國，就很容易發展出比較具體的權力，因為它們沒有那種抽象的普遍統治原則。

4—勃艮第公國的統治者長期與法蘭西王室處於競爭局面，並積極向低地擴張。其後西班牙基於聯姻關係而取得勃艮第的領地，造成法國與西班牙、神聖羅馬帝國的長期對峙。

袁：封建自由和立憲自由，兩者之間可以互相轉化嗎？

劉：封建自由是一種很不穩定的狀態，立憲自由其實也是，真正實行憲政的時間有多長？頂多四百年，而且只有英國是這樣，大多數國家都是一百多年時間，甚至只有幾十年，後來就明顯擋不住內部的民主化和平民化浪潮的侵蝕。憲政始終面臨著巨大的壓力，透過平等化變成一種單一的制度，然後透過單一制最後走上僭主制度。現在它的最後阻礙就是司法獨立，但是司法獨立受到民主體制侵蝕是很容易的事情，不知不覺間一點點侵蝕，很可能最後連法官也會變得像是個喪失了獨立性的擺設，儘管不是選舉產生的，也會變成一個唯民意是從的機構。

袁：蠻族法，羅馬遺產和希伯來遺產，這三種因素裡面主要是哪一種塑造了中世紀？

劉：蠻族法是最重要的，因為它是中世紀歐洲內生的東西，而希伯來遺產和羅馬遺產都是它受容的、從外部學來的東西。學到的東西抵不過天生體質的影響，天生體質最重要，是自己在系統內部演化出來的東西。而後來有意識學到的東西都是表面層次的，雖然學到的東西也有它自己的作用，因為它接觸的文明遺產比較豐富，延長了它的演化壽命，加強了它的規範性。

在大多數情況下習慣法的穩定性都是比較欠缺的，而且在它的演化過程中，它的基因多樣性特別強。正因為基因多樣性特別強，也就意味著它發生惡變的可能性極大。它非常不容易發生整體性的惡變，但是小範圍惡變的發生機會比較多，很容易——比如說在非洲或者美洲的某些地方，出現一些小範圍的食人樂園。這些事情是完全在習慣法的演化範圍之內的。但是這種情況之所以沒有發生，是因為基督教和羅馬法起到了極大的規範作用，基督教的作用尤其大。

在基督教的基本原理、普世價值的約束之下，就築起了一道抗癌底線。最好的政體就是蠻族和基督教相結合的產物，在這個化學反應的過程中，蠻族的生命力和多樣性能夠與基督教的統一性和普世價值結合起來。如果基督教傳到一個晚期的費拉帝國那就沒有太多展開的可能性了，起不到重要的影響。如果是純粹的蠻族體制，也不能發揮太大作用，因為它雖然具有演化多樣性，但是也潛在著很大的惡變危險。蠻族如果單純自己演化的話，就很容易劍走偏鋒。即使不走偏，它的演化速度也會過快，很容易進入積累很慢而消耗很快的模式。大多數蠻族在建立小規模的國家以後，很快就把自己消耗掉了。

人類歷史上的絕大多數蠻族都是這樣的：先是產生出像麻六甲這樣非常非常小、只占一個島幾分之一的小政權，然後這個政權迅速地由部落自由發展到酋長貴族階段，再然後貴族被消滅，酋長變成橫徵暴斂的國王，最後以野蠻的方式把自己的精力揮霍一空。秦政差不多也是這樣的效果，只在一個相對小的範圍內，還來不及擴展至整個華夏，就把自己迅速地燒光了。總而言之，習慣法在完全沒有規範力量的情況下，可以演化得非常迅速。

袁：您是說在別的地方，也有過這樣相對完整的演化過程？

劉：大部分地方都有。像辛巴威那些據說是所羅門時代留下的城堡，顯然就是當地黑人部落曾經經歷過類似演化的證據。位於美國中南部，那些歷史上的印第安帝國[5]，有很多證據表明他們曾經建立過中央集權的國家，而且統治者以涸澤而漁的方式奴役他們的民眾去開發當地蘊藏量很少的礦物，用很粗陋的技術，付出了極大的消耗，像秦始皇一樣把當地的人力物力消耗殆盡，然後整個文明消失得無影無蹤。

袁：而日耳曼蠻族進入羅馬帝國的時候，正好就在最有利的時機、在最適宜的地點把自己納入了一個非常有利的演化框架，是這樣嗎？

劉：主要是因為日耳曼人進入羅馬帝國以後，那個使民眾負擔過重的官僚體制一下子就瓦解了，它留下的文明基因要經過幾世紀以後才能重新啟動。蠻族進入羅

5—九世紀至十六世紀期間，在美國密西西比河流域中部形成了多個聚落，目前發現的最大型遺址為卡霍基亞（The Cahokia Mounds State Historic Site）。發掘結果顯示，其建築規劃相當複雜，且有較高階的社會建制。

馬帝國的時候，帝國的主要社會基層是彷彿打不死的教會，這對於蠻族而言才是最重要的。等到它跟教會融合，自己的部落組織在幾百年間逐漸基督教化之後，潛存下來的羅馬法基因才會重新復活。

袁：假設羅馬帝國沒有基督教化，日耳曼蠻族進入之後會怎麼樣呢？

劉：那就很有可能會變成類似邁錫尼人入侵克里特島、羅馬進軍希臘那種局面，也就是變成希臘．羅馬文明的第三期。日耳曼人來了以後，會把自己的多神教體系與希臘羅馬的多神教體系混在一起，於是奧丁、朱庇特和宙斯都會被混在一起，重演羅馬征服希臘，邁錫尼征服克里特的歷史。

袁：那麼反過來假設，日耳曼蠻族過來了，但是另一邊沒有羅馬帝國，而只有一堆城邦國家，又會怎麼樣呢？

劉：這種情況就很難想像了，因為當時的基督教是跟羅馬帝國的普世性同構的，普世帝國和普世教會屬於互為鏡像的對應物。如果日耳曼人面臨的是小邦林立的局面，那就會比較像是伊拉克或者敘利亞那種欺負基督教的阿拉伯邦國。蠻族在入侵這樣的小邦的時候，很可能會使他們自己摻雜在原有的體系裡面，形成穆罕默德以前的阿拉伯半島那種局面，也就是各個信奉多神教、猶太教、伊斯蘭教和基督教的小邦交錯縱橫。而在這種情況下，基督教的運作模式會跟現在的非常不一樣，沒有普世帝國概念的基督教，在我看來確實是難以想像的。

袁：中世紀歐洲的封建積累能夠如此深厚，首先是得益於文明基因的多樣性嗎？

劉：主要還是演化時間長，時間是最主要的因素。當然規範的清晰跟羅馬法還是有關係的，羅馬法的及時啟動對日耳曼封建起到了適當的刺激作用，要不然習慣法很有可能就會處在混沌狀態。就蠻族本身的性質來說，既要習慣法保持多樣性，又要產生適當的理論意義，想這樣兩全其美是很難的。它就是需要有來自羅馬法的刺激，但是又不能由羅馬法壟斷，要達到這種恰到好處的平衡才行。而這樣的情況就出現在英國。

袁：也就是說，只使用習慣法的民族會消耗得很快嗎？

劉：準確來說不是消耗得很快，而是演化得很快。因為基因的多樣性大，所以它演化的複雜程度就比較高。但如果這裡面沒有什麼東西起到穩定性作用的話，它很可能就會迅速地異變，變成許多本身黏度非常差的亞文化小團體，非洲大部分地區就是這樣的。要說基因多樣性的話，它可能不比中世紀歐洲差，各個部落各有各的獨特之處。但是它不能形成像歐洲那樣的基督教共和國——所有王國、帝國、共和國共同組成一個基督教社會，彷彿一個大共和國。非洲不能形成這樣的政治聯合，他們之間相互仇視，甚至把其他部落不當人看。

袁：對於中國人而言，王朝君主這樣的君主比較好理解，而對於從部落酋長轉化過來的君主，好像就相對陌生。

劉：其實王朝君主原本跟族長沒太大區別，權力並不太大，是自然而然地由族長升級成君主的。像周天子這樣的君主才是君主的本義，儒家強調的忠君其實是指效忠這一類君主，並不是後世那種由征服者大軍擁立的、雇傭軍領袖式的武斷君主；孔子之所以強調忠君，就是因為那是一種類似保衛大家族一樣的自然感情。

袁：日耳曼人對君主的效忠，也是這種自然感情的體現嗎？過了若干年，也會產生一些變化吧。

劉：確實是這樣，君主對於日耳曼人內部而言也許是這樣的，但是對於被征服者而言並不是；所以它的君統的合法性也不是絕對的，只是相對於東方國家而言比較高。

後來發生的變化就是基督教因素加入了進來，然後教會的神聖性和君統的神聖性相結合，結果教權發揮了穩定君統和規範君統的作用。一方面教權對君主起到了約束作用，讓君主不能肆意妄為，君主在家庭關係、繼承關係和其他各個方面都要表現得符合正統標準的要求。另一方面教會透過加冕禮把君主神聖化，使它變得更加穩定，延長了君統自身可以維持的壽命。

袁：在這個過程中，教會是出於自利的目的而這樣做嗎？雖然對自己有利，但也產生了一些意想不到的結果。

劉：教會恐怕不能說是出於自利的，應該說強力推行基督教的基本價值觀就是它的本能衝動。基督教的觀點是，它認為存在一種良善生活的模型，無論如何都要把這種模型推廣出去。當然它也有自私自利的一面，但即使撇開這一面，它也認為那種符合《聖經》的標準、上帝透過祭司膏立君王這種方式才是最好的。附帶著自然也產生了一些自利的做法，比方說，既然你這個國王不符合這個標準，那你試試看是不是可以孝敬我一下？你孝敬我的話，我就睜一隻眼閉一隻眼，你不孝敬我，我就嚴格地按照撒母耳對掃羅那樣譴責你。這類事情是很可能會發生的，但這不是說標準本身是為了自利而制定出來的，應該說它是題中應有之義。

袁：這種從部族感情所延伸出的、對於君主的尊敬，是在什麼時候開始轉變的呢？有一種觀點，認為是由絕對主義破壞的。

劉：像英國、丹麥這些國家就是延續至今，君主立憲制屬於這種感情的體現。而對於法國這樣的國家來說，對於君主的尊敬就是僅僅維持到大革命，大革命以後這種感情就沒有辦法重建了。即使在絕對君主制時代，法蘭西君主仍然具備封建君主的神聖性，以及可敬可愛的餘威。但在拿破崙一世以後，剩餘的資源就完全消失了。

絕對主義把各個封建領主的威嚴感都集中到了正統王室那裡，但它仍然是封建體制的繼承者，所以它的餘威仍在，查理一世和路易十六這些人也才仍然會被認為是聖人。他們在關鍵時候也是不能濫用權力大肆鎮壓民眾來維繫自身政權的，而拿破崙在同樣情況下肯定會毫不猶豫地痛下殺手，因為拿破崙不用珍惜臣民對他的神秘敬畏，而正統君主還有珍惜的必要。經過拿破崙之後，復辟王朝都不再珍惜這種尊敬之心了，因為它已經徹底喪失掉了。

袁：正統君主這種觀念，也是到了二十世紀才被徹底拋棄的？清末的時候，清國使節到了歐洲覺得很神奇，歐洲的君主好像特別親民，出巡的時候也不需要帶保鏢。

劉：像日本天皇這樣的正統君主，他的殘餘力量還在，但在歐洲大陸基本上都沒有類似的角色了。說到親民，其實春秋時代的君主也是這樣的，如果境內發生了殺人案或者什麼重大案件，他就會扔下筷子說，這都是我的過錯，自己沒有做好榜樣。這種做法並不奇怪，因為他還沒有忘記他祖先所處的狀況，也就是一個普通的部落酋長。他的統治主要就是依靠輿論號召，要用他的感化力量，打仗時身先士卒，平時也要給其他人做好榜樣。如果他自己的親戚出了問題，一般就是他的侄子或者表兄弟之類的，他自然而然就會感到很難過，就像自己家裡出了事情一樣。對於他來說，雖然他是大宗和嫡長子，但是臣民其實差不多都是本國的小宗和庶子的後代，所以他對他們的看法就相當於賈母看待賈府的遠房親戚一樣，雖然沒有賈寶玉那麼珍貴，但畢竟也算他們賈家的人，不可能用純粹功利主義的態度，「拿不到你的錢就殺了你」，畢竟是自家人嘛。後來的秦政就不一樣了，秦始皇是個理性的專制君主，一切都科學管理、唯利是圖，你一個黔首跟我有什麼關係，你不就是我科學管理的對象嘛？

袁：請您再講一下封建這個題目。

劉：所謂封建，就是做為血緣組織的部落在進入文明階段以後，用私權力來維護組織架構的一種形式，封建的特點就是私人之間的契約關係，或者說私人關係。宗法封建是純粹的血緣關係，而歐洲封建就是一種契約關係，它始終是為私的，有大的權力和小的權力，但是沒有哪個權力能夠自稱為公權力，跟其他私權力形成截然對立，並且凌駕於其他私權力之上。

從自由的本質來說，實際上只有封建主義才是真正自由的。這不是指小政府，而是說政府權力與其他權力沒有區別，任何權力都是私人的權力，它們之間的位置是相對的，是變化不定的。換句話說，它就是一種政治上的自由資本主義。而它向外部的延伸，就是殖民主義。

袁：能夠發展出這樣高度成熟的、個人之間的契約關係，好像只有歐洲人。那麼這種契約的形成主要是因為什麼呢？

劉：主要還是「鹵水點豆腐」的緣故吧。習慣法應該是所有原始部落在進入文明階段的時候都具有的，但是羅馬法和《舊約》當中的希伯來文明觀，發揮了一個適當的凝結劑的作用。而人文主義就不是適當的凝結劑，純粹的理性可能會提前催生出僭主制度。儒家學說，還有斯多葛派的學說也不適合當鹵水。但是還有比它們更壞得多的，大多數情況下原始部落連這種不太適當的凝結劑都沒有，於是就有可能演化成很怪異的形態。

袁：如果把英國的歷史做一個梳理，是否存在某幾個關鍵性的節點，比如說諾曼征服之類的？

劉：英國史的節點很難找，因為它沒有太突然的變化，諾曼征服帶來的變化其實也很有限，他們基本上把阿爾弗雷德法典（Doom Book）和宣信者愛德華法典（Leges Edwardi Confessoris）那一套東西都保留下來了。[6]而且各個地方，像是丹麥區、威爾斯、離岸島嶼的習慣法基本上也都沒有變。英國史更多地表現為一個緩慢演化的過程，很難說哪個部分是節點。可能宗教改革這個過程算是一個擾動，但是

6—約於八九三年，阿爾弗雷德大王（Alfred the Great）頒布法典，主要由三個薩克遜邦國的法令整合而成。宣信者愛德華在位時期，又頒布了一批法令。威廉一世入主英格蘭後，為宣示即位的正統性，承認了這兩部法典。

也不能說哪個事件能夠成為明顯的節點。其實沒有轉捩點才比較符合自然生長的正常形態，有轉捩點就是對自然生長的傷害了，無論你的彎轉得多好，中間肯定都有能量損失。

袁：對於英國來說，它沒有受到外部刺激的太多干擾，主要還是有賴於島國的地理優勢？或者說，外部進來的人很快就被「腐蝕」掉了。

劉：也可能是因為另一個重要原因，也就是原有的羅馬·不列顛系居民本來就為數很少，基本上被日耳曼蠻族消滅掉了。如果這些人大部分倖存下來的話，那可能就會變成像義大利，或者是西班牙人在秘魯的那種情況了。

因為被征服的對象，其實起到的作用也是很重要的。像英國人在北美遇到的印第安人，他們其實只是原始的自由部落，雖然易洛魁聯盟有著比較高的政治統一性，但仍然是由各個部落組成的聯邦。英國人面對的敵人既然是這個樣子的，那麼他們建立的殖民團體也就比較有利於自由體系的保持；但在南美就不一樣了，西班牙人面對的是高度專制的印加帝國，是很容易被奴役的順民，那麼征服以後直接奴役印加人就行了，用不著成立什麼本國殖民者的自治團體，即使原先有自治團體，也很容易被腐蝕。印第安人那些共和制的部落與英國殖民者的自治團體相互對峙，其實是很有助於培養雙方各自的政治德性的，等於說對雙方的自由都起到了保護作用。兩個騎士遇到一起，不大可能發生一場泥漿摔角式的無賴爭鬥；但如果一個紳士遇上一個無賴，那前者就多半不得不降低自己的底線。

袁：關於英國著名歷史學家、人類學家麥克法蘭的《現代世界的誕生》，您是比較贊同他的思路的。[7]這本書裡面提到的幾個關鍵性因素，分別是在什麼時候由英格蘭向世界提供的呢？

劉：應該說這些因素自古就有，很可能在阿爾弗雷德大王那個時代就已經差不多一應俱全了，尤其是在丹麥人聚居的英格蘭東北部。只不過當時人口比較少，

7—劉仲敬的相關評論如下：「艾倫・麥克法蘭的《現代世界的誕生》選擇了一個誤導性的書名。從作者的宗旨看，本書顯然應該命名為《英格蘭如何塑造現代世界》……新政治史和經濟史是他的短板，但他的良好洞見往往能彌補弱點。攻擊他的疏漏是容易的，但這種攻擊幾乎不會影響他的結論。如果有各方面訓練有素的專業歷史學家替他彌補資料的不足，他就是不可戰勝的。」

連修道院裡的那種知識分子都非常少，因此談不上有什麼紀錄，等到有紀錄都是十二、十三世紀以後的事情了。我覺得現代性根本就不是一個時段性的問題，而是一種理論建構的問題。它體現的可能性就是西歐性，特別是英國性，而對於這些地方來說，所謂的憲政就是它本來的演化情況。之所以對於其他人來說是現代性，是因為他們在晚近的時候被動接受了它。

現代性到底是什麼，誰都沒法說清楚。所謂量化指標都是按照當時的情況制定出來的，而且現代性這個詞基本上每個人用起來都有不同的含義，並且同一個人在不同時候用這個詞時也有不同的含義。有的人是在韋伯的意義上用的，指理性算計之類的東西，但是這種東西其實根本不算什麼現代性。如果這算現代性，那麼印加帝國的現代性肯定要比德意志帝國強得多，恐怕連希特勒德國的宏觀調控都趕不上印加帝國經濟的可計算性。

袁：請您稍微評點一下英格蘭的普通法。

劉：普通法本來就是習慣法的規範化。原文其實都是一樣的「Common Law」，只不過翻譯的時候一定要把它分別翻譯成普通法和習慣法，好像兩者之間有什麼不同，其實就是英格蘭產生出了特別多的法學家，把原先零星的東西整理成了一個比較系統的東西，於是就可以跟羅馬法相提並論了。而其他習慣法都沒有做到這一步，於是就處在一種被分化、被瓦解的狀態，不能叫普通法。從制度層面說，普通法是由陪審團和法官共同構成的，它不需要立法者，它的法是自然生成的，透過自然篩選的方式來確定。在適用法律的問題上，不存在確定不移的強制性。

袁：普通法早在亨利二世的時代就已經定型了嗎？

劉：其實一直都是這樣的，亨利二世的作用只是把它的訴訟程序盡可能地簡化了——其實訴訟程序仍然相當複雜，只不過就當時的標準而言算是簡化了。把它的門檻變低，而且容易推廣，但是基本精神沒怎麼變。普通法是一種類似市場經濟的東西，就是說它允許自由選擇，你可以要也可以不要，這個判例你可以引用也可以不引用。

所謂主流的判例，就像最流行的蘋果手機一樣，不是說每個人都非買這種機型不可，只是很多人偏偏都喜歡這種機型，讓它占有了最大的市場份額，而其他機型例如三星在一段時間以後，顛覆性地占去了最大份額也是完全有可能的。不同判例之間並沒有強制的和固定的關係。新的判例很容易產生，也很容易取代舊的判例，但是舊的判例也很容易捲土重來。所謂沒有立法者的法，實際上就等於人人都是立法者，習慣法就是人人都參與了它，用不著專門的法典編撰機構。

袁：也就是說，普通法是最能讓德性延緩消耗的體系。那麼在今天普通法還能起多大作用呢？

劉：可以說，實際上普通法體系才是唯一真正意義上的民主。因為司法是每個人都參與造法，那麼它就自然而然地最大限度地體現了共同體成員的集體智慧。如果透過其他程序，比如說專門的法典編撰機構來造法，那就必然存在一定的篩選，把集體智慧的一部分給篩掉了。從達爾文經驗的意義上說，必然屬於單薄、容易損失德性的程序，在協調程度上和成本上都是有損失的。普通法的基本精神今天還在，而且它和所謂的普選相比，反而是真正重要的東西。

袁：英國議會的產生，也不是人為設計的吧？

劉：議會是偶然的產物。本來是分別跟不同的團體協商，最後為了簡便起見，把所有商談者都召集到一起開會，這樣大家就比較省事了。本來英格蘭王國也是不存在的，國王已經有了那麼多領地，其他貴族也有不少領地，應該各人自負開銷的就行了；但是如果還需要其他額外收入，就需要展開個別談判，需要借錢的可能會找詹姆斯借錢，也可能會找約翰借錢，但零零星星地借還不如湊起來簽一個集體性的借款契約。最後就變成天天都要借錢，每年都要借錢，像現在一樣不發國債就過不了日子，於是議會就成了一個常設性機構；其實議會最開始的時候就是負責國債之類的東西，它處理的都是非常的、意外的開支。按照理想狀態，這些意外開支本來是不存在的，你用不著找這個那個借錢，但實際上到了最後，不借錢就過不了日子，於是與其分別談判，還不如一起召集開會，一次性籌一筆錢，然後就變成議會了。參加議會的人，就是有能力向國王借錢的人。

袁：一旦勢力平衡被打破了，憲制馬上就會遭到侵蝕。但是英國很幸運地沒有發生這樣的事情，或者說發生過但很快也被克服了。然後展現在人們面前的就是這樣一套先進的議會制度。

劉：其實所謂的先進都是很老土的，從本土意義上來說那就是很老土的東西。如果說有什麼先進的話，也主要是羅馬皇帝的那些制度，那些東西雖然在時間上最早，但仍然是先進並且科學的；而議會制度跟英語民族的其他所有制度一樣，本質上都是鄉巴佬的制度，是臨時拼湊起來的，一開始只是為了應付眼前需要，並沒有長遠打算。

這實際上跟生物演化和市場經濟差不多，每個物種都不會高瞻遠矚、為幾百年後設計什麼，它都只是為了滿足眼前的需要；好的企業家也是這樣，他不會高瞻遠矚地設計幾百年後的高科技產品，而是要應付眼前，一點一點地增加市場份額，他們全都是目光短淺的。

頂層設計者是很難成功的，而目光短淺的局部修正者最能成功。局部修正以最低的成本，只需把產品修正一下，剛好就可以多增加一點市場份額，這就足夠了。去設計全新的、宏偉的東西，就算最後真的能成功，成本也太高了，是不值得的。議會制度是適應小共同體的制度，小共同體自然而然會產生這種東西，太大了就不容易產生，或者說共同體越大就越容易出現武斷統治。

袁：按您的說法，殖民主義屬於一種歪打正著的產物？

劉：殖民主義實際上是中世紀晚期的歐洲政治傳統移植到海外，而且從某種意義上來講，它也是「禮失求諸野」，移植到海外的制度比它在歐洲本土存續的時間更長。殖民主義的最巔峰時代，恰好是產生殖民主義的特許狀制度在歐洲大陸逐步被主權國家制度取代的時代，然後制度瓦解的效應漸漸波及海外。上海工部局的那一套制度，在它產生的一百年前正好是歐洲的主流，而當特許狀制度在遠東被建立起來的時候，它在歐洲就已經開始沒落了。

袁：中國人理解的「殖民」，更傾向於「仗著自己有優勢武力，跑到別人岸邊架上幾門大砲」之類的意思。歐洲近代的殖民活動，跟早期的殖民比如說希臘的殖民有什麼不同？

劉：這種理解，屬於一種自身心理陰暗的反映。就像你照鏡子一樣，映照出來的是你自己的樣子，而你又是以自己的情況為基礎去想像別人。如果你自己是這個樣子，就很容易把別人也想成這個樣子；等你能夠正確理解別人的時候，其實你自己也已經發生變化了。

希臘人的殖民，是希臘內部的城邦體制的延伸。從文明季候角度來看，希臘人的殖民發生得比較晚，當時它的封建主義已經消失了，相當於法國人在第三共和國時期才殖民海外，而沒有在波旁王朝的時候做這件事。在希臘人殖民的時候，那些殖民地城邦就已經比較成熟了，已經有一套國家社會主義體系，有福利體系和糧食配給之類的東西。所以它複製出的東西的生命力和範圍都比較小，像敘拉古這樣的城邦，基本上沒過多少年就迅速由民主進入僭主制度了，它就沒有能夠產生出像美國這樣比較青春的國家。希臘人殖民的產物，比較像是羅德西亞[8]和南非，而不是北美十三州。

袁：那麼歐洲人特別是英國人和荷蘭人的殖民，實際上是一種商業行為嗎？

8—南羅德西亞（Southern Rhodesia）原本是英屬南非公司（British South Africa Company）建立的殖民地，一九一四年起逐漸獲得自治權，成立議會。當地白人於一九六〇年代計劃獨立，惟英國當局基於「原住民多數決」（No independence before majority rule）原則而拒絕，導致獨立起義爆發。白人於羅德西亞建國初期壟斷政權，至一九八〇年舉行普選後改由黑人當政，國號亦改為辛巴威（Zimbabwe）。

劉：不是商業行為，你說反了，商業行為是封建自治團體的運作形式之一，商業公司就是自治城市，兩者的法律地位是一樣的。一般來說最初發的特許狀是跟具體地段掛鉤的，例如「倫敦公司特許狀」其實就是把倫敦的某塊土地一併撥給了它，哈德遜灣公司的特許狀就是附帶哈德遜灣這個地區的業權，其他的商業公司也一樣；但是後來人們漸漸發現，其實不撥付土地也不要緊，而且跟土地掛鉤的那些公司主要的經營事項，也跟地產沒多少關係，所以這些名字就沒實際意思了，但是名稱還是保留了下來。

公司、自治市鎮和法人團體，就是同一個詞「Cooperation」。從本質上來說，公司就是一個小型共和國，這是很理所當然的事情，它就是封建特許狀制度下的自治市鎮。其實商業行為是到處都有的，但是有規範的商業行為就是另外一回事了。有規範的商業行為確實只在封建歐洲產生，近代資本主義的來源只有這一個地區。像余英時說的那些儒家商幫，或者伊斯蘭教的商團，它們都沒有演化成規範商業組織，因為它們演化不出層次更高、結構更複雜的法權體系。

商業法的演變，就是棄實而就虛。原先有具體所指的經營範圍漸漸都變了，本來開始是專賣胡椒桂皮的公司，賣來賣去最後全都改賣別的東西去了。原來的生意不賺錢，賺錢的新生意在別的領域，但是原來的經營模式往往還會留下一點痕跡，其實公司的主要經營範圍早已變了不知道多少次了。像東印度公司這個機構，在印度成立國中之國其實一點都不奇怪，自治市鎮本來就是一個小邦國，它輸出的主要就是政治秩序。

而東印度公司這種所謂的殖民主義，在希臘和安條克一帶的城邦國家，包括巴特克里亞和兩河流域都是有的，因為他們面臨的是高度腐朽的東方社會，所以一個由極少數希臘人組成的小城邦就可以一下子統治廣大的行省，而那些行省居民是毫無自治能力的——這種情況其實跟東印度公司在印度的情況是差不多的。這種征服是被動的征服，那些地方的政治秩序已經瓦解了，而殖民者進去之後就出不來。

其實如果比哈爾王公那些人力量稍微強一點，至少達到大清皇帝的程度的話——當東印度公司上門討債的時候，只要那些王公能付得起債，東印度公司是寧可自己撤走的，不會勞心費力地住在那裡親自管理他們。問題在於他們實在是太弱了，英國人一打進去就無法復國，於是東印度公司就再也無法撤走了。你可以想像一下，如果英法聯軍攻進北京，咸豐皇帝和一眾妃嬪，包括後來的慈禧太后突然在熱河死掉了，然後大清就此滅亡，這會發生什麼情況？那就是類似印度的情況。英國人本來是打算撈一筆賠款就走的，你受到教訓以後就不要再違反商業規範了，以便我們好好做生意賺錢。

袁：但是這種殖民模式最後還是沒有維繫下去，是因為其他因素的影響嗎？

劉：主要還是因為歐洲的內部演變，系統自己把這種體系淘汰掉了，代之以廣土眾民的民族國家，民族國家就需要系統管理，而系統管理的成本也是很高昂的；荷蘭人之所以長期只占著巴達維亞，葡萄牙人只占著澳門，始終不擴張，就是因為那是犯不著的事情，他們要的就是那些貿易港口，透過貿易口岸做生意賺錢，但要進入內地去統治，那就是倒賠錢的事情了，何苦呢？到了十九世紀，整個印尼都落到了荷蘭人手上，這反倒害了荷蘭，荷蘭人還得自己掏錢在印尼內地修橋補路，大興土木，教化土著，給當地人辦學校，總之是一大堆讓荷蘭人頭痛的事情。

殖民主義後來之所以崩潰，其實是統治者自利的結果，覺得繼續賠那些錢做海外建設也沒什麼用，還不如拿那些錢在國內發福利比較好，所以你們殖民地趕緊獨立，獨立一個我就少一個包袱。這跟自治市鎮是不一樣的，自治市鎮是能夠自己盈利的；一旦能夠盈利到一定程度，它就可以到別的地方繁衍、擴張。所以這種系統性演化實際上也是一個衰老、退化的過程，東印度公司和巴達維亞才是真正有生命力、屬於青春期性質的殖民模式。

殖民主義本來就屬於封建遺德，當歐洲本土的資源已經快耗盡的時候，殖民主義本身也每況愈下，它就變成吏治國家了，而吏治國家在東方就是倒賠錢的機構。

像西班牙那種殖民模式，就是一個沉重的負擔——首先要在塞維亞（Seville）設立一個西印度院，鉅細無遺地管理西印度各個行省的事情，而這些行省的距離又是如此遙遠，下一道命令以後，過了好幾個月，才顛顛簸簸地越過大西洋、翻過無數山嶺到達當地，然後當地官員寫下報告，接著信使又騎著騾子叮叮噹噹地翻山越嶺，坐上船橫渡大西洋返程，那個麻煩不是一般的大。你可以想像得到，為什麼西班牙的美洲殖民地發展不起來，就憑這一點它就不可能發展起來。

很多人說西班牙是依靠美洲經濟發展起來的，其實不是這樣，它從尼德蘭得到的稅款比在美洲的要多得多，雖然帳面上從美洲流入的黃金白銀不少，但是照它這種管理方式，賠本的地方是更多的。西班牙國庫大部分的錢還是從卡斯提亞、尼德蘭以及義大利各城市弄來的。

袁：您怎麼看馬克思關於殖民主義的評論？

劉：馬克思的說法基本上是蓄意歪曲。作為一個猶太人和參與過股份公司的人，他是完全明白實際情況的，但是為了打擊論敵，就故意誣衊一通。殖民這個詞彙在希臘時代肯定是非常正面的說法，在伊莉莎白一世時代也是非常正面的說法，基本上是等同於「關愛全人類的福利事業」；這個詞被汙名化，那是非常晚近的事情。後來人有些是出於故意破壞的企圖，還有些人純粹就是苟且偷生。他自己貪生怕死不願意參加殖民，就像某些和平主義者，他骨子裡其實是因為怕死才不肯參加越戰。但是怕死還不夠，他還要反過來罵那些不怕死的人，因為如果他不罵別人的話，別人就會歧視他，說他是膽小鬼。

道理是這樣的，如果你不提出一套和平主義高論，別人就會以為你是膽小鬼；如果你先提出一套和平主義高論，講一套金木水火土的理論，別人還覺得你很有道理，那些去打仗的人是戰爭狂人，你這個躲在家裡的人其實比他們更勇敢，你勇敢地對抗社會偏見，這比上戰場更加勇敢，於是你就得了便宜又賣乖。反殖民主義其實大多都是出於懶漢作風和自私的想法，希望把那些原本用來援助殖民地的錢截留給自己，給自己增發福利，同時自己以後也用不著長途跋涉到海外去了。

袁：請您順便點評一下，中國人熟悉的「資本主義原始積累」的類似這一套說法。

劉：這些說法顯然不對，因為殖民主義這個東西，在資本主義的積累中所占的比例是非常小的，而且到底是賠得多還是賺得多都不一定。像西印度那些所謂的製糖業，大部分都是賠錢的；像西班牙這些老牌資本主義國家，也都是賠錢比較多。賺錢主要是靠貿易賺錢，而不是殖民賺錢；換句話說，殖民地貿易如果辦得好也還是能賺錢的，但是殖民活動本身多半是賠錢的。如果你坐著船去買什麼土特產品可能還會賺錢，但是如果進入內地真正殖民，那賠本二十年是起碼的。哪個殖民勢力都要賠本二十年，而且有些人不僅是賠本二十年，是一輩子都賠本的，二十年以後能夠扭虧為贏，那就算是祖上積德了。

袁：那麼，英國後來在經濟上的優勢是得益於什麼因素呢？

劉：這是因為英格蘭的自治團體比較多，政府在絕對主義興起的過程中對原有自治團體的保護做得比較好。這也和它的財稅系統、主要是司法系統有關係，有司法系統在，它就沒有辦法隨意提高它的收入，這樣生產力增加得到的財富盈餘就留在民間，用來支撐那些小共同體，把這些小共同體養得越來越壯，養壯了之後它們就有餘力到四面八方去闖蕩了。

所以這個關係是顛倒過來的，不是說你推行了殖民主義所以富裕，而是因為你特別富裕所以才有資本推行殖民主義。就像現在，也是只有特別賠得起錢的人，才會去辦什麼星際開發公司之類的；如果你本來就很窮，沒有什麼剩餘資本，那就不可能辦得起來，頂多是由政府主導的舉國體制，由國家從每個窮人身上分別拔一根毛然後湊一大筆錢出來，培養一個國家隊，而普通老百姓連一個足球場都沒有，類似中國模式的東西。

袁：英國沒有從遠東撤退之前，應該是中國人過得最好的時候？

劉：烏干達在大英帝國統治下是能夠有財政盈餘的，英國人走了以後就完全變成破產國家了。埃及在大英帝國時代，靠賣棉花也是能夠盈利的，而且有些時候英國還寧願倒貼錢買它的棉花以維持自己的商業信用，英國人走了以後埃及就什麼都不是了。有些東西就是這樣，有擅長資本主義式管理的人在，只要稍微管理一下就能整理好財政，而一旦那些外國專家走了，剩下的攤子馬上就是一場糊塗。

像埃及這種晚期的吏治國家就尤其是這樣子，英國人一撤退，本地的官吏接手管理，他們就會把辦公室的椅子都偷得乾乾淨淨。在中國也是這樣，清朝末年那些滿漢官吏已經算是比較老實的人，但文祥也老實承認說，赫德（Sir Robert Hart）你辦海關千萬不能用清國人，只能用英國人，我們知道如果你用了清國人，所有錢都會被偷光。我們大清國要你赫德，就是要你給我們辦好財政的，所以你只能用歐洲人。李鴻章辦理銀行也是這樣，他第一個條件就是朝廷不能派人，要由外國銀行派人管理，如果朝廷不答應，那就寧願不辦銀行。

袁：請您再講一講英國的金融制度。

劉：英國的金融制度本來也是臨時拉雜成軍的，是一個以債換債的制度，在英格蘭銀行成立以後才基本上穩定下來，然後用外貿的收入去逐步頂替，把需要連本帶利償還的許多筆分散的國債轉換成股權分紅，之後只給利息就行了。隨著市道的好轉和保險業的發達，紅利就變少了，然後國債制度也變成了一個穩定的制度，透過分期償還，最後國債制度和貨幣制度融為一體。

袁：英國的金融制度其實也是封建體制的產物？

劉：英格蘭銀行的體制其實跟南海公司、東印度公司是一樣的，也就是之前講過的自治市鎮的體制，它在經營上有極大的相對獨立性。所以「央行獨立」對英格蘭來說不是一句空話。它為什麼能夠獨立經營？因為銀行法人就是一個享有封建特權的機構。其實美聯儲現在享有的權力基本上也是這樣的來源。如果你把央行當作一個政府機構來辦的話，那就完了，它肯定要推動通貨膨脹，把印鈔廠變成政府的提款機的。這從本質上來說就不是銀行本身的問題了，是憲法問題而不是金融技術的問題。所以李鴻章當時不肯辦銀行也是有先見之明的，他知道在東方吏治國家這種晚期文明的條件下，要實行自由資本主義就得有殖民主義的保護。

袁：按照您的說法，殖民主義可不可能復活呢，比如說人類拓展到了宇宙以後？殖民主義是唯一一個可以給落後地區帶來福利的體系，它首先是一個秩序的輸出，還可以給殖民地帶來和平和繁榮。

劉：確實是這樣，而且現在這些規模過於龐大的國家是需要再次解體的。和平和繁榮倒不是很重要的部分，一般性的戰爭，只要不是總體戰，對於正常貿易其實不會構成什麼障礙。而且戰爭本身也是秩序輸出的一種形式，戰爭會產生一系列不同層度的模仿行為。比如說靠近巴達維亞的那些印尼小邦國就模仿巴達維亞的自治體制而建國，首先是引進西方的技術，然後也可能部分地引入它的政治制度，再然後這個波動又會傳到更遠方的部落，這個秩序波動會一波一波地傳遞下去，雖然這個過程不能太心急。如果太心急就會企圖一下子把他們整個管起來，強行移植制度，效果反而不好，會損害它自發秩序的生產力；讓它先照虎畫貓地學習一下，這樣建立的小國才比較有可能產生自發秩序。半蠻族半文明的小邦國，像威尼斯當時在亞得里亞海東岸建立的那些斯拉夫城邦[9]就已經是這種格局了，這種格局才是對文明傳播最有利的。

袁：您提到英國的宗教改革和內戰時期。大眾印象裡的英國似乎總是一個紳士風度的國家，實際上它也有過好勇鬥狠的時期？

劉：紳士作風其實是十九世紀英國的特點，那是憲法已經穩定下來以後才有的

9—西元十世紀後期，威尼斯共和國開始向亞得里亞海東岸擴張，並於一四〇九年起陸續在當地建立市鎮及堡壘。其統治長達三百餘年，至一七九七年威尼斯滅亡時為止。

產物，它肯定跟憲法的穩定性有非常密切的聯繫，因為伊莉莎白一世時代的英國人是很喜歡隨時拔刀相向、大塊吃肉大碗喝酒的。而宗教改革時代的英國人則非常喜歡講理論、鑽牛角尖，後來所謂的俄國知識分子的許多特點，其實非常符合十七世紀英國神學家的特質。所以很多被當作國民性的東西其實都是經不起推敲的，它實際上反映的是特定形勢下的一個自然狀態。只要這個形勢稍加變化，所謂的國民性格很快就會變成另一個樣子了。

袁：英國宗教改革那種很劇烈的狀況，可能在別的地方還真不多見，雖然德國確實也挺劇烈的。問題就在於英國結出了一個正果，而德國為什麼就結不出這個正果呢？

劉：德國模式其實也有一定的優點，但德國的問題是自由城市、帝國和地方性邦國的力量配置不夠均衡，結果帝國和自由城市的力量都受到了很多損失，像普魯士和巴伐利亞這樣的中型邦國就利用兩敗俱傷的局面迅速擴充了它們的實力。但這其實也不完全是壞事，後來德國在十八、十九世紀的文化繁榮，靠的就是這些不太強也不太弱的國家，如果沒有普魯士國王和巴伐利亞國王，也就沒有巴哈、貝多芬這些人了。這樣的模式其實在某些方面比法國那種巴黎獨大的做法還要好一些，既不太緊又不太鬆，同時還存在多個有不同特色的文化中心。反過來說，如果把巴黎抽掉的話，法國就什麼都不是了。

袁：請您評價一下啟蒙運動對英國的影響。

劉：啟蒙運動對英國的影響是非常有限的。因為啟蒙運動的參與人數非常之少，像蘇格蘭那樣的國家大概就只有幾百人，英、法兩個大國可能要多一點，但是也沒有很多人。可能啟蒙運動影響到的人，大概就跟百科全書派、狄德羅他們賣的那些書的數目是相等的，也就是那麼些人。他們賣出去的書有多少買主，啟蒙運動影響的就有多少個人，開明官吏和中上層資產階級的一小部分人。它對下層人士沒有影響，他們寫的書，下層人根本不可能特地買來看。

袁：啟蒙運動時期比較開明的政府政策，它能否間接地影響下層？

劉：那些所謂開明的東西，在歐洲大陸主要是依靠利奧波德一世（Leopold I）這些具有專制君主和吏治國家傾向的人負責推行，但其實它們起到的消極作用比積極作用要大，只不過像凱薩琳二世（Yekaterina II Alekseyevna）這些君主，願意順便拿錢來養一批知識分子購買他們的讚美而已。

袁：那麼蘇格蘭的啟蒙運動呢？

劉：蘇格蘭啟蒙是另外一回事，很難說它跟啟蒙運動是同一種東西。但他們的影響也沒有多大，蘇格蘭啟蒙是一種觀察和總結的過程，而這個過程並不是他們首創的。

袁：這個時候的英國，實際上已經進入了類似希臘的那種哲人時代了？

劉：那還沒有，希臘哲人時代是在傳統宗教已經退居幕後以後才發生的事情，英國在當時還沒有到這個階段，它可能在第一次世界大戰以後才進入這種狀態。切斯特菲爾德勛爵（Philip Dormer Stanhope, 4th Earl of Chesterfield）所在的階級是一個極小的圈子，就英國民間來說，真正影響較大的是詹森博士（Dr. Samuel Johnson）和科貝特（William Cobbett）那些新銳牧師，保守一點的就傾向詹森博士，激進一點就傾向於科貝特，而他們兩個人都有很深厚的宗教背景。托利黨和輝格黨，其實從老百姓的角度來理解，始終就是國教派對決非國教派的樣子。大體上說，從維也納會議到第一次世界大戰，這段時間是英國的黃金時代，是文明秋熟的時節，英國紳士的神話也是對應於這個時代的。

袁：法國跟荷蘭，為什麼沒辦法跟英國競爭？

劉：法國受害於自己比受害於敵人更多。它的動員過程，對於它那些正在生長的、幼弱的地方共同體而言會造成巨大的傷害，每動員一次就要死一大片。路易十四對波爾多這些城市的禍害是非常之大的，如果這些城市的實力還在的話——可以想像，如果法蘭西能成功建立一套殖民地體系，那也是由波爾多或聖馬洛（Saint-Malo）[10]這些城市主導的結果，但這些城市都被路易十四奪去了力量。荷蘭，則是受制於它在歐洲大陸上的負擔太重了。跟雅典一樣，它沒有辦法跟歐洲大陸徹底隔離開來。

袁：美洲殖民地剛剛建立的時候，歐洲人並沒有太把它當回事，直到十九世紀好像也沒怎麼重視過美國，是這樣嗎？

劉：要看從哪個方面來說，如果是普雷斯特利（Joseph Priestley）所在的那個階層，美洲對於他們來說就是很重要的——對於非國教徒來說，美洲是他們理想寄託的地方；而對於英格蘭宮廷和上流社會來說，美洲顯然是不太重要的。

10—位於法國布列塔尼半島北部，早期是躲避海盜的庇護所，大航海時代由於大西洋貿易而發展為重要海港，當地民眾具有極強的自治性格。

袁：美國的獨立，可以說具有前所未有的歷史意義嗎？

劉：其實也不是這樣。在當時，其他人覺得這是英國傳統的「國教徒對決非國教徒」的延續，美洲跟英國等於是在打另一場內戰，所以支持美洲根本不是叛國，而是延續輝格黨人的古老傳統。

袁：美國的孤立主義和干預主義，其實是一體兩面的？

劉：孤立主義的意思，就是我美國不跟你們舊世界這些壞人同流合污，而干預主義就是說我美國要好好教訓一下你們這些壞人。

袁：英國人可以推行殖民主義，為什麼美國人不能這樣呢？

劉：美國人其實也有殖民主義，但是他們的殖民主義沒有辦法回應土著問題的本質，他們的殖民主義擴張，到菲律賓就停了下來，菲律賓是美國改造得最遠的地方，他們本來也許想越過太平洋把中國也改造一下，但是受到了嚴重的挫折。美國人需要把他的征服對象改造成虔誠的基督徒，然後它的共和主義才能夠自洽，而英國的殖民主義不需要改造土著——美國如果沒有這種把征服對象改造為虔誠基督徒的堅持，它的新羅馬性質就沒法體現了。

袁：這是不是跟美國開始殖民的時間比較晚有關呢？如果他們早一點開始殖民，可能還會有一些空間留給美國。

劉：如果美國人更早一些殖民，說不定他們會把整個美洲大陸都變成美國，這是很有可能發生的。印加帝國和阿茲特克帝國的核心地帶大概是沒法改造的，但是有很多地方，像阿根廷和智利、中美洲以及墨西哥北部之類，實際上曾經跟美國西部是差不多的地方，如果這些地方都歸到美國的統治下，可能就會走上德克薩斯共和國的道路。

這其中阿根廷尤其可惜，它本來相當於南美的美國，但它的農場主階級沒有發揮好他們的政治德性，也可能跟義大利移民的闌入有關係，結果是哥多華省（Córdoba Province）的農業寡頭和布宜諾斯艾利斯的中央政府陷入長期衝突，最後把它的憲法體制給摧毀了，產生出貝隆（Juan Domingo Perón）這樣的社會主義者，它的機會被徹底葬送掉。等後來美國想在美洲施展力量的時候，已經是殖民主義的黃昏。

袁：殖民主義這個詞被汙名化，跟美國有沒有關係呢？美國人有一種道德自豪感，就是「我們沒有推行過殖民主義」。到這個時候，殖民主義好像已經是個貶義詞了。

劉：也不完全是貶義詞，因為這個詞對於南方來說還是非常正面的說法。作為第一個反殖國家，獨立戰爭延伸出的自豪感是存在的，但是這種自豪感不能解釋為後來在二戰後流行的那種反殖主義，那是完全兩碼事。二戰後的反殖主義很明顯是左派的觀點，來源是非盎格魯的，而二戰前基本上沒有反殖民主義這回事。美國出於獨立戰爭的自豪感，說英國人在印度如何倒行逆施，然後英國人就反過來抨擊美國黑人的待遇如何的差，其實那就相於當是一場家族糾紛而已。

袁：美國唯一一次決斷，就是南北戰爭。設想說，如果南北戰爭的結局不是北方勝利——或者南北並立、又或者南方吞併北方，那麼殖民主義體系會保留下來嗎？

劉：比起北方，南部邦聯是更適合把南美洲團結起來的，它肯定對吞併古巴、加勒比海諸島和墨西哥的一大部分領土很有興趣，而北方是不大可能做這種事情的。南部邦聯憑著較強的政治德性，可能會變成美洲大陸的領袖，而北方則會變得像現在的加拿大一樣，獨自過著安靜的生活，對外面的事情完全不關心。這樣的一個美洲，差不多就是大英帝國的附屬地了，因為南部邦聯在失去北方的市場以後，只有英格蘭才能彌補它的損失。

袁：那有沒有可能，在南部邦聯跟英格蘭越走越近之後，主從關係會顛倒過來？

劉：這個倒是不大可能，因為南方要保持它的特殊社會結構，就不可能產生像倫敦那樣的，作為金融業、工業中心的大城市。

袁：也就是說，它會是另一個澳洲嗎？

劉：南部邦聯的前途會比澳洲要好得多，因為維吉尼亞紳士所保留的英格蘭氣質比澳洲人要濃厚，移植到美國南方的是非常精英的文化，而澳洲殖民地的成立時間要晚得多，移植過去的英格蘭文化濃度也要少得多。所以南部邦聯是相當可惜的，它如果沒有被北軍打敗，國力會比澳洲、紐西蘭強很多。英格蘭憲制的精妙之處，除了英國人以外，大概也只有維吉尼亞人才能真正體會得到。[11]

袁：而英格蘭得到了這樣的一個美國南方，殖民主義的衰退也就不太可能發生了？

劉：這樣會起到一種無形的示範作用，林肯領導下的北方是一種俾斯麥式的示範——俾斯麥的示範是導致第一次世界大戰的主要原因；傑斐遜．戴維斯（Jefferson Davis）領導下的南方是一種華盛頓式的示範，如果順著華盛頓的路線走，第一次世界大戰未必會爆發。南部邦聯的勝利，也會讓阿克頓勛爵（John Emerich Edward Dalberg-Acton, 1st Baron Acton）那樣的老派自由主義者、老輝格黨人彈冠相慶，更會直接影響到十九世紀後半葉的選舉制度，很可能普選制就不會產生了。坦白說，為了阻止低素質人口破壞精妙的憲法結構，奴隸制度的保留是必須的，就算是要廢除奴隸制度，也必須像巴西那樣，在廢除奴隸制度的同時，仍然堅持選舉的財產權

11—劉仲敬的相關評論如下：「南軍獲勝以後，那麼等於是華盛頓從英國獨立的政治邏輯又在美國生效了，美國無法成為一個主權國家，更談不上發動一場針對社會的戰爭。南方社會的特殊性在於，它符合黑格爾所謂的『有社會無國家』的模式，國家只是一個象徵性的管理機構；而歐洲意義的國家，指的是一個超越於社會之上的仲裁者，它不屬於任何特定的階級，因此能夠凌駕於各階級之上，把各階級的力量凝聚起來，透過壟斷仲裁權而形成新的權力中心。」

限制。

而在華盛頓路線的示範作用之下，混合政體是很難被大眾民主所替代的。主張大眾民主的人反而會像是危險的煽動家，也許法國以及西班牙仍然會實施普選，但是英國人和德國人就不一定了。在大眾民主制沒有推行到全球的情況下，戰爭不容易爆發，就算爆發也傾向於局部戰爭，世界性的大戰不太可能爆發，那時候的一戰可能就是只有德國人和俄國人的巴爾幹半島戰爭而已，英法兩國很可能會置身事外。

在這種情況下，俄羅斯帝國自然會走向解體的命運。而沒有普選制的德國，也不會產生威廉二世（Wilhelm II）和霍爾威格（Theobald von Bethmann-Hollweg）所執行的強勢民族主義政策，那種民族主義政策不是普魯士貴族的構想，而是他們在民意壓力之下的結果——如果貴族們不推行國家主義，那麼他們在選舉時就要面臨社會民主黨的強大壓力，只有民族主義才能與社會民主主義分庭抗禮；但如果從一開始就沒有普選制的話，社會民主黨的威脅根本不會存在，貴族也沒有必要理會他們，很可能會維持普魯士之前那種比較謹慎的外交政策，也就是在巴爾幹或者其他地方挑起一場反對俄國的代理人戰爭，可能會在土耳其和中東地區直接與俄國人發生衝突，但很難打一場傾巢而出的總體戰（Total War）。

袁：美國憲制的鬥爭，竟然產生了這樣大的波瀾嗎？

劉：這是可以肯定的事情，南北戰爭是第一次世界大戰的預演，如果南北戰爭的結局不是這樣，你就很難說以後還會出現總體戰。就十九世紀中後期的情況看，很難說總體戰是必然的趨勢，它是一點一滴地由全民普選、國民外交、軍國主義、社會民主主義而積累起來的；如果大眾民主制沒有一個成功範例的話，這種事情就不一定會發生。一八三二年的英國選舉改革本身並沒有包括破壞財產權的含義在裡面，而一八六七年以後的變化卻是出乎意料的。如果沒有南北戰爭的話，是不是會有一八六七年的改革，狄斯累利（Benjamin Disraeli, 1st Earl of Beaconsfield）會不會推行機會主義政策，這些都很難說。

袁：那麼在英格蘭憲制被破壞的過程中，最需要負責的是哪些人呢？

劉：狄斯累利跟格萊斯頓（William Ewart Gladstone）兩個人都要負責，而且狄斯累利的責任可能要更大一些，他背叛了保守黨的傳統，為了使保守黨贏得更多的選票，而把保守主義的原則犧牲了。[12]當然，這一點歸根結底還是英國國內的政治氣候發生變化的結果。一八五〇年前後，托馬斯．麥考萊和阿克頓勛爵之類的老派自由主義者仍然堅決認為不該實行普選制。普選制第一個成功的範例就是美國北方，如果南北戰爭的勝利者不是林肯的話，那麼範例就沒有了，老派自由主義者是很可能繼續掌控輿論主導權的。

袁：但經常聽到這樣一種說法——當勞工數量不斷增長、勞工權利意識不斷覺醒的時候，普選制的產生就是不可避免的事情。

12——一八三二年後，英國民眾要求選舉權進一步擴大，南北戰爭的影響令這種呼聲更趨高漲。自由黨領袖格萊斯頓主張所有成年男子均應享有選舉權，而狄斯累利為求吸納更多選票，於一八六七年主導國會通過了保守黨版本的選舉改革法案。在翌年的大選中，未支持法案的自由黨反而取得勝利，格萊斯頓更得以就任英國首相。

劉：就當時的情況來說，實在看不出這種所謂的「大勢所趨」，就算有什麼傾向，也是非常不明顯的。從邏輯上說，普選制的勝利是一個至關重要的轉捩點，它是對整個英格蘭憲制的致命打擊。

袁：沒有理由說這是當時的英國貴族缺乏德性的結果，那就只能說是因為英格蘭外部產生了一個不好的示範。從這個意義上說，林肯是近代的凱撒嗎？

劉：林肯就是現代凱撒主義傳統的創始人。如果說在遙遠的未來，全世界都落入美利堅帝國的統治之下，而將來的歷史學家也完全喪失了歷史感之後，他們想要重新編撰一部王朝歷史的話，那麼第一章最適合提到的人就是林肯。

袁：兩次世界大戰和美蘇爭霸，有沒有對大眾民主這條路徑產生關鍵性的影響？

劉：制度上的影響並不是很大，大眾民主並不是蘇聯刺激的結果，而是在蘇聯成立之前就已經有的，這跟美國的基督教傳統有密切的關係。美國還不是真正意義上的新羅馬帝國，但已經有這個影子了，最主要的是「羅馬」也就是美國以外的世界，秩序生產力已經非常衰弱了，而新的秩序生產源還看不出在哪個地方。在這種情況下，美國有「被迫征服世界」的可能，因為外部的秩序真空會迫使它發起被動的征服、迫使它不得不收拾殘局，即使在想要從海外撤退的時候仍然要收拾殘局——龐培以前的羅馬共和國就是這樣的。其實羅馬元老院非常不願意擴張，但是東方世界的潰塌使得它不得不一次又一次地派兵到當地維持秩序，而派出去之後就很難撤回去。

袁：在負擔越來越大的情況下，美國本身的宗教性會不會受到削弱呢？

劉：理論上說宗教是很難被削弱的，幾千年來唯一不被削弱、不被侵蝕的力量也就是宗教組織，而美國比英國強的地方就在於它的高度宗教性。美國的大眾民主沒有造成問題，主要原因就在於民眾的虔誠程度高。美國發生了所謂的第四次宗教大覺醒運動（Fourth Great Awakening），而歐洲大陸的國家就沒有這樣的虔誠度保障，它們現在是世俗主義國家，在這種情況下推行大眾民主就是極其危險的事情。

袁：美國的中產階級在削弱，這一點會不會也有影響？

劉：其實這種說法沒有意義，因為中產階級的統計標準是有問題的，它按照收入多少來統計中產階級的人數，而不是按照他們在社會上的獨立性來統計，這個方法本身就有問題。按照這個統計方法，大公司的白領和政府文職人員都算中產階級，但實際上他們並不是，因為他們的社會獨立性並不高；相反，很多經濟上可能並不充裕的街頭小店主反倒應該算進去，因為他們具有很強的社會獨立性。根據收入水平來統計，這樣的操作最簡單，但要是考慮他們在社會關係中的地位，那就很複雜了，而且很不「理聽」。實際上如果要真正動員起整個社會的話，肯定要靠另一種標準的中產階級。

袁：請您說一下今後的路徑可能，還有什麼內部或者外部的力量能夠對美國構成挑戰？中國似乎一直覺得，只要跟俄羅斯聯合起來就可以對付美國。

劉：應該只有內部的阻礙，外部勢力全看美國願不願意理會，它只要想迎戰就可以輕而易舉地擊敗任何勢力。但是這樣做實際上也是對美國憲制的一種破壞，要是沒有挑戰，美國大兵是不會出關的。其實當初羅馬共和國也是不願意征服世界的，但是外部勢力反反覆覆地挑戰它，迫使羅馬軍團非出來不可，出來一部分之後面對爛攤子又沒法撤退回去，結果世界帝國就自動誕生了。

袁：那麼您認為最好的做法是什麼呢，為了不讓他們出關？

劉：這就是一個關於天命的問題了，美國人到底要不要出關呢？我覺得對於非洲之類的蠻族地區，他們不要去比較好；讓那些地方習慣自力更生，說不定還會有一些新的秩序生產力。但是對亞洲的某些地方，鑑於已經是無藥可救了，倒不如直接摧毀它們、設為羅馬行省，以免當地的資源被用來支持海盜或者是恐怖分子。

第五章 伊斯蘭文明與東方

新月地帶的次生文明——波斯帝國與馬其頓征服——托勒密社會主義與羅馬帝國——拜占庭與俄羅斯——伊斯蘭教的崛起與阿拉伯征服

袁：新月地帶是文明最早誕生的地方，之前已經談到希伯來文明，現在請您談一下希伯來以外的地區，例如蘇美、巴比倫和埃及。

劉：蘇美、巴比倫和埃及都是後起之秀，最早的文明在「城邦地帶」，而城邦並不是產生在兩河流域或者尼羅河流域，而是比它們地勢稍高一點的敘利亞附近的高地上。那些城邦基本上都在丘陵地帶，或者是比較矮的高地上，而不在下面的平原，這是可以理解的。他們最初建立的大概就是像耶利哥[1]那樣的有城牆、有防禦工事的城市。

你也可以說這是一個春秋時代，但是用春秋時代來類比其實是侮辱了它，因為它比春秋時代更古老、更先進，他們留下來的青銅器、鐵器不僅比殷周的青銅器、鐵器數量多，而且品質也高很多，所以合理的推斷應該是：青銅器是他們發明的，然後這項發明再波浪式地向周圍擴展——不一定是直接傳播，也可能是因為周圍人看到他們那裡有很好的青銅器，然後就想到我們也應該做青銅器，然後就跟著做了

1—耶利哥是位於約旦河西岸的城市，《聖經．舊約》對該城有所記載。根據目前的發掘情況，耶利哥建城的年代可能早於西元前九千年，是世界上最古老的城市。

一些。青銅冶煉技術未必是直接學的，但是間接刺激也是一種擴散的方式。而且跟中心地區的青銅器相比，周邊地區的青銅器好像要嘛時間上更晚一些，要嘛品質更差一些，所以核心地帶應該是在這一帶。

種植小麥和其他人類最基本的生活方式也是從這裡開展的，其中最重要的就是他們的神廟結構和律法結構，它們是後世的典範。後來流傳在巴比倫時代的那些法典，都是這些城邦地區早就有的。各式各樣的法典最後由巴比倫做了一個整合，並不是突然被發明出來。可以說，當人類最先進入兩河流域的時候，已經能夠組織成批次的移民團，並且具有高度的文明和組織形態。河谷地區在開發以前多半屬於沼澤，不適合人類居住。文明必須發展到有能力興建水利工程的階段，才能把沼澤地開闢為肥沃的耕地。

這樣的移民團從一開始就要有主導者。主導者通常就是神廟祭司，神廟首先要負責的職能是劃分土地。一般來說，他們在劃分可開墾土地的時候，肯定要把最大或者最好的一塊土地留給神廟，用來維持神廟的日常開支。接著，神廟會向民眾提供其他大部分職能、也就是現代人所說的公共服務。醫療衛生、接待商旅，以及其他由政府部門、非政府組織負責的各種公共事業，在當時大部分都是由神廟營運的。這些城邦未必都有國王或行政組織，但是一定有神廟。神廟體現了城邦的憲法結構、神學水平和禮儀程度，一切東西都包括在裡面。神廟的土地確定以後，接著劃分其他人的土地。土地往往劃分為方格狀，非常整齊，明顯是處女地被人為劃分的結果。在兩河流域建立的城邦，從邏輯上講屬於新墾地，並不是原初的城邦。古老城邦的土地劃分一般是犬牙交錯的，不會整整齊齊。

文明的真正起源地、自然而然的起源地，實際上位於敘利亞和以色列的高地，但是這些地方的文字系統目前還沒被破譯——而像巴比倫的泥板文書那樣的東西，大家只要看到它們就可以追溯它的歷史軌跡。考古遺跡顯示，跟兩河流域的一些城邦相比，敘利亞和以色列的古文明可能在徵用物質的手段方面有些不同，但是基本模式已經全部建立起來了，符合現代人用來定義文明的全部特徵。

袁：人們之所以覺得巴比倫的年代早，那是因為他們留下的歷史遺跡比較多的關係？

劉：巴比倫留下的遺跡非常多，包括大量的泥板文書。現在所謂的圖書館和檔案庫，巴比倫時代就已經有了。拜占庭式的規範性整理，可以說是所有晚期文明的共同特點。圖書館、博物館這些東西留下來，再加上宮室建築，自然會給人們留下深刻印象，但是各方面的特點都顯示它已經走下坡路了。它以前的文明已有相當長的時間。蘇美各城邦之間有長期的國際關係演化歷史，跟希臘、春秋時代的中國非常類似，也因為各邦之間幾百年的爭霸、合縱連橫，最後統一成為帝國。統一帝國產生以後，文明品質就每況愈下，這個發展規律也跟希臘、羅馬和秦漢帝國極度相似。帝國肯定既不是文明的最高峰，也不是文明的最早起源。

諸子百家時代、春秋時代就不是文明的起源，而是文明的成熟階段。所謂的巴比倫文明，其實就是蘇美城邦世界的帝國階段。拜占庭文明失去了希臘羅馬時代的大部分創造力，只能收集和輯錄古老的遺產。收藏家和圖書館的興盛其實也是守成的特徵。羅馬圖書館的興盛時代也就是帝國的沒落時代。拜占庭時代除了歸納和整理，智力活動差不多全都停滯了。巴比倫時代收集古物、收集圖書的風氣格外濃厚，恰好符合晚期的特徵。

早期敘利亞高地的那些王國，因為他們的語言還未被破譯，所以很多事情還搞不清楚，但是有很多跡象表明他們是比較青春期的文明。馬里[2]國王的一些雕像，給人的印象就跟後期文明的雕像不一樣。中東地區的雕像高度寫實，表情都可以看得很清楚。晚期文明，例如埃及新王國的法老，或者薩爾貢、阿卡德帝國的列王，他們的雕像給人留下的印象就是嚴厲、多疑、陰鬱，臉上布滿了刻薄和猜忌的皺紋，好像他們為獲得成功而付出了非常沉痛的代價，總是不能安心睡覺的樣子。馬里王國的那些國王則是一派天真自信的表情，彷彿生活在一個好事情理所當然會發生的世界裡。他們的雕像類似印第安人部落酋長的雕像，風格比較相似。印第安部落的

2—馬里城邦，即今天敘利亞的特拉哈利利（Tell el Hariri），位於幼發拉底河中游的西岸。馬里是當時地中海東岸與兩河流域之間的交通樞紐，以商業發達而著稱。

酋長為什麼會是這樣？因為他天生就是酋長，權力來自血緣傳承，他天生就是這個大家族的家長，不用擔心家族成員會背叛他，也不用為了爭取權力而付出什麼努力。

就像《紅樓夢》裡的賈母一樣，賈母行使的權力不是篡奪來的，不是靠打天下而打出來的，也不是透過科舉考試費了很大的力氣才取得的；大家都覺得，我們賈家都是你賈母的子孫後代，所以你就一定是一家之長。這樣產生出來的權力就是自然而然的，所以他們的表情態度也很超然，都是天真自然的樣子，他們就是天然的統治者。只有不需要辛苦經營去獲得統治權的人才有那種表情。

儘管他們留下的文獻中能夠破譯的不多，但是殘缺的一點記錄就已經很可以說明問題。馬里國王不懂人口統計學，沒有行政機構那樣的東西，說明它還處在德國人所謂的有機結合階段，屬於血緣團體或自然團體，還沒有後來那種客觀的、外在於社會之上的科層管理系統。

他們留下來的很多東西，從形式上來看，跟敘利亞後來的某些文字是有一定傳承關係的。比如說跟產生《舊約》時的那些死海古卷就有一定的傳承關係，有幾個詞是能夠辨認出來的。像「Dawid」這個詞，它是大衛王的名字，但是這個詞在原先最古老的語言中似乎有好幾種意思，可以表示團、軍團，也可以表示進攻或者撤退。因此大衛這個名字，很可能最初不是人名，而是某軍團的指揮官，尤其是一個善於進攻的指揮官。諸如此類，經過很多年的演變以後，最後才慢慢變成一個榮耀的人名，而最初很可能只是一個綽號。這就跟張飛一樣，人們把張飛叫「猛張飛」，因為大家都羡慕張飛，於是就有人給自己的兒子和孫子取名叫王猛或者張猛，於是「猛」這個形容詞後來就變成人名了。

因為他們是有文字的，有複雜的文字系統記錄這件事，就說明他們的文明已經發展了很長一段時間了；但是敘利亞高地的文字還沒有破譯出來。文字沒有破譯的地方，你就沒有辦法跟那些已經破譯、大卷大卷的文檔都翻譯出來的地方相比，即使後者其實沒有那麼重要，但是就憑這一點，它就會被放大到比它真實分量要大得多的地步。

在馬里王國的誕生之前和滅亡以後，還有諸如此類的小國和城邦在敘利亞這塊地方星羅棋布。像耶利哥這個城市就連續被建立和被摧毀了十幾次，可以看出當時從以色列到敘利亞、黎巴嫩的這塊地方是個布滿了城邦小國和部族的鑲嵌地帶。這很像春秋時代的中國或者古希臘時代，有比較完善的城邦建制，還有沒到達城邦階段的部族組織，它們交錯縱橫在這個地方，這樣的環境其實是最有利於文明的多樣化發展的。

袁：請您概括一下兩河流域在這之後的演化史。

劉：首先從敘利亞和以色列的高地產生出來一個城邦世界，然後比如說在人口壓力或者探險情勢的驅使下，這些城邦慢慢下移到河谷地帶，到達左邊的埃及和右邊的蘇美，而後在這些地方也建立了城邦，這是比較晚的事情。

在文明的早期階段，排乾沼澤地、跟蚊子做鬥爭是很煩人的事情，所以肯定是當地社會發展到一定階段以後，原來的地方住不下了，或是想要冒險，人們才去了那些本來不適合居住的地方。但是一旦把水排乾了，人們就會發現尼羅河谷或者兩河河谷的土地比原先高地的土地更肥沃，可以開墾出大片大片的耕地，而高地的耕地都是那種在山腳下面，一小塊一小塊很破碎的土地。這種情況導致的結果就是巴比倫和埃及的早期城邦很快就會比原先敘利亞那些小城邦更富裕、更發達。尤其是在後來帝國統一以後，埃及和巴比倫河谷地帶都統一為帝國了，而敘利亞始終還是小邦林立的局面，於是這些大帝國的資源動員能力就會超過那些小邦，給人一種好像文明的中心就在這些帝國的印象，而實際上這些帝國是後來才崛起的。

袁：人們比較熟悉的歷史典故，比如說埃及金字塔之類的，其實就表明它已經進入文明的秋天了。

劉：早期州國時期的歷史跟神話糾纏在一起，等到比較可靠的歷史產生後，有專業化的書吏扮演史官角色，那時候行政機關也就非常發達了。埃及只有幾百萬人口，相對於這幾百萬人口來說，它的行政官吏系統特別發達，可以說它毫無疑問就是秦政的中東版本。它的行政技術系統比秦帝國的更複雜，因為秦帝國的人口在統一六國以後，有一千萬到兩千萬左右，而雖然埃及沒有這麼多人口，但它的官僚機構的複雜程度和分工的細密程度是遠遠超過秦帝國的。這一點也跟它比較接近文明中心、面臨更大的競爭有關係，因為它要辦理的業務比較多樣化，所以競爭壓力比較大，因此專業化、技術化發展得比較早。如果壓力比較小，任務比較混沌，那麼就會像從周政到秦政的中國一樣，官僚系統的分化程度就不會很細密。

這其實也可以用生態場的框架來解釋，物種比較密集的地方演化壓力也比較大，容易形成比較精巧的結構，而相對比較邊緣的地方就會搞得比較粗疏。拿秦政跟印加帝國相比，秦政又顯得比較精密了，建築、養馬什麼的都有專人管理，而印加帝國在精神上跟秦政是完全一樣的，它也是把所有事情都管起來，統統列出統計表，但是透過結繩記事的方式培養出的這些官員——管理糧倉之類的——相對起來你就會覺得印加帝國的行政部門有點像發育不全的樣子；但是用埃及標準來看，秦漢帝國其實也是發育不全的。

袁：兩河流域一帶的國家，規模比較小，而且相互之間衝突比較頻繁。

劉：兩河流域的多元化程度始終比較高，他們所謂的帝國，也就是統一了一個地形上易於整合的河谷，但在河谷以外，埃及始終是沒法統一黎巴嫩、巴勒斯坦地區的，頂多就像漢帝國對西域那樣，對那些城邦擁有一種不太穩定的宗主國權力。

袁：從精神文化或者政治制度層面而言，這些早期文明對於今天還有什麼意義嗎？

劉：其實還是有的，因為一些間接的傳承——最大的傳承就是以色列人流傳下來的《舊約》。《舊約》產生的時候，肯定還有很多類似的書籍，最後整理的時候被刪除了很多，只把各種各樣類似記載中最經典的挑選出來，不太經典的就刪掉了。孔子整理《詩經》也是類似的過程，因為現在從中東出土的一些文件，內容上跟「摩西十誡」有相似的地方。也就是說，《聖經》產生的時代是在埃及文明的中期。你也可以認為產生《聖經》的那些因素是一個巨大的文化場域，它衍生出了無數的文化產品，最後編輯成書的都經過了精挑細選，稍微差一點的都被人忍痛割愛，最後才整理成《聖經》那些系統性的文字。

袁：但是在一般人的歷史概念裡面，在埃及和巴比倫之後，對於兩河流域的印象好像就直接進入一個空白狀態了。

劉：因為埃及和巴比倫都被雅利安人取代了。波斯人的征服等於是給了古老帝國致命一擊，很像五胡亂華之後，從周到漢的整個中國人口基本上都被滅絕的情況。原先的種族後來都被希臘人、印度人、波斯人這些雅利安人取代了，可以說衰老的舊世界在從城邦狀態進入帝國以後就再也沒法復興了，至少埃及在這之後就處於一種聽任異族擺布的狀態。

袁：波斯帝國的建立，可以被視為古代世界的一場大洪水嗎？

劉：波斯人是來自北方高加索和中亞草原的牧民，跟希臘人和印度人是同源的，等於說他們都是蠻族，處在希臘和印度的邊緣地帶。他們都開闢了一個類似中世紀封建的結構，從而產生出了跟原有結構差異很大的新文明。而波斯人攻進的恰好是文明的核心地帶，比較多的繼承了原來巴比倫帝國的結構，所以它有些像隋唐帝國，這可能也是它最不幸的地方。所以波斯帝國後來走上了專制主義道路，這應該跟它征服的是最衰老的文明有關。如果它進入的地方本身專制程度不太深，那麼兩種文明結合之後，就比較容易產生出新的東西，不容易走原來的老路。波斯帝國恰好把埃及和巴比倫這兩個最核心的文明地帶接管了下來，如果它入侵的是敘利亞的話，可能之後的發展就會不一樣。

波斯帝國建立以後，首要的競爭對手是跟他們既是同族又是敵人的米底人[3]——它們的關係很像是金國和渤海國的關係，雖然米底在被波斯征服以前也是君主國，但是這個君主國還有點馬其頓那種蠻族君主國的味道，國王跟部族酋長的區別不是很大，專制的色彩不太濃厚。

像希羅多德記載的那樣，大流士要選擇他們的政體，判斷到底是專制好還是民主好，或者寡頭制好，召集他的幾個主要開國功臣開會，有人主張民主制，有人主張寡頭制，最後大流士本人說還是專制好。[4]這個故事肯定是編出來的，但在編造故事的背後可能還是有一些真實的背景，波斯人是在征服兩河流域並且建立帝國以後才形成了君主政體，在建立帝國之前，它未必也是這個樣子。

袁：馬其頓崛起以後，很快就席捲到了兩河流域，請您談一下這部分。

3—米底王國（Median Kingdom）是一個以古波斯地區為中心的王國，亞述帝國的入侵與征服，促使米底各部落走向聯合從而形成米底國家。後為阿契美尼德王朝所滅。

4—據希羅多德《歷史》的記載，政變成功後大流士與其餘六位同謀者就政制方向展開討論，奧塔尼斯（Otanes）提議改行民主制，遭到大流士等人的否決。他遂提出放棄競逐王位，換取本人及其子孫後代無需向王室稱臣。其後在擇王儀式中，大流士使用詐術而得以即位。

劉：這主要是因為東方國家的抵抗力太微弱。雖然希臘城邦已經衰朽，但馬其頓征服它們仍然耗費了很大精力，而一征服了希臘城邦以後，基本上就是摧枯拉朽地席捲東方各國，只要亞歷山大大帝來了，當地人馬上就會集體投降。馬其頓人再次遇上值得他們重視的敵人，還要等到接近中亞和印度邊境，跟那些還有生命力、比較野蠻的小國和游牧民打交道的時候，在那裡他們的擴張才重新面臨阻力。「馬其頓帝國」這個說法並不準確，因為馬其頓人在這期間始終沒有失去自由。

亞歷山大大帝其實就是後來的克萊武這種人，用埃德蒙·伯克（Edmund Burke）控告克萊武[5]的話說，克萊武到了印度以後，就變得不像一個英國人，而像一個印度暴君，橫徵暴斂，在很短的時間內就給自己搜刮了一大筆錢；他要是在英國做官的話，絕對發不了這樣的大財。到了東方以後，他就覺得還是當地君主的日子過得舒服，英國的國王和貴族都過得太苦了。金國皇帝和滿洲皇帝也是這種感覺，原先沒有入關以前，他們一個個都必須身先士卒，自己的私房錢也很少，一旦進了中原以後，可以搶的東西太多了，馬上就可以過起舒服日子，於是再也不想回老家

5—羅勃特·克萊武（Robert Clive, 1st Baron Clive）早在少年時代就於東印度公司就職，更是公司征服印度的主要功臣之一。當時對克萊武的貪污指控雖未成立，但英國國會在不久後即通過改革法令，大力整頓印度的管治體制。

了。亞歷山大周圍那批人也一樣，到了東方以後肯定就再也不想回去了。克萊武後來被英國議會那批人按著脖子抓了回去，禁止他再到東方作威作福。

在這之前的印度征服者、蒙兀兒帝國就是外來的政權，英國人和歐洲人在印度建立一個王朝其實也是很容易的事情，但是這個王朝不可能反過來去征服英國。亞歷山大時代也是這樣的，馬其頓雖然小，但它是自由的，它有自由的貴族和自由的平民，這個共治體制讓君主不可能隨心所欲。如果亞歷山大沒有早逝的話，他就可能會在巴比倫作威作福，當東方帝王，而自由的馬其頓人就會漸漸脫離這個帝國。這就好比蒙古人入關以後，慢慢地蒙古高原上的部落就不聽大汗的了，北魏在遷都洛陽以後，蒙古高原的鮮卑部族竟然造了反，這是一樣的道理。馬其頓肯定是不會服從東方帝國的。

後來羅馬共和國對馬其頓開戰時也吃了很多苦頭，但是跟敘利亞和埃及打就不費吹灰之力。因此馬其頓後來就成為了一個武士供應地的角色。馬其頓本國是不缺武士的，但是埃及和敘利亞卻很缺及格的士兵。儘管他們人口很多，特別是埃及，廣土眾民，按說招兵應該沒有什麼困難，但是亞歷山大、托勒密和塞琉古還是非要到馬其頓本土招兵不可。因為只有從自由國家招來的兵才有戰鬥力，從本土那些順民招來的兵基本上都是膽小鬼，人數雖然多，但是不能打仗。

這個對比，跟滿洲軍隊之於明國軍隊是一樣的。清兵入關的時候，明國的大部分正規軍都投降了，在關鍵時刻，極少數的幾百個滿人士兵一攻上去就摧枯拉朽。洪承疇那些人遇到地方騷亂的時候，他就要向滿洲皇帝報告說，給我派一些滿洲士兵過來。當地的順民不大害怕明國原來的那些正規軍，但是一看到滿人士兵來了，馬上就像老鼠見到貓一樣跑。李自成的部隊跟明國的軍隊戰鬥時並不害怕，但是一看到有滿洲人出現，基本上就會望風而逃、不戰自敗。按說李自成的部隊在中原征戰了那麼多年，雖然沒出過關，跟滿洲人的接觸不是很多，按理說應該不怕他們，而應該是初生牛犢不怕虎，就算對方的戰鬥力很強，我也要迎頭痛擊一下；但是他沒有這樣做，基本上一看到滿洲騎兵，就馬上潰敗，這是很說明問題的事情。

袁：請您講一講「托勒密社會主義」。

劉：托勒密社會主義其實不是托勒密（Ptolemy I Soter）的發明——他只是集大成者，發明人是阿瑪西斯二世（Amasis II）那些埃及晚期的法老。埃及變得徹底順民化以後，他們就用商品專賣的方法，而不是向千千萬萬個小農逐個徵稅，後者既麻煩成本也高。那些地方沒有一個大地主，全都是些很窮的農民，如果有一百萬個人，那得派出多少稅吏？如果每五家或者十家派一個稅吏，那就得養幾十萬官吏，國家的財政負擔是很大的。

這就跟封建主義不一樣了，在封建主義之下本地會有一個大地主，你只要找這個公爵或者伯爵要錢就行了，然後他再向他的附庸收錢，這就很簡單，成本很低。但是小農沒有領主，也就是說，地方上的凝結核已經崩潰了，這樣的好處是法老徵稅，你們沒有辦法阻擋，如果有地方領主的話，他就不見得會安分守己，很可能會跟我作對。但是沒有領主也有一個壞處，雖然沒有人跟法老作對了，但是對這麼多人徵起稅來太麻煩。但還是有一個很簡單的解決辦法，既然徵稅很麻煩，那我可以賣東西，賣民眾非買不可的東西。比如說我賣鹽，所有食鹽都由官府出售，並且定一個很高的價格，在需要收入的時候就把價格提得更高，這就是變相地增稅了，而且效率還高。

袁：就像唐帝國的兩稅法？

劉：用這樣的辦法徵稅，行政成本一下子就降低了。不用再派衙役徵稅徵得雞飛狗跳，或者像杜甫寫的《石壕吏》那樣在半夜進村子裡徵兵，這樣做的後果就是村民見到你就跑，自己像搶劫犯一樣打打殺殺，徵到的稅金也不多。現在我不用這樣徵稅，而是設一個鹽鐵專賣店，你們要吃鹽就得找我買鹽，要種莊稼就得找我買犁和其他必需的工具，因為在別的地方你買不到。這樣我就不用進村了，農民會自己主動跑來買他非買不可的東西，我唯一要做的事就是定價錢而已。

關鍵在於，這種專賣體制只對順民才起作用，你必須確定那些老百姓是不會造反的，他們只會跑，不會反，也就是說你強制徵稅他也不會造反，你必須確定他們不敢正面向你挑戰。如果是蠻族就不一樣了，對自由的蠻族不能推行這種體制。推行這種體制會有什麼後果呢？如果都鐸王朝在英國這樣做，很可能老百姓就會拿起刀劍，乾脆把你國王的鹽鐵專賣店砸了，然後把東西分了，波士頓傾茶事件其實就差不多是這樣。英國人壟斷茶葉銷售，你們美洲人不是都喜歡喝茶麼？你們不是不高興交稅麼？那麼我就不直接徵你們的稅，只把茶葉壟斷起來賣，給你們漲價，讓你們乖乖地買我的茶葉。結果美國人不買帳，搶了茶葉然後往海裡扔。所以說，對付自由的蠻族就不能這麼做。埃及人和美國人的不同之處就在於，埃及人只敢跑，不敢把法老的食鹽專賣站或者農具專賣站這些機構砸掉。

袁：當羅馬帝國的混合政體崩潰以後，它的情況是怎樣的？

劉：羅馬後來嚴重地東方化了，但即使是這樣，「羅馬帝國」其實從本質上還是不存在的。羅馬帝國的財政基礎是它的元首或皇帝所能直轄的幾個省分，其中最大的一塊就是埃及。埃及是羅馬皇帝的私人財產，他派自己的家奴去管理，元老院沒有插手的理由。至於另外的一些征服地，雖然法律上是降虜，但卻是由元老院負責管理，皇帝不能為所欲為。

另外還有不少地方在法律上是自由城邦，或者是有自己國王的小王國，比如猶太的希律王（Herod I）。希律王本人是羅馬人民的盟友，當然這個盟友只是名義上的，羅馬人如果想讓他做什麼，希律王是不敢反抗的——這種盟友關係只是法律意義上的，實際地位並不對等。就像現在的美國一樣，如果美國人向東，阿爾巴尼亞人不會敢說向西，儘管在法律上阿爾巴尼亞是美國的盟國。如果按照羅馬帝國的標準，美國現在就是一個帝國，很多盟國在美國面前是絕對不敢有異議的，至少在外交方面只能跟著美國走，談不上什麼獨立的對外政策；但是美國也不干涉它的內政，也沒有必要干涉它的內政，羅馬帝國的大多數盟國都是這種狀況。

所以按照東方標準，羅馬根本不是一個帝國，而是由直轄地和各種各樣的聯盟國和附屬國組成的一個複雜的集合體。元首的直轄地多半位於東方，也是因為東方人最容易征服，很容易就把你的財產沒收掉，你也不敢反抗，而西方的各民族則比較勇武善戰，保留了比較多的古老自由，雖然已經變成了不再違抗羅馬的所謂同盟國，但還是擁有獨立的政治架構。所以蠻族征服羅馬帝國，對於西半部和東半部的意義完全不一樣。在西部他們可以跟原有的城邦結構結合在一起，例如像威尼斯這樣的城邦，能夠重新共同開創新的文明。而征服東部很容易會變成這樣，伊索里亞人或者馬其頓人，如果他們有能力攻進君士坦丁堡的話，可以就地開創一個新的王朝，比如說叫做馬其頓王朝（Macedonian dynasty）之類的，然後東羅馬帝國的民眾就會承認，你們是羅馬帝國的一個新王朝，不會把你們當蠻族看。這就跟元和清的情況一樣，所謂的同化能力就是這個樣子——沒落文明的典型特徵。

袁：那麼，羅馬帝國最終還是徹底變成東方專制國家了？

劉：徹底不徹底，都是相對而言的。照西方標準來看，戴克里先上台就已經是徹底的專制。但是按照埃及或者中國的標準來看，羅馬帝國直到滅亡都沒有真正專制過——至少在西羅馬帝國滅亡以後，只剩下東半部的拜占庭帝國了，羅馬帝國才能算是變得徹底專制化。羅馬帝國的西部直到滅亡都沒有完全變得專制，西班牙和義大利還有很多自由城邦存在。即使這些城邦和羅馬的元老院已經變成空架子了，但它們在法律上還是存在的。就算是拜占庭帝國，可能也要等到馬其頓王朝推行軍區制（Theme）以後，才算是達到東方帝國的專制水準。

袁：所以羅馬皇帝的含義也發生了變化？

劉：羅馬皇帝嚴格來說是這兩個名詞：第一公民和元戎統帥。元首跟皇帝不一樣，元首（Princeps）的意思就是第一公民，這很明顯就是一個共和色彩很強的稱呼。戴克里先以後，皇帝加上了人神合一的意味，含義變得不一樣了。但即使是這樣，像大格列哥里（Pope Gregory I）寫給拜占庭皇帝莫里斯（Flavius Mauricius Tiberius Augustus）的信，仍然提到共和國的元戎統帥跟專制君主是不一樣的，共和國的元戎是自由人的主人，專制君主是奴隸的主人。

當時這一點已經有名無實，因為當時的君士坦丁堡皇帝已經是篡逆相循，將領動不動就發起軍事政變把皇帝給殺了，然後出來當新皇帝。但它其實跟殘唐五代的藩鎮有點像，裡面還是有一點軍事民主制的氛圍。軍團士兵可以說，我們軍團就是羅馬公民的保護者，皇帝是我們軍團開會選出來的。從法律層面上講，皇帝仍然是選舉產生的。即使殺了前任皇帝，也需要召集一個傀儡性質的元老院出來履行批准程序，宣稱是元老院和羅馬人民選你當皇帝。哪怕到了晚期階段，這個程序也是少不了的。

袁：拜占庭帝國跟俄羅斯帝國的關係，算是比較緊密的嗎？

劉：俄羅斯帝國起了很壞的作用，俄羅斯周圍本來還有很多年輕的蠻族部落，結果都受到了它的破壞。俄羅斯統治者自稱的譜系是很可疑的，莫斯科公國早期那些大公的歷史，我認為都是編造出來的，因為它太多疑點了。按照他們所說的歷史，莫斯科建城以後，那些大公應該是生活在弗拉基米爾（Principality of Vladimir-Suzdal）、梁贊（Principality of Ryazan）這些邦國稱雄的時代，但是後者似乎完全沒有注意到莫斯科的存在；如果莫斯科真像他們描繪的那個樣子，弗拉基米爾當時作為羅斯諸城邦之首，對於在自己背後出現的一個新興城邦，不可能一點反應都沒有。所以我傾向於認為是莫斯科公國後來強大以後，感到他們原先的野蠻歷史很不光彩，於是給自己編造了一段歷史；而且尤其重要的是，他們謊稱自己是弗拉基米爾大公的親戚，是弗拉基米爾公國開拓殖民地而形成的新城邦。莫斯科公國最初可能就是由韃靼人和東方人組成的邦國，出身非常微賤。正因為它根本不是羅斯城邦之一，所以才特別強調說，他們是羅斯城邦中最正宗、最強大的人的後裔。

這種冒名頂替的心理，就像太伯奔吳的傳說一樣。吳人說自己是太伯的後裔，因此也是最正宗的周人後裔，比齊國、魯國還要正宗；但實際上肯定不是這樣的，吳人和越人十之八九都是當地部族的後裔，那些地方的部落首領強大以後，為了加入周天子和中原各諸侯的盟會，決定給自己編造一個家譜。既然編造就乾脆編個大的，與其說自己是齊人、魯人的後代，倒不如直接就聲稱是周天子的後代，而且還要追溯到周政權創始的年代，比那些春秋時代才出現的城邦還要古老。

但是，中原地區那些城邦都是春秋時代才出現的，一個邊緣地區的城邦怎麼可能在西周初年就存在呢？周公、成王、康王那個時代，分封土地才封到晉國一帶而已，山東半島有好多地方都還沒有冊封過，怎麼可能在成康以前就跳過山東半島，把宗室封到比山東半島更南的長江南岸去呢？這顯然不太可能。這就好比在歐洲連日耳曼蠻族都還沒有出來開拓的時代，突然冒出來一個羅馬教皇特許的加利福尼亞移民團，那十有八九是偽造的。你總得合理推斷，就算這些人有很多移民團，至少也得在不列顛和愛爾蘭拓殖，然後才能到美洲。

袁：即使太伯自己主動逃亡過去，這種可能性也不高嗎？

劉：就算太伯是自己跑過去的，當地人肯不肯承認他？就算當地人覺得他文化水平很高，像朱舜水到了日本那樣，認他當頭領，但他就自己一個人，或者帶了一小群親信，最後產生出來的也是跟當地人接觸過的混合文化，不能算是周人的直系後代。

袁：那麼，早期的羅斯諸邦國，它的真正核心應該是哪一個呢？

劉：羅斯的核心變化過很多次。因為諸羅斯是一個城邦世界，所以它沒有一個固定的霸主，像齊桓公稱霸中原以後，晉文公接著稱霸，輪流轉移。開始的時候基輔羅斯算是諸城市之母，但是蒙古入侵之前，弗拉基米爾當了很長一段時間的盟主。然後蒙古入侵的時候，弗拉基米爾已經像周天子一樣衰落，而梁贊卻是蒸蒸日上。

莫斯科公國真正可信的歷史就是蒙古征服以後的歷史，但是這段歷史又比較可恥，因為它承擔了收稅代理人的職責，如果事實如此，那麼它就是羅斯當中最沒有資格當領袖的。可能就是因為這個原因，它不得不給自己發明一段歷史，說我在蒙古征服以前就已經是羅斯城邦了，所以我不只是蒙古人的走狗；但事實上很可能它就只是走狗，很可能這之前的歷史都是編出來的。很可能莫斯科的建城者就是東方人，是蒙古派了一批代理人過去的，在這之前就沒有莫斯科。

袁：然後它又受到了拜占庭帝國的惡劣影響——拜占庭當時已經高度腐化了。

劉：莫斯科周圍都是比較野蠻和年輕的城邦，如果它跟那些城邦，尤其是立陶宛和波蘭打交道的話，就很有可能變成東儀天主教[6]那種半東正教、半天主教的產物。因為雙方都有一定的交錯影響，所以很可能會演化出一種類似西歐的君主制，也就是在君主、貴族與平民之間有一定的分權制衡。但是既然它變成了拜占庭帝國，就得接受君統，於是整套機制就僵化了。而且為了取得正統性，那就更不能模仿信

6—東儀天主教（Eastern Catholic Churches）是指從希臘正教會、俄羅斯正教會和一些較小的東方古老教會中分離，改為承認教皇地位的團體，他們保持原有的傳統禮儀，不受拉丁系天主教會的規章約束。

仰羅馬天主教和東儀天主教的那些城邦了。

袁：請您講一講伊斯蘭教的崛起[7]。

劉：伊斯蘭教在最初其實算是猶太．基督教的改革派，穆罕默德跟歐洲的猶太教徒、衣索比亞的基督教徒、阿拉伯半島上的猶太教徒，以及從敘利亞到伊拉克之間的基督教各城邦都打過交道，向他們推銷自己的觀點，但是效果都不太好。那些人怎麼說呢？已經穩定下來的宗教團體對於新來的改革者，態度基本上就是「你說的那些我們早就知道了，沒有什麼了不起的地方，你給我滾一邊去」。他周遊列國遊說了很多年，直到年齡很大的時候才在麥地那城邦站住腳跟。他的理論，在拉赫[8]這些城邦看來，伊斯蘭教跟基督教的差別似乎不是很大。所以早期的伊斯蘭教被看成是基督教改革派，類似於聖保羅時代的局面。

那時候有很多人都覺得，基督教屬於猶太教的一個分支；穆罕默德時代的情況

7—關於其他角度的相關解說，可參閱《伊斯蘭帝國的吉哈德：一部奮鬥、正義與融合的伊斯蘭發展史》。

8—二六六年，一群定居在伊朗高原南部的阿拉伯基督徒，於幼發拉底河西岸的拉赫城（Lakh）建立政權。他們被薩珊王朝吞併後，其遺民轉而積極協助穆斯林攻打波斯。

也是這樣，伊斯蘭教屬於基督教的一個分支。穆罕默德在阿拉伯半島呆不下去的時候，在衣索比亞的基督教王國能找到庇護所，而阿拉伯半島的多神教徒跟他的關係卻不是很好，這一點就很能說明問題。可能在衣索比亞的基督教徒看來，其實你們伊斯蘭教也是我們的一個分支，都是只承認一個上帝，而且你的那個真主好像也是亞伯拉罕的上帝，所以我們是同宗教的；而阿拉伯半島上那些拜石頭、拜樹木、拜各種各樣的偶像的人，顯然跟我們是不同的。

後來穆罕默德的勢力坐大了，他就說我是耶穌以後的先知，而我的教導已經包含了摩西、耶穌和之前所有先知的教導，所以我是你們宗教的升級版。你們都來加入我吧，加入我並不意味著否定你們原來信奉的東西，因為你們的《舊約》和《新約》我全都承認，我只是給你們增加了一點新內容，你們投奔我是完全不用擔心違反教義的。

而另一方面，我穆罕默德是最後的先知，如果以後再有人出來，也像我這樣，把我也加進去，說他才是最後的先知，那就不行，你們記好了，我才是最後一個。這就說明當時的猶太・基督教是一個泛文化共同體，有各式各樣的異端教派和新興教派，哪些教派會成為異端，哪些教派會成為正統，至少當時的人是分不清楚的。你很難說這個人是個注定要失敗的異端，還是一個有可能會成功的改革者。

袁：伊斯蘭教在早期哈里發時代，簡直就是爆炸性的擴張，您認為是什麼原因？

劉：穆罕默德其實並不太成功，他統一的阿拉伯半島局勢並不穩定，只是一個城邦聯盟的形式；他一死，各個城邦和部落就開始內訌了，之所以發動對外戰爭就是為了不讓他們拆夥，大家共同對外作戰以後，彼此之間就不互鬥了，至少表面上看來是這樣。但就算他們到了敘利亞，阿拉伯半島內部的古萊什氏族與葉門氏族之間的舊仇[9]也一直沒有消除；哪怕到了伊比利半島，葉門人與古萊什人之間的矛盾也始終沒有平息。在各地不斷發生政變，南方黨打北方黨，北方黨打南方黨，總之

9—地理和文化上的差異，是導致南北兩部的阿拉伯人有著許多歷史恩怨的原因之一。穆罕默德和其後的一系列哈里發均出身於古萊什氏族，不甘落下風的葉門人則主張自己傳承著光榮的古代歷史，他們才是真正的阿拉伯人，古萊什族僅屬於「新阿拉伯人」或「準阿拉伯人」。

把阿拉伯半島原有的部族仇恨完整地帶到西班牙、敘利亞和其他地方去了。

從這個角度可以看出，如果他們當時不擴張的話，內部肯定馬上就要分崩離析。擴張的道理很簡單，他們攻打的是拜占庭和波斯，這兩個都是高度腐化的吏治國家，這樣的國家像宋國一樣，只有皇帝和軍隊，如果一場戰役把皇帝和軍隊同時擊敗了，那麼各郡縣肯定會望風投降，沒有什麼抵抗力。但是極少數還沒有被馴化的，像黎巴嫩，那些地方的民眾都是山地部落，就很難征服。長期以來，黎巴嫩人始終在山區堅持著基督教信仰。在敘利亞和埃及的順民都已經像穆罕默德本人所希望的那樣，覺得既然基督教和伊斯蘭教沒什麼不同，我們都改信伊斯蘭教算了，這些山民仍然堅持信奉基督教。

山民是很難征服的，之所以很難征服，就是因為他們原先就是帝國不能馴化的部族。他們不是順民，順民就是最好征服的，誰來管理他們，他們就會投靠誰。然後呢，為了少交一點人丁稅，他們可能就會皈依伊斯蘭教。

其實後來下南洋的中國人也是這樣，原先被西班牙人統治，好像覺得這也沒什麼不可以，跟滿人統治沒什麼差別；後來荷蘭人擊敗了西班牙人，要求當地的天主教徒要比新教徒多交稅，這些在西班牙人統治下皈依了天主教的華人，立刻眼睛都沒眨一下就皈依了新教。[10] 荷蘭人非常驚訝，他們在歐洲打宗教戰爭打了這麼多年，看慣了多少天主教徒寧死不屈，寧願被燒死、被淹死也不願意改信，實在沒想到這些華人為了省那麼幾個稅錢，竟然面不改色地就改信了。

埃及人改信伊斯蘭教也是這樣，也是為了少交一點人丁稅。他們的阿拉伯統治者對這一點還不大滿意，特別是伍麥亞王朝，他們比較堅持阿拉伯部族主義，覺得穆斯林就應該跟阿拉伯人是同義詞；如果你不是阿拉伯人，就沒有必要皈依伊斯蘭教，皈依了以後我們就沒辦法再向你收稅。但是個別比較虔誠的哈里發還是認為，如果大家都成為穆斯林會是很好的事情，我寧願自己親自種地，哪怕少收一點稅金，也願意促成他們改信。但是這樣的哈里發很少，大多數哈里發，特別是他的財政大

10—據記載，在鄭成功攻取台灣約五十年後，測繪地圖的法國人來台調查時發現，當時仍有相當數量的原住民信奉基督教，而漢人當中則未發現任何基督徒。

臣寧願多收到稅。但就算是這樣也攔不住埃及人迅速皈依伊斯蘭教的潮流，即便財政大臣想反對也攔不住，因為他不能攔著埃及人改信，這不符合穆罕默德的教導，哪怕心裡是這麼想，也不敢正式的阻攔。

這樣導致的結果就是哈里發帝國的稅制發生了變化，在這之前是以人丁稅為主，後來不得不改成以土地稅為主，或者以財產稅為主——土地稅幾乎就等於財產稅。大家都變成穆斯林了，還能找誰收錢去？原先穆斯林是少數人，就像八旗兵一樣，是個統治集團，可以向剩下的多數漢人收錢，但現在大家都是穆斯林了，怎麼辦呢？只好按土地收稅了，誰擁有土地誰就得交稅。

袁：那麼，阿拉伯帝國早期的這種快速征服的本質是？

劉：它跟歷代的自由蠻族部落征服腐敗的吏治國家是一個道理，阿拉伯人雖然人數不多，但毫無疑問他們是自由的部落和城邦，這樣的城邦早晚會發動各式各樣的征服。而波斯帝國和拜占庭那種情況，即使不被南方的蠻族征服，也很容易被保加利亞人或者其他從中亞一波一波來的蠻族征服，在當時這些人已經時常逼近君士坦丁堡的城門了。

至於波斯帝國，早在伊斯蘭教崛起以前，它就被從中亞來的土庫曼人弄得很狼狽，庫思老二世（Khosrau II）就是因為本國的宮廷政變才不得不逃走的[11]，然後帶著一批由游牧民族組成的衛隊重新殺回波斯。即使伊斯蘭教征服了他們，這個故事還是會重演的，不斷地重演——從中亞草原來的軍事力量一次又一次地推翻波斯本地的皇帝，建立新的王朝。伊斯蘭教對於阿拉伯征服肯定是有促進作用的，因為如果沒有它的話，可能阿拉伯人的征服範圍就不會太廣，說不定在中亞草原上、高加索山裡的居民還會以蠻族人為主。也許就是因為伊斯蘭教對他們發揮了刺激性作用，等於是設置了一種不得不向外發展的趨向，穆罕默德已經在形式上把你們阿拉伯人組織起來了，可是他突然死掉了，如果這時候你們分裂，就會顯得很對不起他——至少穆罕默德周圍的那些親信團體不願意接受分裂，但是他們也壓不住各部

11—庫思老二世當初因叛亂大臣的擁護而即位，其後又遭部下謀反。他向拜占庭皇帝請求援助，成功鎮壓國內叛亂後卻乘人之危，趁機奪取拜占庭領土。六二七年他敗於拜占庭軍隊，翌年遭其子篡位，他本人被處死。

族的分裂傾向，於是只好提議說我們一起出去打天下了。如果中間沒有這一層刺激，可能大家還在唱著騎士的歌謠，互相殺來殺去；雖然可以在這個過程中培養出高度精緻的騎士文化，但始終是部族構成的小邦國。

袁：這樣其實也未必是件壞事。

劉：這樣的話，阿拉伯半島和它周圍的地方，可能就會形成像歐洲中世紀早期那種局面，擴張力度不太大，因為它集結不了規模太龐大的軍隊，騎士只能是幾百人規模的小批活動，但是他們會產生相當精緻的騎士文化。說不定這樣一個阿拉伯地區，可能會因為不大受到波斯帝國和拜占庭吏治國家的汙染，而變成東方的日耳曼人，也許它的封建制度、騎士制度、城邦制度在獨自發展了幾百年之後，會產生出像歐洲一樣先進的文化，這是完全有可能的。因為他們其實也有自己的貿易線路，特別是從葉門到印度洋那條線路，完全可以產生出類似示巴[12]的商業城邦，然後跟拉赫王國這樣的騎士文明互相結合創造，發展到一定程度以後，再到印度去、到馬

12—示巴（Sheba）是《聖經》及《古蘭經》均有記載的一個古國，現代歷史學者推測其位於今天的葉門一帶，另外也有位於衣索比亞境內的說法。

來半島去、到東非去，開創他們自己的大航海時代，走上這樣的發展前途也是很有可能的。

袁：但實際上，阿拉伯帝國迅速地變成了吏治國家。

劉：這樣做既是占了便宜也是吃了大虧，就像滿洲人進軍中原一樣，占了便宜但是又被因此而得到的大量財富和順民捆綁住，自己很快就腐化掉。因為阿拉伯半島的騎士精英都跑到其他地方去，半島本身的資源就枯竭了；滿洲八旗如果不入關的話，它的生命力還是會很旺盛的。入關的滿洲騎士坐享富貴，自己也被腐化，慢慢地就喪失了戰鬥力。

穆罕默德傳教之前的時代，相當於阿拉伯半島的多神教奧丁階段——在當時已經出現多種宗教，猶太教和基督教的各個教派都在阿拉伯的各個部落中傳播，麥加也是多宗教的城市。穆罕默德其實是麥加的恩人，雖然麥加當時的多神教教徒痛恨他，但是穆罕默德攻進麥加以後，卻把麥加定為了伊斯蘭教的聖城。可以想像，如果沒有伊斯蘭教，或者伊斯蘭教沒有得勢，在其他人看來它還會是猶太‧基督教的一個小教派，那麼阿拉伯半島上一神教的各個教派肯定會跟多神教展開競爭，就跟奧丁信仰在北歐的情況差不多；這樣競爭的結果，將會是多神教在競爭中敗於基督教和猶太教，最後阿拉伯半島很可能會像中世紀的歐洲一樣，變成一個基督教徒和猶太教徒占主導地位的地方，政治分布上是碎片化的，小國和城邦林立。

袁：在一段時間之內，阿拉伯帝國也保持了對歐洲的優勢。

劉：這個優勢很短暫，也就是伍麥亞王朝那個時代，它能夠派出海軍去攻打君士坦丁堡，然後占領了伊比利半島的一塊地方，還經常發動海盜去擄掠義大利。也是在這個時期，它真正地毀滅了羅馬帝國，像皮雷納（Henri Pirenne）那些歷史學家說的，羅馬帝國不是被蠻族入侵而毀滅的，因為蠻族攻入羅馬後，盡可能的模仿了羅馬制度。例如像執政官制度，狄奧多里克[13]那些東哥特人到了義大利之後，馬

13—狄奧多里克（Theodoric the Great）是東哥特人的領袖，童年時被送往君士坦丁堡當人質，其後受到拜占庭皇帝的賞識，三十一歲時才回到族人當中。他雖從拜占庭帝國處拜領羅馬官階，但仍不時進攻其國境。

上就開始自稱是羅馬人民的執政官，然後再向拜占庭皇帝買一個羅馬的官銜，跟鮮卑人到中原的做法差不多；如果這樣發展下去，他們就很可能會變成一個像唐帝國那樣冒名頂替舊有文明的政權。

但是阿拉伯人一來，把原來屬於羅馬帝國的很多地區都占據了，同時他們造成的騷擾也使吏治國家架構沒法維持下去，只有像查理．馬特[14]培養的那種廉價而善戰的封建騎士才能擋住他們。所以阿拉伯人實際上是西歐封建的真正促進者，可以說，阿拉伯征服斷送了阿拉伯半島和伊拉克、敘利亞邊境建立封建制度的機會，卻成就了歐洲的封建制度；如果沒有伊斯蘭教入侵，鐵鎚查理那種體制在歐洲的生態場中就不一定取得優勢，很可能會是東哥特王國那種模仿羅馬帝國的體制占上風。

袁：那麼在這之後的阿拉伯帝國，就乏善可陳了嗎？

劉：基本上是這樣。當時的阿拉伯人就像找到了現成的捷徑，他們像是亞歷山

14—查理．馬特（Charles Martel）又稱鐵鎚查理，是查理大帝的祖父，他在擔任法蘭克王國的宮相期間推行采邑制度，向比利牛斯山以北進發的穆斯林軍隊遭其擊敗，此後再未捲土重來。

大大帝以後的馬其頓人，只想當兵，然後去哪裡都可以。他們的戰鬥力和德性在突厥人入侵之前是水平比較高的，但是突厥人攻進來之後，來自中亞草原的武士占了上風，而阿拉伯人以後的狀況基本上就是衰頹、退出歷史主要舞台。

後來的阿拉伯人就只包括敘利亞人和埃及人，這些人其實都不是穆罕默德時期的阿拉伯人，他們是被阿拉伯人征服的順民。就像滿人征服中國以後，後來的河南人自稱滿人，而滿洲家鄉已經沒有了滿人。這也是因為伊斯蘭教做為猶太・基督教傳統的一部分，它同樣講求普世性。普世性的結果就是你不能固守部族傳統，別人要加入伊斯蘭教，如果你不允許他們加入，就違反穆罕默德的教誨；他的意思是大家都要做穆斯林，穆斯林和穆斯林之間要像兄弟一樣友愛——這個明確的宣示是伊斯蘭教的核心教義，是沒有辦法模糊處理的。最後那些順民開始加入伊斯蘭教，可能就是為了少交點稅，但是他們加入之後就變成穆斯林占絕大多數的局面，可以說是這些人把阿拉伯人原有的武德和部族自由給腐蝕掉了，把伊斯蘭教變成了一種適合於專制帝國的順民宗教。

以後伊斯蘭教的戰鬥力就完全依靠從沙漠輸入的蠻族，主要是突厥禁衛軍和斯拉夫禁衛軍。這些人每引進來一批，新建立的帝國就可以維持三代人的戰鬥力，接著馬上又衰竭了，於是不得不進行新一輪的輸入。

袁：從伍麥亞王朝到阿巴斯王朝，就已經出現這樣的一個變化趨勢嗎？

劉：只有伍麥亞王朝才真正維持了阿拉伯性，但是它也漸漸衰退了。阿巴斯王朝是波斯人戰勝阿拉伯人的產物，再後期的王朝，就更不符合它的原有本質。

袁：中國人比較熟悉的伊斯蘭君主，是後來跟十字軍作戰，跟獅心王理查一世對陣的薩拉丁。

劉：薩拉丁那些人，是被庫德人征服的埃及人的後裔。庫德人是人數極少的山地武士，而且他們對伊斯蘭教的虔誠是很有疑問的；他們可能本來都是異教徒，為了得到埃及和敘利亞的肥沃土地，於是冒充自己是穆斯林。極少數的庫德人征服了大片的埃及土地，然後用埃及人的稅收來支持他們的武士團體跟十字軍作戰，而埃及民眾本身毫無戰鬥力。最後這個模式就變成了馬木留克體制[15]，大家都是被任命的，武士要從草原輸入，輸入進來以後就加入他們的軍事共和國，然後這個軍事共和國統治著埃及農民。

15—馬木留克（Mamluk）原本指埃及阿尤布王朝的奴隸兵，後來隨著阿尤布王朝的解體，馬木留克逐漸成為強大的軍事統治集團，並建立了自己的王朝，統治埃及達三個世紀之久。

第六章 絕對主義及其效應

「絕對主義」與「專制主義」之辨——歐洲絕對主義的開展——

普魯士軍國主義與俄羅斯絕對主義——從中亞看東亞帝國——

印度人對東南亞的殖民——日本封建體制的擴展可能

袁：關於絕對主義的興起，歐洲絕對主義跟中國專制王朝的差別是什麼呢？有人說，秦帝國在兩千年前就已經做到路易十四想做的事，這表明了中國的先進或者成熟。

劉：專制主義是一種非常粗糙的統治方法，是誰都能很容易想到的；而絕對主義需要的法統和知識異常複雜，要說清楚也非常困難。可以說絕對主義跟封建主義的差別很小，而跟專制主義差別很大。談到歐洲的時候之所以要強調封建主義和絕對主義，因為它們在類型學上就是這樣劃分的，就好像在談到東亞時要強調周政和秦政，因為基本類型就是這兩種。但是你要是仔細比較一下，就會發現周政與秦政的差別比較小，絕對主義與封建主義的差別也比較小，而絕對主義與周政的差別，要比周政與秦政之間的差別大得多。

按照歐洲的標準，周政肯定比其他的絕對主義還要專制。被中國人叫作封建的東西，實際上它的官僚化程度比路易十四時代要高得多，哪怕是西周時代的六官制度，都是路易十四從來沒有達到過的專制程度。路易十四只是在原有的封建制度之上建立了一些平行的機構，然後用宮廷的一些流於表面的奢華、榮譽、文化宣傳這類東西，使他的形象顯得特別高大。但這只是表面，形象背後並沒有什麼組織支持，他的統治基礎仍然是行政法院、法蘭西財政署那些機構，只是他善於操縱輿論，養了幾十個文人替他寫了一些書和詩歌而已。路易十四所謂的絕對主義，深入到組織層面也就是這個程度。如果按照這個標準來看，那麼西周那些官制，在民務、軍務等各方面，早已超出路易十四所能達到的集權水準。

袁：所謂的周官制，真的在歷史上存在過嗎？

劉：周官制是戰國時期的產物，但是西周的政體毫無疑問也已經有了很多垂直管理的元素。尤其是在周王畿，各種收費項目，具體到車馬稅、狩獵稅這些，都是由朝廷任命的官吏管理。法國舊制度之下的行政法院，從來沒有深入基層到這樣的地步。

像李峰那本《西周的滅亡》，他就把西周列為官僚制度。這種說法是正確還是錯誤，要看它的比較對象。如果你以秦政的標準來看，他說西周是官僚制度顯然就是大錯特錯。因為西周任命管理各種事務的小官，在一定程度上還是按照他們出身的門第，也就是說西周不可能像秦始皇或漢武帝那樣隨便找個平民或者一個胡人來當大臣，或者像宋代以後那樣，把一個除了會寫文章之外什麼都不會的窮書生任命為自己的大臣。周王任命的那些人，是需要從小貴族中，或者其他的世家子弟中挑選出來；總之，任命不是隨意的，而要考慮各種各樣的禮法，這跟後來的秦政有巨大差別。但是你要是按照歐洲的標準來看，這已經是亨利八世和路易十四望塵莫及的權力。

紅衣主教馬紮然[1]這種人在法國算是比較邊緣的角色了，因為他是義大利人，完全憑著才幹而掌權。可是按照西周的標準來看，他的貴族出身無可爭議。早在平王東遷以前，周宣王就任命了許多出身微賤的官員；按照法國人的標準，肯定會把

1—馬紮然（Jules Mazarin）是路易十三晚年和路易十四時代的法國首相及樞機主教，他生於義大利，早年就讀耶穌會士學校並於馬德里大學修習法律，更曾在羅馬教廷外交部任職。

他看成是比路易十四還要專制的角色。

袁：這麼說，春秋時代相對要好一些？

劉：春秋時代要看具體哪一個邦國，因為各邦國分化以後，各自的路徑就出現差異了。從春秋的情況來看，秦國雖然後來被當成是周政的對立面，但其實秦國比較多地繼承了西周滅亡以前的某些遺產；而周室東遷以後，東方的諸侯很可能更多地繼承了原先的那些異質文化，基於雜交的結果而產生出了很多特殊的憲法結構。別的不說，像以吏為師這件事情，後人一般都認為是秦始皇開創的暴政，其實秦始皇在這一點上恰好是遵循了西周的做法，倒是春秋時代的邦國背離了西周原有的做法。所以在中國很難找出像西歐那樣的封建自由政體。

袁：像古籍裡面說到的「國人皆曰可而後可」，可以算是很有限保留的一點痕跡嗎？

劉：「國人皆曰可而後可」肯定是一個諮詢性的含義，諮詢完了以後記錄一下，實際上沒有什麼具體的配套組織或者儀式。哪怕像《哈姆雷特》裡面提到的，所謂的民眾推薦程序也沒有。

袁：另外《左傳》裡面類似的記載也很多，要遷都或者打仗的時候，都要看國人的態度。

劉：國人是一個缺乏明確界定的概念，應該是指那些當初得到封地的殷周成員和他們的後裔，或者再加上那些已經同化歸附的人。但是怎麼諮詢呢？像百工跟國人的地位差別是怎樣的，這是從來都說不清楚的事情。估計真實發生的事情也就是進行了公開或秘密的采風和其他形式的諮詢活動，大致上有點眉目，然後就這麼做了。這跟周厲王那種公開跟國人對著幹的做法有很大差別，但是你也很難說存在明確的組織形式。

袁：請您講一講歐洲絕對主義的崛起過程。

劉：絕對主義是後來的概括，真要說典型例子的話其實一個都沒有。它首先是從西班牙開始的，路易十三時代的法國基本上是模仿西班牙，但其實西班牙從整體來說也不算典型，真要說典型的話，只有卡斯提亞[2]才勉強算得上。

嚴格說來，絕對主義與其說是一種已經建立起來的體制，不如說是法學家的理想和實際趨勢的一個不同比例的混合物。法學家一直希望將羅馬皇帝的權威引進各大君主國，然後讓他們自己取得像羅馬帝國法學家那樣的地位。當時除了禁衛軍長官以外，就是他們最大。禁衛軍長官很可能會當上皇帝，但是主要的大臣肯定是法學家。他們把許多理想都摻入到了他們的敘述當中，同時從新君主國加強王權、削弱貴族這個趨勢中看到了未來的希望，把希望、現實和歷史先例混合起來，製造出了一些有點像托古改制的說法，然後稱之為絕對主義。但實際上，被稱為絕對主義

2—伊比利半島曾分布著許多天主教的小邦國，歷經數百年的戰爭，至十五世紀中期時僅餘下葡萄牙、納瓦拉、卡斯提亞和阿拉岡四個王國，其中最為強大的是卡斯提亞。

典範的幾個大君主國，並沒有真正體現絕對主義的理念。

袁：路易十四也不例外嗎？

劉：絕對主義跟封建主義有什麼明顯區別呢？與其說它們之間有什麼區別，不如說絕對主義是一種過渡狀態，是封建主義瓦解過程中的一個過渡狀態，還沒有明確體現出來；但是有一些專橫的國王比如亨利八世，就表現出了一些傾向和理想。[3]所以亨利八世算不算絕對主義君主，一直很有爭議。一些人堅持說都鐸王朝根本不能算絕對主義，但另一些人堅持說它算，這要看用什麼標準比較。如果你按法國標準去比較的話，那英國根本就沒有絕對主義；但是你要按照英國自身的標準來看，如果亨利八世都不算絕對主義，那麼就根本沒有能夠上榜的人選了。

袁：您提到絕對主義是個過渡階段，它的下一個階段是民族國家。但民族國家卻不一定是立憲自由的？

3—：劉仲敬的相關評論如下：「亨利八世的威權部分來自於王室與紳商布爾喬亞反對舊貴族的階級聯盟，部分來自於國教會領袖亨利與議員反對天主教的新教聯盟……都鐸、斯圖亞特兩朝是絕對主義在英國登峰造極的時代，然而即使在這個極盛時期，英國的絕對君主制也是一個只有半個上半身的體制。除了獨占財政權、分享立法和行政權力並兼任最高法院的國會以外，它還有一個體現封建自由的下半身——治安官、地方士紳、各城市自治公社、各郡民兵。而這些機構的共同特點是：沒有一個能夠由王室任命或依靠王室俸祿為生。在關鍵時刻，王室能否指望他們的效忠，要看他們對英國憲法的解釋是不是與王室一致。」

劉：絕對主義有它的矛盾性，因為絕對主義的理想需要有羅馬皇帝那樣有絕對權力的統治者來實施，而脫胎於封建制度的君主，他們繼承的歷史權威太多了，這會妨礙他們做那些事情。君主面臨的妨礙比羅馬皇帝的要多得多，羅馬皇帝從另一方面來說是從軍人集團產生出來的冒險家，他缺乏法統的完全支持。按照希臘的說法，羅馬皇帝可以被稱為僭主。但是絕對主義的最大力量也在於封建主義的正統性和神聖性，這就是一個巨大的矛盾。如果你要依靠正統性和神聖性維持你的權力，那麼你的權力就必須是一種合憲的權力。但是絕對主義要真正發揮它的最大威力，就必須把國王從各等級中抽出來，凌駕於各等級之上，成為巨靈（Leviathan）。既要神聖和正統，又要強大和有為，這兩者是很難兼顧的。可以說絕對主義就處在中間狀態，在神聖性和正統性還沒有消失之前，模擬了一下可能出現的強大，也就是說它實際上是聖路易和拿破崙之間的一個中繼站，一度看上去像聖路易一樣正統，又像拿破崙一樣強大。但實際上這是作家和法學家營造出來的一個幻象，真實情況是，它既沒有聖路易那麼正統，也沒有拿破崙那樣強大。

袁：這種絕對主義的模仿，一開始是西班牙向土耳其學習，然後法國又模仿西班牙，然後別的地方又模仿法國。是這樣嗎？

劉：西班牙實際上受格拉納達[4]的影響很大，像伊莎貝拉女王[5]那些人，他們在征服格拉納達以後就有點羨慕穆斯林世界的埃米爾和蘇丹，後者對自己的臣民享有無限的生殺予奪大權，那些被征服者能夠提供大筆的財政收入和兵源，而取得勝利的西班牙國王，只能依靠那些西班牙貴族不甚可靠的勇氣，以及不一定服從指揮的忠臣。他們實際上是很希望建立常備軍和國庫制度的，但是他們沒有想到，穆斯林王國之所以會如此軟弱，恰好就是因為它的民眾已經被財政機關馴化得沒有戰鬥力了，而由國王供養的職業軍隊又不像西班牙的自由貴族那樣願意奮勇作戰。

袁：過了若干年後，西班牙就變成後來這個樣子了？

4—格拉納達王國是伊比利半島上最後滅亡的伊斯蘭政權，存在時間約兩百五十年，至一四九二年向西班牙軍隊獻城投降，是為收復失地運動之尾聲。

5—伊莎貝拉一世（Isabella I of Castile）是卡斯提亞的女王，她與阿拉岡國王斐迪南二世的聯姻，促成了西班牙的誕生。伊莎貝拉也是哥倫布遠航的主要資助者。

劉：西班牙的貴族傳統，在相當長的一段時間裡仍然相當強大。它有絕對君主國的理想，但是絕對君主國本來就是一個缺乏現實基礎的理論；雖然西班牙國王能夠壓制自由城市，但卻壓制不了貴族的勢力，而且為了壓制自由城市，本身就需要依靠貴族。

袁：哪怕在菲利普二世[6]的極盛時期也是這樣？

劉：菲利普二世跟後來的路易十四一樣，是個善於營造假象的人。他依靠對外戰爭的勝利和光榮，使貴族的自願服從變得跟強制效忠好像沒有區別，但實際上他能不能強制要求貴族效忠是很成問題的。西班牙的中央集權制度要到波旁王室掌權以後才得到完善，在菲利普二世那個時代肯定做不到。菲利普透過對西印度的征服給自己增加了很多權力，他在國內行使不了的權力，往往能夠透過塞維亞的西印度院對海外行使，這是一個很荒謬的現象，他能夠把官吏派到美洲的小城鎮裡去，但卻不一定能夠把他們派到距離自己身邊不遠的封建領地上去。

6—菲利普二世（Philip II of Spain）於在位期間，強力鎮壓尼德蘭的反抗，並先後對鄂圖曼帝國、英國及法國用兵，極大消耗了西班牙的國力。其「無敵艦隊」敗於英國海軍，更導致西班牙喪失殖民霸權。

被征服者對征服者其實是有影響的，格拉納達對於卡斯提亞王國來說，起到的是腐蝕作用；而印加帝國對於西班牙帝國來說，起到的也是腐蝕作用。相反，北美那些印第安人共和國對於英國殖民地的憲制，卻起到了促進的作用。

袁：如果西班牙人碰上的是北美印第安人，情況是不是會好一些？

劉：西班牙人最初的計劃就不是去開墾荒野，北美有一些地方他們是到過的，比如說佛羅里達，但是他們插上國旗之類的標誌以後就沒有認真經營，所以說他們即使去了那些地方，頂多也是象徵性的占領，不會認真殖民。認真的殖民還是得靠英國新教徒這樣的團體，只有新教徒這樣的自治團體才肯幹粗活。抱著哥倫布那種發大財想法的人，如果到了當時還是一片荒原的麻薩諸塞，頂多也是順手在航海地圖上標記一下，然後立刻就撤退。

袁：波旁王朝時期的西班牙[7]加強了中央集權，殖民制度也跟著完善了嗎？

劉：完善的程度也不一定很多，但是肯定比哈布斯堡時代要完善得多。這時候形勢已經顛倒過來，中央集權的典範已經是法蘭西了，西班牙的波旁王室也是以進步的名義模仿法國的，它的模仿對象不是路易十四那種強大又正統的神聖性，而是法國所代表的進步主義。進步主義的代言人主要是人文教育產生出來的新型官吏，這些官吏由開明君主委派到政府，首先就要壓制教會的勢力。在他們看來，教會就代表著中世紀的蒙昧主義；透過他們的開明教育、世俗教育、合理開發國家資源，能夠使已經衰落的西班牙帝國重新強大起來。

也許可以這樣說，不是路易十四把菲利普王子放在了西班牙王位上，而是西班牙人渴望自強的願望，使他們願意選擇一個法國人來繼承的王位，希望這個波旁王子能夠保持西班牙帝國的統一，因為西班牙帝國本身就是由政治聯姻而建立的中世紀國家。說它是帝國，其實是文人的誇張說法，它本來就是君合國，由各式各樣的

7——一七〇〇年，西班牙國王卡洛斯二世（Charles II of Spain）無嗣而終，歐洲諸國無法就王位繼承人選達成共識，遂引發英國．奧地利陣營與法國．西班牙陣營之間的大戰。結果英國取得法國的海外殖民地，而奧地利失去繼承權，由路易十四的孫子、安茹公爵菲利普即位。波旁王室至今仍統治西班牙。

聯姻和繼承而取得的封建領地構成。因為國王的婚姻關係和繼承人問題，這樣的領地有可能在以後重新脫離西班牙。西班牙王位繼承戰爭的根源就在於卡洛斯二世立下的遺囑，規定無論繼承者是誰，西班牙帝國都不能被分割，而這其實恰好就違反了西班牙帝國的建立條件，因為這相當於剝奪了過去由聯姻建立國家時，封建領地本來還保留著的自治權；而要這樣做的話，就只有法國人才能做到。

從哈布斯堡或者其他德意志邦國迎接一個王子是肯定不行的，因為那些王子在西班牙帝國之外肯定還有其他領地，比如說在萊茵河畔或者易北河畔，他們不可能接受各領地就此合併的要求；但法國人能夠做到這一點，法國已經在消除各封建領地自治權的方向走得很遠了，所以這些事情他們能夠做到，西班牙也希望自己能夠做到。所以他們在選擇的時候，不願意選擇英國那樣透過君合國把封建自由轉換為立憲自由的路線，而是希望走一條法國式的、透過開明官吏實行進一步集權化改革的路線。這就是局勢所迫，首先認出什麼是主要障礙，然後再想辦法把它解決。當時西班牙的上層人士和開明人士覺得西班牙落後的主要原因就在於中世紀的愚昧，這個愚昧主要就體現於教會，而要摧毀教會在社會、經濟、文化各方面的勢力，只有依靠一個強大的國王。

袁：這個時候，幾乎沒有什麼人認識到了英國憲制的優勢嗎？

劉：認識到的人應該還是有的，只是他們沒有成為主流派。而且抱持這種認識的話就得採取另一套建國方案，走解體路線，把某些不適合整合的邦主動分離出去，而且不說別的，試圖把位於內陸山區的卡斯提亞和沿海地帶的阿拉岡聯合起來就已經是很有問題。對於他們來說，西班牙過去的榮光和帝國形象已經變成一個負擔——其實西班牙在強盛時期也是聯合性質的君合國，各邦之間的政治聯盟，根本不是一個帝國。但是帝國神話一旦形成，上流人士就覺得將來如果重新出現分裂就太吃虧了，這跟清帝國晚期的情況是一樣的；實際上清帝國在全盛時期也是滿蒙藏的一個大聯邦，但是跟歐洲人簽了幾個割地賠款的條約以後，就覺得目前還在自己控制之下的土地千萬不能再丟了，然後就這樣自己主動捆住了自己的手腳。

袁：剛才您說到，其實啟蒙運動跟所謂的開明君主、絕對主義，它們之間應該說是同一條藤上面結出來的幾個瓜。那麼過去經常賦予啟蒙運動的那些光環，其實也是一種認識誤區？能不能這樣說，受到英國的刺激是啟蒙主義的一個源頭，但是這種刺激到法國那裡就演變成另一種東西了？

劉：啟蒙運動幸虧沒有真正成功，所以後來的形象才顯得很光輝。法國的啟蒙主義包括很多種成分，後來所謂的啟蒙主義其實也不是它的全貌，最多只是重農學派或者伏爾泰那些人的看法。實際上啟蒙運動的那些人中，他們的傳統和背景也是分歧很大的，比如孟德斯鳩的傳統，實際上就是後來托克維爾那一派的起源，也就是法蘭西內部的英國式傳統。

袁：伏爾泰也是英國式傳統的一部分嗎？如果看他的《哲學通信》，好像就是在推崇英國人的主張。

劉：伏爾泰是只接受現象，而不是實質。他對英國最羨慕的地方就是英國的思想家或者哲人——當時所謂的哲人其實主要是指牛頓那種自然科學家，他們在英國享有極高的地位。伏爾泰認為法國文人沒能享有這麼高的地位，於是接下來他就開始羨慕中國的儒家享有這樣的地位，其實他們是完全不同的兩種人。

袁：他還把孔夫子也想像成消滅蒙昧的哲學家。今天提到啟蒙運動，一般人想到的無非就是伏爾泰、孟德斯鳩、盧梭、狄德羅這群人。照您看來，他們其實並不那麼重要？

劉：重要不重要，其實是看你的注意力有沒有集中到他們身上，這些都是後來人塑造出來的角色。後來人特別選擇其中一批人並把焦點集中在他們身上，然後他們就顯得重要了。

袁：這樣說來，法國既是最典型的絕對主義國家，又發生了最典型的革命，最後變成了最典型的民族國家。而您提到立憲自由並不是必然會產生的，而是偶然的產物。那麼假設一個英國本身也沒能保持住封建自由的世界，您覺得會是怎樣的？

劉：那只能假設英國從一開始就不存在，因為英國在十四世紀就已經顯得很特殊了，以後幾乎就不大可能再往歐洲大陸那個方向發展了。但是你可以假設，比如說歐洲的地勢跟東亞比較相似，然後它可能少掉了英國和西北歐那一塊，剩下的都是像高盧或西班牙這樣受羅馬帝國影響很深的地方，那麼它就會變成一個以絕對君主制為主的歐洲，但這個絕對君主制的歐洲相對於鄂圖曼帝國或者拜占庭帝國的東方專制主義仍然會有巨大的優勢，因為它接受的兩希文明的多樣性還是比東方要豐富得多。

但是這個體制可能不會開啟大航海時代，而且它的著眼點大概也不會是大西洋，或者其他遙遠的海路，而是會非常重視中東的陸路；在這樣的一個歐洲，像西班牙哈布斯堡王室這樣的政權就不會受到北歐的騷擾，它就很可能會把整個經營重點都放在地中海上，收復失地運動的重點很可能會從格拉納達一直延伸到北非。因為查理五世和菲利普二世已經多次征服過突尼斯和阿爾及爾那些王國，在這種情況下，如果沒有英國人和荷蘭人分散它的注意力，它就可以把資源繼續用在這個方向，很可能會像征服格拉納達那樣，把整個西地中海的穆斯林國家完全征服。

袁：那會等於是羅馬帝國的再現嗎？

劉：西班牙也做不了羅馬帝國，首先它連德國的諸侯都降服不了。但是它的主要壓力將會順著舊的路線向中東和印度這個方向壓過去，因為它相對於東方各帝國的優越性仍然很大，所以它的力量會跟義大利諸城邦的力量結合起來，這樣一來鄂圖曼帝國可能就會經受不住它的壓力，甚至可能連後來的土耳其都不會存在。它在東方會像之前的十字軍東征建立許多小王國一樣，建立一些像拉丁帝國（Latin Empire of Constantinople）[8]那樣的半東方性質、半西方性質的政治實體，然後就會

8—第四次十字軍東征原本的進軍目標是埃及，途中由於威尼斯人的遊說而改為拜占庭帝國。一二〇四年，十字軍於攻陷君士坦丁堡以及希臘半島後在當地建立政權，是為拉丁帝國；拜占庭皇帝逃亡到小亞細亞，稱為尼西亞帝國。至一二六一年兩國合併，拜占庭得以復國。

把整個歐洲的經濟牽制住，這樣一來歐洲就很可能會變成一個大號的神聖羅馬帝國。就像神聖羅馬帝國一再出兵羅馬一樣，這個西班牙帝國也會一再出兵耶路撒冷，出兵北非，或者君士坦丁堡這些地方，把自己的注意力鎖定在東方。

袁：不管怎麼說，西班牙仍然會站在更高一些的位置上？

劉：在這種情況下，歐洲人應該不會去遠東和美洲，因此蒙兀兒帝國可能就會徹底消滅掉印度教諸侯，逐步把印度變成一個像埃及一樣的伊斯蘭國家。而中國在明代以後的王朝更迭中，如果歐洲人沒有來，那麼早晚會有一個帖木兒式的征服者、一個信奉伊斯蘭教的蒙古酋長來扮演成吉思汗的角色，這一次征服帶來的就不是蒙古人的部落法了，而是伊斯蘭教的教法。在這樣一個假設的歷史中，日本發揮的作用可能會非常重要。在這種情況下，亞洲大陸很可能會漸漸變成伊斯蘭帝國，而日本則會變成宋明儒學甚至是古老華夏的最後保護者。而堅持孔子傳統的朝鮮和中國士大夫餘黨都可能會避難到日本，然後日本人也許會占據澳門以及其他的沿海據點，在東亞的沿海地區建立幾個小保護國，後來的華夏世界可能就就是以日本為核心，而日本天皇也會認為自己是周公和孔子的直系繼承人。

袁：照這樣發展下去，神聖羅馬帝國大概會有什麼樣的演進呢？

劉：在西班牙人占上風的情況下，神聖羅馬帝國很可能會把後來在美洲推行的那種體制運用到中東，做為黃金之路樞紐的摩洛哥，以及做為香料之路樞紐的埃及很可能就會變成類似真實歷史上的秘魯和墨西哥，可能會有幾個西班牙親王負責統治這些副王領地，當地的黃金和香料貿易會成為國庫的主要收入來源。

袁：這樣一來，英國的立憲制度、後來的工業革命就不會出現，甚至義大利的資本主義萌芽也會變成鏡花水月。

劉：在義大利跟西班牙結合得如此緊密的情況下，它的那些金融勢力基本上最後都會變成西班牙王室的籌款機構。事實上之所以不是這樣，是因為它們的結合被隔開了。如果西班牙帝國按照剛才假設的路線發展，義大利金融勢力的結局可能會跟里昂和里爾（Lille）的法國銀行家差不多，米蘭和佛羅倫斯就等於是西班牙的里昂和里爾。西班牙也會像法國那樣，形成雙中心制的格局，儘管它的領土範圍更大：馬德里是行政中心，米蘭是經濟中心——類似巴黎和里昂的關係。

袁：如果僅僅是不列顛群島被抹去，但西北歐的其他部分仍然存在呢？

劉：這就比較難說了，因為到西北歐的人本來就是建立自由城市的開拓團，他們在那裡排乾沼澤就等於是一個開闢新大陸的過程。如果僅僅是不列顛群島不存在，而北歐的其他日耳曼系小邦仍然存在，那麼以下情況就是必然的趨勢——西班牙人征服了中東，然後又派耶穌會士把當地的貝都因人都轉化為阿拉伯基督徒，同時把那些不肯改信的穆斯林統統殺掉，掠奪式發展幾百年以後，北方那些不引人注目的漢薩同盟[9]小邦和各騎士團仍然會在征服斯拉夫人和芬蘭人的過程中而變得強

9—漢薩同盟（Deutsche Hanse）是由德意志北部的多個自治都市於一二九三年組建的商業聯盟，並逐漸升級為政治及軍事聯盟。該同盟在最鼎盛時有一百多個城市加入，壟斷了波羅的海及北海的貿易，其後雖在一六六九年解體，但呂北克、不來梅等地至今仍於正式名稱中保留「漢薩城市」（Hansestadt）的稱號。

大，即使他們占據的土地面積不大，但最後仍然會像以前日耳曼人摧毀羅馬帝國一樣，越過阿爾卑斯山南下破關。

袁：前提是它們變得強大之前，沒有受到其他人的注意。

劉：這是很難提前注意的，如果沒有英國的話，哈布斯堡家族就不會太關心北歐那些小邦，因為這些小邦並不像英國人和荷蘭人那樣，能夠對哈布斯堡王朝造成財政上和軍事上的壓力。而且在沒有英國和荷蘭的情況下，幾乎不可能想像奧地利人和西班牙人會去征服那些寒冷而貧瘠的地方，他們的注意力明顯都集中在繁榮富裕的義大利半島和地中海沿岸一帶，稍微有點力量就往這個方向攻過去了，北歐那些地方很難吸引他們的注意力。

德國的宗教戰爭基本上是由巴伐利亞和幾個天主教小邦扮演主角的，西班牙人根本沒有投入全力。如果西班牙人傾巢而出，把陸軍主力派到德國去，那結果就完全不同；之所以沒有派過去，就是因為它對日耳曼那些小邦的事務是不太關心。他們要是把駐守佛蘭德斯的那些部隊都用到德國去，那就非常可怕，可以說整個德國的封建各邦，不管天主教還是新教，所有各邦加起來的力量都比不上駐守布魯塞爾的那些西班牙軍隊。不過，儘管西班牙反對新教，但它根本就沒有動過這方面的腦筋，因為那些地方對它沒有什麼吸引力，它只是為了照顧一下奧地利的家族旁支，為了不讓後者輸得太難看，於是偶爾給他們一點援助而已。

袁：在一個沒有英國的世界，宗教改革仍然會發生，但工業革命就一定不會發生，是這樣嗎？

劉：宗教改革是必然發生的，工業革命也肯定是能發生的，但是如果它不跟全球貿易結合起來，就不會是歷史上的這種局面，而很可能是一種依附性的技術進步情況。這種事情其實在日本戰國時代也出現過，它不見得會對社會結構造成很大的影響；僅僅是工業和科技層面的突破，它是很容易依附或者是融入現有制度的。

袁：拿破崙的出現，是從封建國家到民族國家的最後一里路。您在《何為國民》這個演講裡面曾經講過民族國家是怎樣一個個地被發明出來的，各種發明之間也有一個難易程度的差異吧？

劉：發明的難易程度，肯定要看背景材料，有一些民族發明是很勉強的，像羅馬尼亞的發明，它的基礎到現在為止都還是很不鞏固。他們只是為了在歐盟那裡強調自己也是歐洲人，所以才偽裝成很鞏固的樣子。反過來說，波蘭民族的發明就非常鞏固，因為它在跟俄羅斯東正教徒爭雄的過程中，已經培養出了很堅強的核心分子。最典型的、最不勉強的民族國家，第一個肯定還是法國。

袁：按照您的說法，爆發性的表現往往並不太重要，只是路徑確定以後的一些表面現象而已，重要的質變往往發生在這以下。這樣說的話，拿破崙的英雄事蹟其實也都無關緊要嗎？

劉：拿破崙對法國的影響還沒有對德國的影響來得大，他對於法國基本上沒有什麼創新，但他對普魯士和其他德意志邦國的刺激是很大的。但其實，普魯士本身的作用應該更重要一些。普魯士本來是跟瑞典差不多的國家，經過斯泰因改革[10]以後，就差不多走到另一個方向去了。但這很難說是在哪一個具體的時間節點發生的，本來其他人都覺得普魯士會變成德國的蘇格蘭，在整個德意志境內發揮一個新教改革者的作用，由普魯士輻射到它周圍的一些小邦並且聯合它們，同時強化它對一部分波蘭的統治。這樣一來，德國就能在原有保守派貴族的領導下維持一個鬆散的聯邦形式，但它最後把整個日耳曼聯邦都拆散了。

袁：普魯士的路徑，似乎是從腓特烈二世（Frederick the Great）開始的，之後它一步步地走上了軍國主義道路。

劉：腓特烈二世的普魯士還說不上有什麼明顯的方向，他的統治基礎是王室一

10——一八〇六年，普魯士軍於耶拿會戰中大敗於拿破崙，翌年施泰因男爵獲委任為王國首相，並開始推行政治、經濟及軍事層面的改革。惟不久後施泰因即離職，實際上是由第三次出任首相的哈登堡侯爵（Fürst Karl August von Hardenberg）達成改革。

手創造的軍官團，但是普魯士王國的憲法結構在當時看來還沒有確定。腓特烈的做法跟蘇格蘭國王差不多，主要依靠向外國出租本國英勇善戰的士兵為生。同時普魯士又處在泛斯拉夫圈的邊緣，他那種投機主義的外交政策只要有一點破綻，就會對他以後的發展造成很大的影響。到底是向波羅的海方向發展，還是往斯拉夫世界的方向發展，或者是強化他在德意志內部的地位？僅僅是西里西亞這樣一個小邦，就對普魯士後來的發展構成了很大的牽制，腓特烈二世攻入西里西亞本身也是一個十足的投機性做法。

袁：如果沒有法國的刺激，神聖羅馬帝國還會繼續維持下去嗎？很有可能出現的情況是奧地利在南方繼續保持領先地位，而普魯士在北方獨大。

劉：普魯士不一定會獨大，很可能它會變成北方各小邦的一個保護者，而不是兼併它們的領土，因為兼併那些小邦在軍事上是容易的，但在法律上是困難的。普魯士軍隊曾經多次經過那些小邦，或者在那些小邦遇到困難的時候派兵進駐，但是很快都撤回來了，因為神聖羅馬帝國的憲法不允許它這樣做，它只能在帝國之外擴張。拿破崙解散神聖羅馬帝國，就等於是取消了約束普魯士擴張的力量——他做的所有事情都是這樣的，短期來說是正面作用，長期來說是負面作用。

袁：俄羅斯一向處在歐洲的邊緣，關於歐洲的絕對主義，您如何評價彼得大帝那樣的做法？

劉：絕對主義在歐洲象徵的是集權，但在俄羅斯象徵的恰好是自由，因為它比之前的莫斯科公國實施的東方體制要開明多了。直接弒君或者像鄂圖曼帝國那樣，把君主和有繼承權的王子終身囚禁起來，在俄羅斯是司空見慣的事情。俄羅斯皇帝保證不了本人的生命安全，也保證不了自己家人和子女的生命安全，沙皇能夠確保善終，那還是亞歷山大一世以後的事情。[11] 彼得大帝自己的婚姻也是一塌糊塗，據說他娶了一個洗衣婦為妻，而她就是後來的凱薩琳一世（Yekaterina I Alekseyevna）——當然這應該屬於胡說八道，但他想娶法國的公主娶不到，就被迫

11—彼得一世在位晚年，修改了俄羅斯皇位的繼承規則以允許女性繼位（包括皇后），導致其後陸續發生宮廷政變。凱薩琳二世逝世後，其子保羅一世廢除女性繼承權，並明確宣示皇位傳承以血緣關係為基礎。

在自己臣民中間找了一個連貴族身分都沒有的女人，這部分是肯定的。歐洲其他地方的王公，哪怕是日耳曼小邦的君主，絕不會娶一個出身於貴族圈之外的女人，僅憑這一點就可以看出彼得大帝的東方性質。

絕對主義在俄羅斯的真正成功要到亞歷山大建立神聖同盟以後，十九世紀才是俄羅斯君主制的黃金時代，它把俄羅斯本身變成了歐洲絕對君主制的試驗田，被統治者保持著原先的那些東方因素，而俄羅斯的統治者則變成了歐洲人——當然從血統方面來說他們本來就是歐洲人，這裡是說俄國皇室透過政治聯姻和招募客卿，從文化和心理上變成了真正的歐洲人。

袁：俄羅斯皇帝另一個特殊身分是內亞的保護者，請您展開談一下。

劉：對於內亞各部族來說，俄羅斯代表的是一種文明開化的力量，有它的仲裁，各個游牧部落和傳統部族的習慣法才能得到總結和升級。實際上內亞地區那些部族和民族就是在俄羅斯的保護之下才得以塑造起來的，要是沒有俄羅斯，它們能不能存在都是很成問題的事情。俄羅斯吸引了很多內亞的酋長到它的學校和宮廷中來，可以說是一種質子制度，而對於後者就是一個接受文明的過程。

袁：在俄羅斯與清國之間，是否存在一種競爭關係呢？

劉：雙方談不上競爭，因為俄羅斯主要的考慮不是跟清國競爭，而是保護它的南方邊境，或者說控制南方的各個邦國，例如波斯、布哈拉。它跟清國是合作多於競爭。清國在內亞的擴張也和俄羅斯的擴張有一種相互配合的關係，例如準噶爾汗國就是在俄羅斯和清國的聯合打擊之下而滅亡的，如果它只跟其中一方交戰就未必會是這樣。

袁：那麼中俄真正產生矛盾，是在俄羅斯把它的注意力集中在經營遠東以後？

劉：真正出現矛盾，可能是蘇聯成立以後的事情。就俄羅斯帝國本身來說，它跟清政府還是傾向於合作的，甚至說保護後者的成分比較多。如果它真的一心打算取得滿洲的話，其實用不著等到一九〇〇年，在這之前對清國動手也是很容易的。如果它想要吞併布哈拉汗國的話，也是早就有這個能力的，但它主要是想保護。

俄羅斯對於蒙古和西藏的佛教徒，跟它對本國部族的態度是一樣的，沙皇是想要獲得萬王之王的地位，而不是像中國人想像的那樣，為了推行郡縣制而發動征服和殖民。哈薩克人之所以變成穆斯林民族，主要還是俄羅斯對它殖民的結果。如果俄羅斯帝國採取的是史達林那種民族政策[12]，那哈薩克大概就不會存在，而會直接成為南西伯利亞的一部分。

袁：按您的說法，俄羅斯帝國的憲法結構也是多元的嗎？

劉：從歐洲和亞洲兩方面看，它的憲制都是多元的。在歐洲，俄羅斯皇帝兼任

12—每當蘇聯面臨外部壓力，史達林就擔心少數民族與外敵勾結（諷刺的是他本人就屬於喬治亞人），下令強行遷移少數民族。根據後來解密的蘇聯檔案，他當政期間一共發動了二十四次大規模遷移行動，過程中造成大量人口死亡及流離失所。

了芬蘭大公，在維也納會議上兼任波蘭的君主，在巴爾幹半島上也有許多大公領地，並且還跟德意志的許多邦國聯姻，同時是鄂圖曼帝國境內的很多基督教團體的保護人。而在東方，埃米爾、蘇丹這些伊斯蘭教君主也把他奉為宗主，雖然這個宗主權比較接近大清皇帝之於蒙古部落，而不是像歐洲那樣有明確的封建契約。

袁：對於中國人來說，俄羅斯也是一個很複雜的形象。

劉：這種形象是後來才有的，在清國存在的大多數時間，俄羅斯跟蒙古的地位是差不多的，比如說「察罕汗」（Chagan Khan）[13]這樣的稱呼。

袁：俄羅斯帝國的歷史路徑，對中國來說有沒有一種示範作用或警示作用？

劉：就算有的話，也沒有鄂圖曼帝國的示範作用大。這主要還是因為俄羅斯帝國跟清帝國不在同一個層級上，如果俄羅斯帝國滅亡了，造成的波動對於東方來說

13—俄羅斯與清帝國的最初接觸，是以蒙古部落為中介人。蒙古人將沙皇稱呼為察罕汗（意為「白汗」，即白人的大汗），清廷沿用了這個說法，而俄國人也把清國皇帝稱為「博格達汗」。另外，「俄羅斯」的譯名也是源於蒙古語中的元音附加規則。

就會是非常致命的，但是反過來卻不是這樣。俄羅斯一旦崩潰，就會暴露出清帝國實際上是在俄羅斯秩序的無形保護之下。只要撤去了這個保護，造成的衝擊波就會讓大清帝國無法承受。

袁：這樣說的話，俄羅斯帝國也是保護了清帝國條約體系中的其中一分子。

劉：也有這部分的作用，但它的主要角色不在於條約體系內部，而是內亞的穩定器。清帝國之所以比明帝國穩定，很多人說是因為「明修長城清修廟」的關係，其實羈縻政策不是清帝國才有的，只是他們做得更好一些。清帝國的統治之所以穩定，根本原因就是俄羅斯帝國在這個時候從進入了內亞。噶爾丹做不了成吉思汗，就是因為俄羅斯人在他的背後出現了。

鄂圖曼帝國跟波斯以及南洋各小國之間的關係，就像俄羅斯跟清帝國以及中亞各小國的關係。鄂圖曼帝國引起的衝擊，肯定會波及這些地方，即使波斯屬於鄂圖曼的世仇，但它實際上同樣處在鄂圖曼秩序的保護之下。鄂圖曼帝國的根基在北方，也就是巴爾幹半島到高加索山脈這一線，位於南方的敘利亞和埃及雖然地廣人眾，但實際上卻是不大重要的附屬地，征服這些地方是很容易的，而且不需要應付競爭對手。如果西班牙人全力向北非前進，要從鄂圖曼人手中奪走這些地方其實也不用費太大的力氣。但高加索和巴爾幹就是需要打硬仗的地方，鄂圖曼最有戰鬥力的士兵也是從這些地方來的，當地比較野蠻、精悍的小部族提供了組織資源。可以說，鄂圖曼帝國其實是一個空殼，它是依靠從高加索山脈、烏克蘭草原和巴爾幹山區來的那些武士團體來維持的，而南方那些順民只是負責出錢供養這些武士團體。

袁：鄂圖曼帝國崩潰了，但是中國沒有分裂。中國人有很多理由來解釋，比如文化凝聚力強，或者主體民族的人口足夠多之類的說法，您怎麼看？

劉：這恰好是一個落後的體現，鄂圖曼帝國解體，但伊朗還保留著波斯帝國的形態；蘇聯解體，而中國沒有解體，也是同樣的道理。伊朗和中國能夠倖存，就是因為兩者都處在一個比較周邊和比較邊緣的位置上。也就是說，要到下一波才會輪到它們。

袁：對於很多中國人來說，中亞那些地方好像是從來不存在的。

劉：中亞比東亞的文明多樣性更為豐富，而且地位重要得多。把它歸為一整個地區就是極大的錯誤，像呼羅珊和河間地還有西北印度，本來就應該有更加細密的劃分，他們跟東亞的關係也有點像是歐洲跟中東的關係，中亞的基因豐富性要大得多。東亞帝國的秩序輸入地大體上就是這些地方，佛教以及隋唐帝國的政制，都是從他們那裡來的。

袁：中亞地區似乎很少形成大帝國？

劉：中亞的帝國其實也不少。只是說，其一，沒有出現超級大帝國；第二，帝國存在的時間都很短暫。之所以形成不了穩定的帝國，恰好就是因為各邦國的多樣性比較大，是地方傳統強大的一種證明。昭武九姓在唐國，差不多就像後來英國人在印度的地位。中亞是個巨大的旋轉門，文明核心地帶、東地中海地區開創的東西，透過這裡源源不斷地向東方輸出。如果沒有這些輸入，漢魏帝國瓦解以後的東亞歷史就會變得完全不可想像。

袁：其實印度也可以起到這樣一個作用。如果英國殖民者沒有到達印度，印度會順理成章地伊斯蘭化嗎？

劉：那樣印度文明的主要中心就不在印度本土了，而會在南洋群島，而華夏文明的中心則會是日本。北印度本身已經高度費拉化了，但是南印度的文明多樣性程度比東亞大陸和北印度都要高得多，所以它能夠在南洋群島和其他東南亞地方實施大規模的殖民。這種殖民能力是越南和明國的那些航海探險家比不上的，可以說，在印尼群島上的三種殖民勢力，印度教、伊斯蘭教和中國的殖民勢力當中，中國人是最弱的一方，印度教徒其次，作為後來者的穆斯林卻是最強的。

除了越南占據的那一塊區域以外，東南亞的大部分都是印度人的殖民區，這就說明了分散殖民的優越性，而且印度離東地中海文明中心的距離比較近，它的輸出更加便捷。印度文明比中華文明的誕生時間早得多，其實印度河文明可能在華夏文明萌芽時期就已經進入衰亡階段了，只是它也是一個古代文字沒有被破譯的地方。而發掘結果呈現出來的狀貌就是一系列美國式的城市，方格子一樣的社區和街道，井井有條的工廠和住宅區，能夠產生出這種文明的地方肯定在這之前就已經有漫長的歷史了。後來人們知道的，佛陀時代的印度已經不是真正的印度，那是雅利安人征服以後的第二個印度，它在北印度開創了另一個封建時期，所以印度人的主要史詩也就是這個時代的史詩。

袁：如果用中國的歷史去對比印度，那麼印度統一的時間比較少，分裂的時間比較長。

劉：印度是一個地理名詞。北印度跟中亞的關係近，而跟南印度的關係淺；而南印度跟東南亞的關係近，跟北印度的關係淺。

袁：完全可以想像，只要歷史走向稍微發生變化，現代印度的疆域就會變成另外一種樣子？

劉：如果沒有中國和巴基斯坦的壓力，南印度的各邦就很可能會分裂出去，變成另一個泰米爾國。因為從文化上來講，南印度實際上應該跟東南亞大部分國家劃在一個區域。像緬甸、高棉這樣的地方，它跟南印度的關係就明顯比較接近；而像馬來西亞這種倉促整合而成的國家，本來就應該一分為三、再次解體才對。今天的馬來西亞之所以會存在，完全是基於反共反華的目的。

袁：請您展開講一下，印度人在亞洲大陸上的殖民活動。

劉：印度人的殖民活動，主要是它從海路對東南亞的殖民。伊斯蘭教是在宋元以後逐漸加入的，但是他們在武器先進程度和組織力量上很快就超過了原有的殖民團體。印度教各邦比如暹羅和高棉都是局促在內地，而伊斯蘭教是從海上來的，帶著大砲和艦船，「船堅砲利」這種說法其實也完全適用於他們。在明代中葉，他們已經在麻六甲海峽一帶大動干戈，攻陷了很多海上城邦，在馬來半島上建立了很多蘇丹國。他們的勢力主要由商人和冒險家組成，占據了沿岸地帶，而印度教勢力則退居內地。

這個時期，那些所謂的華人城邦基本上都在首鼠兩端，在穆斯林擴張到馬來半島的時候，華人社團基本上全都投靠他們，做為那些蘇丹的雇傭兵攻打他們自己的同胞。所以伊斯蘭教的優勢從各方面來看都是很明顯的，如果日本人後來不插手的話，那麼東南亞的完全伊斯蘭化是可以預見的，而印度肯定在更早之前就全面伊斯蘭化。

袁：如果中國人在宋代就開始下南洋，其實也是競爭不過他們的？後來下南洋的福建華人是否也還有機會？

劉：宋代的時候主要也是阿拉伯人到東亞大陸的沿海來，而宋國那些負責貿易的官員大多都是阿拉伯人或者漢化的阿拉伯人。後來就不是可不可能競爭得過的問題，而是已經競爭不過了。華人只有在當地沒有穆斯林的情況下才能建立城邦；而在有穆斯林的地方，他們就是歸附當地蘇丹。其實那些蘇丹到達東南亞的時間比他們還要晚一些，但是很明顯的，穆斯林的組織能力確實更強一些。然後歐洲人來了以後，華人就趕緊歸附歐洲人，歸附歐洲人的主要原因是這樣又比歸附伊斯蘭教更好一些。

像馬來的那些華人，他們主要考慮的是要當開國功臣，而這個國並不是華人的國家，而是麻六甲的蘇丹國。他們甚至都沒有想到，其實可以自己去做劉邦和朱元璋的角色，他們完全想不到這一點，只想做穆斯林君主的開國功臣。很可能伊斯蘭教徒在進攻麻六甲時所使用的那些大砲和船隻，給他們留下了非常深刻的印象，這跟後來英國人給東亞大陸留下的深刻印象是一樣的。歐洲人壓迫鄂圖曼帝國的時候，東南亞很多蘇丹仍然千里迢迢的跑到伊斯坦堡去，請土耳其蘇丹幫助他們訓練砲手。

袁：今天的東南亞格局，其實在那個時候就已經基本確定了？

劉：確實是這樣，穆斯林從南洋一點點地向北推進，如果歐洲殖民者沒有到遠東，按照宋代到明代的發展趨勢，可能他們就會在晚清年間出現在廣東沿海。當時穆斯林已經在菲律賓南部站穩腳跟，只是西班牙人擊退了他們的勢頭。如果沒有西班牙人，他們接下來肯定會控制整個呂宋島，然後下一步就是進軍廣州。越南在征服中南半島的過程中結下了很多仇，像是被他們征服的占婆人，原先是印度教徒，但被越南人征服以後他們就變成穆斯林了。大概是因為看到新來的穆斯林比原來的印度教徒更有力量，而他們既然一直是越南人和儒教徒的敵人，還不如投靠更有力量的勢力。

袁：在這樣的一個世界當中，日本人會扮演什麼樣的角色呢？

劉：日本不大可能被穆斯林征服，而當時日本人也正在向東南亞的各個海港例如呂宋和澳門推進，所以他們可能會是唯一能跟穆斯林勢力競爭的力量。原因在於日本人基於封建體制而具有一種競爭力，它有能力把自己的封建制度延伸到琉球以及其他地方。

袁：從某種意義上說，日本能夠扮演「東亞英格蘭」[14]這個角色嗎？。

劉：如果日本的戰國時代延遲幾十年結束，那麼在明清易代之際，它就很可能會把朝鮮半島南部變成一系列封建領地，也可能在東亞大陸的東南沿海地區建立一

14—劉仲敬的相關評論如下：「北韓核問題是日本放棄英格蘭天命的副產品。脫亞入歐，意味著日本英格蘭化和東亞大陸歐洲化。第一次脫亞入歐的失敗，關鍵在於東亞大陸的歐洲化沒有跟上明治維新的節奏。英格蘭之所以能成為英格蘭，也是因為諸歐的存在。泛亞主義、共產主義和中華主義都屬於脫歐路線，但諸亞與諸夏才是正確的路線圖。」

系列封建領地。這樣的事情之所以沒有發生，是因為戰國時代提早結束了。德川幕府是關東勢力的代言人，它不希望擴張性最強的關西諸侯在海外獲得太大利益，不希望大阪的商人變得太富裕、太強大。德川氏所代表的三河武士集團是比較保守、比較農業化的勢力，他們對豐臣秀吉玩的一系列金融把戲是既羨慕又恐懼。

明清易代之際，朝鮮的態度非常重要，朝鮮肯定會繼續跟大明同一陣線，也肯定會被清兵打得一敗塗地。而在這種情況下，它很可能會把日本人當作救星，抱著一種鄭成功式的態度，你們日本人總比滿洲蠻夷要強得多，因為你們和我們一樣信奉孔子的學說。這樣一來，小西行長他們很可能會把他們的封建領地延伸到這一帶，把他們征服的朝鮮土地變成像琉球那樣的封建附庸。

袁：如果日本的戰國大名跟剛剛崛起的滿洲勢力發生衝突[15]，接下來的走向比較難以想像吧？

15—根據朝鮮《李朝實錄》和《滿文老檔》等典籍的記載，努爾哈赤曾於文祿·慶長之役期間，向明廷上書要求出戰朝鮮半島，沒有得到允許。戰爭結束後，部分日本士兵被朝鮮軍收編，並以援軍身分參加了薩爾滸之戰。他們雖又敗於滿洲軍，但後者也是死傷慘重。

劉：日本人的火器製造水平在當時的東亞是最高的，而且他們的軍隊不像朝鮮軍隊那樣渙散、缺乏組織性，所以滿洲騎兵一旦遇上他們，肯定就是遇到了很強的對手。而且日本人也是精於築城技術的，像負責攻打朝鮮半島的加藤清正、藤堂高虎這些人都以擅長築城而聞名，他們築的堡壘肯定能夠跟滿蒙騎兵分庭抗禮。滿蒙騎兵可能會占領大片土地，但很難占領朝鮮半島全境。如果日本人在江華島或者其他地方建立堡壘，那就可不像毛文龍在皮島建立的要塞那樣好攻打。

在文祿．慶長之役期間，日本人每占據一個小小的沿海要塞，反攻的明國軍隊就要付出巨大死傷做為代價。而對於清國來說，它進攻朝鮮半島是為了解除側翼的威脅，以及要求朝鮮稱臣納貢。深入到南部去，那可是滿洲人從來沒有想過的事情。很可能他們根本就不會到那邊去，在幾次比較大型的衝突以後就放手不管了，因為他們已經占據北部的糧食產區。

如果日本人在這個時候進入朝鮮半島的話，滿洲人肯定就不可能完全征服這塊地方，而且很可能會出現某個朝鮮王子跑到南部去，帶著一批日本武士做自己的護衛隊的情況。這種情況之下，朝鮮半島南部至少會成立一個割據政權。

袁：如果日本人順著長江逆流而上，那會發生什麼事？

劉：這種情況倒是不大可能，因為日本人基本上沒有捲入長江流域的貿易，他們參與的都是浙東以南的沿海貿易，它跟呂宋以及澳門有著更多的連結。對於日本人來說，寧波就是最大的城市了，他們甚至對南京都沒有什麼概念。

袁：但不是有一種說法，說豐臣秀吉打算征服東亞大陸，然後在杭州養老嗎？

劉：對於封建結構來說，浙東的山區顯然更適合建都一些。占據港口附近的山區地帶，建立戰國時期發展起來的那種難以攻克的堡壘群，保護當地的居民，對於日本人來說已經足夠了。按照他們那種封建主義的擴張方式，他們是不大可能像滿蒙騎兵那樣，一下子征服大片的土地，他們也缺少相應的官吏組織和稅收機構。

袁：如果日本人捲進來的話，有沒有可能出現劃江而治的南北朝？

劉：比起劃長江而治，更有可能發生的是劃錢塘江而治。在富饒的內地平原，這些農業地帶很容易產生出降清的士大夫集團；而反清復明那批人則很可能會退入山區，招募日本武士為他們作戰，形成一系列割據小政權。由於這些小政權占領的地區不是特別富裕的區域，按照帝國的稅收政策其實也徵不了多少稅，而攻占它們的成本又很大，因為他們至少能夠像南明那樣維持幾十年的存在。如果日本人也參與進去，那麼這些地方就很可能會變成吸引武士的一個場所，德川氏上台以後，流離失所的武士非常多。在日本國內只能拿到幾石米俸祿的武士，在浙東都可以封疆裂土，過上很富裕的生活。兩地人口戰鬥力和團結力的重大差異，很可能會造成日本人成群結隊地往東亞大陸移動。

第七章
民族國家及其他

自由主義與民族國家——法國啟蒙主義與德國浪漫主義——

從英屬印度看民族國家——社會主義思潮的興起——俄羅斯帝國的歷史可能——

「華夷之辨」與「中華民族」概念的誕生

袁：民族國家的建立時期，有人稱它為「漫長的十九世紀」，您之前也略為提到過。請您展開談一下？

劉：其實十九世紀的歷史也不是一個整體，後來人都是根據他們的比較標準來判斷的。如果按照之前的十八世紀標準來看，那它就是一個國家建構的時代；但要是按照二十世紀的標準來看，那它就更傾向於是自由主義的時代；因為十八世紀以前的最主要特點就是沒有規範化的國家體制，而二十世紀的最主要特點就是自由主義的衰退。

自由主義只有在衰退以後才會引起別人的注意，在它沒有衰退的時候，大家都以為是天經地義的，屬於自然法一類的東西。就像馬克思嘲笑的那樣——資產階級總是以為他們的特殊規範代表了普遍的人性，其實那只是他們定義的普遍規律、他們定義的普遍人性，其實自然法是僅屬於資產階級的。所以說，自由主義的黃金時代是十九世紀，在二十世紀的自由主義衰退以後，十九世紀的自由主義才顯得格外矚目。自由主義這個概念實際上是在它已經衰退了以後才被系統地總結出來的，十九世紀反倒沒有出現多少系統性的總結。

袁：「自由主義」這個詞，一開始也不是英國人首先用的吧？

劉：英國人沒有這種概念。說英國有自由主義，那是歐洲人的看法；英國人自己並不這麼看，英國人用的是一些中世紀色彩很濃的辭彙，例如用表示等級自由的各種傳統辭彙來討論這些問題。

袁：也就是說，當「自由主義」這個詞被使用的時候，它就已經是一種外圍人的意識形態了？

劉：十九世紀的一個重大現象就是政治和經濟被劃分為兩個領域，但在這之前和這之後都不是這樣的。按照中世紀晚期的規範，政治和經濟是不分家的，經濟上固然是破碎的，政治上也同樣是破碎的。而二十世紀的基本觀念，卻是「政治對經濟的干涉已經習以為常」，只有十九世紀才是政治層面實現完全統合，而經濟層面仍然不受干預的時代。從這個角度來說，十九世紀其實是個過渡期。資本主義的典型觀念，是把國家視為天然存在的。但是按照中世紀的觀點，國家並不是天然存在的，國家是一系列破碎的、私人和團體權力的總和，談不上有什麼確定不變的、普遍性的公共權力。按照二十世紀的觀點來看，公共權力已經龐大到對經濟生活進行系統性干涉的地步了。

袁：這是指霍布斯定義的那種自由主義吧？

劉：其實霍布斯沒有把他的理論叫作自由主義，這都是後來人的說法。但你從霍布斯的理論就能看出問題所在，他所設計的霍布斯式國家一旦建立，還能把自己的職能僅限於國家安全領域嗎？[1]以前的中世紀國家沒有超出這個範圍，是因為它沒有這個力量；一旦有了這個力量以後，擴張權力而干涉其他領域的機會就是無窮

1—劉仲敬的相關評論如下：「卡文迪什瞭解但拒絕接受霍布斯的哲學，斷言王室特權和公共利益都不是豁免的理由。除非精神失常，眾人不可能跟予取予奪的巨靈簽訂契約。世襲君主制的理論不合教義，異教繼承人無法統治基督教共同體。現世的懲罰、甚至死亡的恐懼，都不是政治秩序的可靠保障；法律和習俗沒有來世賞罰的支持，注定是軟弱無力的。神授律法賦予國民不可思議的秩序和紀律——國本繫於敬畏與服從，而非勇武和學識。聖約就是最原始、最基本的契約，此後的承諾都由此派生。不能守衛基本法，任何憲制就是一紙空文。」

無盡的。

袁：十九世紀晚期的人，對這個時代的理解好像就是他們生活在一個不斷進步、光明普照的時代。一戰以後，人們在回顧過去時也感慨說那是個多麼美好的時代。

劉：所以說，十九世紀是一個過渡性的時期。提供普遍安全的國家是依靠稅收和官吏人數的不斷擴大來維持的，只要越過一個閾值，就會跟二十世紀人們所看到的巨型吏治國家非常接近。所以自由主義者在這方面是有些矛盾的，一方面他們反對社會主義者的各種頂層設計，但是另一方面，如果他們自己不實施頂層設計，就沒有辦法把政治和經濟這兩個領域完全劃分開。因為政治上的演變，中世紀的等級社會逐漸變成民族國家，這個勢頭很難一下子剎住車。它到了終點不會立即停止，慣性會讓它繼續往前衝一段，所以十九世紀建立的民族國家，在建立以後仍然會繼續發展一段時間。

民族國家這個概念，在自由主義體系中沒法解釋，因為自由主義是一個缺乏時間指向性以及歷史性的體系，從理論上說它是普遍適用的；而民族國家則是有時間指向性的。因此自由主義的其中一個弱點，就是它離不開國家組織的法律保障。如果把自由主義看作一種自發演化的體系，那麼就會得出一種很不妙的結論——這個體系很難只限於經濟方面，它也會在政治方面和社會方面自發演化。自由主義所需要的那種做為背景基礎的民族國家，可能只是這個演化過程的一部分，而這種演化過程始終是波動的、不平衡的。

袁：本來只有一部分地區可以發展出民族國家，但人們卻把它變成了一個普世性的框架，導致沒有這種土壤、沒有這種條件的地方也想橫向移植它。

劉：民族國家和民主制度結合發展到了一定程度，就必然會導致戰爭升級，這是不可扭轉的趨勢。這以前的戰爭之所以規模小，那是因為普通民眾沒有參戰；而民主化以後，普通民眾早晚都會參戰，國家組織越強，那麼戰爭規模就越大。局部的改良堆積起來，在整體上是會導致第一次世界大戰這個結果的，這個方向很明顯。具體的事件和時間也許不一樣，但是整體的趨勢很難避免。選舉制度本身並不重要，但它是個象徵，是國民共同體已經形成並且得到鞏固的象徵，這以後統治者與統治者之間的戰爭，就會轉變成國民與國民之間的戰爭。

袁：可是沒有這種選舉制度的地方也同樣進行這種全民式的動員，發動這樣的全面戰爭，您怎麼看？

劉：這就是一種消極意義上的徵斂了，它產生的力量不會太大，只有在歐洲核心區爆發的戰爭才能算得上是真正的總體戰。要是在外圍，比如說在剛果或者其他地方產生了一個獨裁者，他可以透過它對本國民眾進行徹頭徹尾的奴役和掠奪，像海珊（Saddam Hussein）那樣實行一種類似內部殖民主義的政策，伊拉克居民像家畜一樣被他利用和宰殺，但是它沒有真正的國民共同體。那麼，如果伊拉克人參戰的話，他們其實就只會為了自己的教派和部族而戰，而不會為了它的國家而戰。

袁：那麼秦政又如何呢？另外，南北戰爭也是全民式的動員。

劉：在秦政形成的初期，它還有城邦國家的意義在裡面；但在商鞅變法、耕戰體制普遍推行以後，已經跟奴隸制度沒有太大區別了。秦人的戰鬥力之所以衰退得那麼快，跟這一點應該是有關係的，組織資源的耗盡只需要三代人的時間。

美國的南北戰爭，也是一個社會針對另一個社會的戰爭。按照十九世紀的政治倫理，這場戰爭應該是沒法打太久，肯定會在傷亡達到某個程度的時候就停戰講和，但這樣的話其實就等於是南方贏了。吞併對方基本上是不可能的，對於失敗一方頂多只能要求它割地賠款；重新聯合也不可能，蘇格蘭和英格蘭之所以會成立聯邦，是因為它們雙方都至少有一部分上層人士願意聯合。而南方從上到下都堅決反對繼續跟北方聯合[2]，那麼北方除了讓它獨立以外，沒有別的辦法。

2—當時的南部各州在脫離聯邦時紛紛發表宣言，指出美國憲法是自由州與蓄奴州的合意契約，由於聯邦政府主動破壞此一原則、損害蓄奴州的利益，因此美利堅合眾國「事實上已經解散」，它們有權另外組建南部邦聯。南北戰爭結束後，掌握國會的共和黨人推行激進的重建方案，再次引發南部各州的強烈不滿。

徹底摧毀南方社會，本身就屬於違反政治倫理的行動，它預示了第一次世界大戰以後的許多現象——開了這個先例以後，其他許多事情就變得可能了。或者說，這個先例之所以能確立，就是因為形勢已經發展到這個地步了。

袁：西方人到達遠東的時候，如果一直沒有出現民族國家這個概念的話，中國會變成什麼樣子？

劉：十九世紀早期，西方還不存在任何民族國家；而到十九世紀行將結束的時候，民族國家已經普遍建立起來了。這個世紀的早期仍然可以產生一些跟東印度公司差不多的組織，而在世紀結束前夕，他們的對外交涉權都漸漸地被外交部收回。印度大兵變（Indian Rebellion of 1857）是個真正的轉捩點，在那以前英國談不上有什麼體系性的對外政策。利奧波德二世的剛果自由邦（État indépendant du Congo）是最後一個算是具有中世紀特徵的外交體系，如果民族國家沒有變得普遍起來，那麼亞非拉的殖民地社會就應該是以這種組織為主。剛果自由邦從組織性質來說跟亞歷山大東征以後建立的那些西亞城邦[3]差不多，少數有自治能力的歐洲殖民者負責管理，而缺乏自治能力的東方人則完全成為消極的存在。

民族國家的產生，雖然從本質上來說屬於中世紀社會規範和西方文明的邏輯終點，但如果走向不是這樣，或者說西方的組織資源消耗得稍微慢一點，那麼今天的遠東諸國肯定會更接近於奧蘭治自由邦（Oranje Vrystaat）。由於民族國家在歐洲成為主流，海外的這些殖民勢力都要整合到外交部的管轄之下，這樣的可能性才沒有出現。

袁：那在民族國家這個理念的傳播過程中，歐洲各國特別是法國扮演著什麼角色？

劉：傳播民族國家這個理念並不是法國人，他們自己有意識傳播的，非但不是

3—亞歷山大於東征途中，陸續建立一系列以他本人命名的新城邦，惟倖存至今的僅有埃及的亞歷山大港。東征結束後，有相當部分的馬其頓士兵留在東方，並成為諸繼業者王國的本土兵源基礎。

民族國家，反而是一種啟蒙主義的普世價值，也就是要把法蘭西的國民標準普及到全世界，但這一點是無法實現的，結果剛傳播到中歐就被那裡的人改寫了法國模式，民族國家反而跟浪漫主義結合起來，國民的概念變成割裂性的民族概念了。國民跟民族的含義其實是不一樣的，德國人在經手由法國人發明的概念時，另外又做了一番加工。德國人當時之所以這麼做，是為了阻止法國人用博愛主義和普世價值來實現擴張，他們認為這樣下去，最後所有國家都會被法國同化掉。

德國屬於文化戰爭的最前線，儘管它在軍事上無法跟法國長期對峙，但在抵抗法國文化方面，它擁有最厲害的意識形態武器，也就是浪漫主義、先驗主義和民族主義的組合。這一種比例的民族主義，最適合用來反對法國式的普世價值，它使各個不同民俗、不同語言的小共同體，在正當性方面能夠跟強調普世、博愛的法國式大共同體分庭抗禮。法國人認為國民本身屬於一個普世性的概念，而德國人把國民改造成民族以後，它的特徵就變成地方性的了，儘管民族建構仍然是普世性的過程。

德國哲學家在十九世紀前半期的這些努力，實際上破壞了法國再次發動拿破崙式擴張的文化基礎；但它到十九世紀末，同樣也起到了阻礙他們後人統治中歐的作用。十九世紀早期用來對付拿破崙的文化武器反而落到了他們後人的頭上。這種情況等於是迴力鏢效應（Boomerang Effect），扔出去的飛鏢本來只是為了打在別人頭上，結果到飛鏢飛回來的時候，你自己也剛好被打中。歷史上的這種情況其實很多，中國人在二十世紀早期用於打擊大東亞共榮圈理念的說法，在二十一世紀同樣令他們自己吃了苦頭。

袁：在這之後，各種各樣的民族就紛紛被發明出來了。

劉：如果按照法國人的最初設想，所有人接受了民族國家這套說法之後，都會破除中世紀以來的迷信，在啟蒙主義和理性的光輝之下共同建立起一個人類共和國，而法國在這個人類共和國中的地位，就會非常類似後來俄羅斯在蘇聯的地位。德國人最不能容忍的就是這一點，他們不能容忍德國的悠久文化和民族特殊性被這種雪原式的一致性消滅，於是他們就發明出各種各樣的民族概念。結果這些概念的主要適用對象反倒是東歐的斯拉夫人，後者用這一套把德意志帝國和奧匈帝國都給解構掉了。

袁：在民族國家的理念傳播過程中，英國沒有發揮什麼影響力嗎？

劉：英國人對於法國模式和德國模式都毫無反應。你要注意，「毫無反應」跟「逆向性反應」是兩回事，毫無反應是指沒有發生任何影響，而逆向性反應是採取一種帶有敵意的反應。英國的憲法結構還是中世紀遺留下來的那一套，它所沿用的語境還是封建自由的語境，民族國家這套東西對於它來說基本上是雞同鴨講。英格蘭民族或者美利堅民族這種概念，英國人一聽就知道是歐洲人以及第三世界國家的說法，他們自己的法律文件中沒有這種說法。像中國南京大學還有一批人在研究什麼「英國民族國家的產生」，這些東西在二戰以前甚至都不存在於英語世界。英國不是一個民族國家，它是一個等級國家，當然這個等級國家的特徵在一戰以後就漸漸模糊了，所以二戰以後它才開始使用民族這種說法。但是歐洲人使用國民這個概念最為頻繁的時候，英國人其實是完全沒有這種概念。

袁：民族國家的發明，是對奧匈帝國最沉重的打擊。奧匈帝國的存在，對於保護中歐那些弱小族群來說其實算不算一件好事呢？

劉：當「民族」這個概念被提出來的時候，很難說它會具體發明些什麼民族。最初的民族發明，主要的預設對象是日耳曼系的小邦國，談不上針對奧匈帝國。對於當時的那些文人學士來說，東歐尤其是巴爾幹半島一帶，基本上是荒野地帶，相當於今天的第三世界國家。他們對這些地方了解得非常少，基本上沒有什麼印象，民族發明也不是為這些人而準備的。

浪漫主義最初興起的時候，德國人的主要想法是肢解法國，把法國在中世紀晚期吞併的一系列具有日耳曼血統的小邦，比如說勃艮第、洛林這些邦國分離出來。

因為這種宣傳得不到外交上的支持，維也納會議也沒能讓法國把過去吞併的這些土地全部交出[4]，所以勃艮第和洛林這些小邦最後在歷史中消失了，但最初發明各種民族的時候，首先考慮的就是這些地方。而當時的東歐還是一些地理名詞和部族名詞的總和，例如達爾馬提亞（Dalmatia）這個地方，你說它是源自羅馬時代的地理名詞也可以，說它是指當地部族的名字也可以。

袁：民族發明的影響，後來同樣波及到俄羅斯帝國。

劉：民族發明的種子會落到什麼地方，長出什麼東西，那是始作俑者沒法料到的，所謂有心栽花花不開，無心插柳柳成蔭。從這個角度來講，民族主義其實也實現了它的作用，它把啟蒙主義那種企圖規範一切事物而建立的，普世且進步的歷史進程表整個打亂了，證明了世界本質畢竟還是不可測的，規範所有因素是一件不可能的事情。

4—從路易十一開始，歷代法國國王均致力於取得萊茵河西岸的全部土地，而這些地區從法理上來說，大部分屬於神聖羅馬帝國。拿破崙戰敗後，由於塔列蘭在維也納會議極力周旋，最終反法聯軍僅迫使法國恢復大革命之前的領土狀態，而其較早時吞併的勃艮第和洛林等地區，則獲得聯軍承認主權。

袁：從這個意義上講，民族主義更接近於歷史事實嗎？

劉：應該說沒有任何理論能夠完全接近歷史事實，但民族主義確實比普世性的啟蒙主義更接近事實。民族主義其實也是自相矛盾的東西，任何一種具體的民族主義都沒有辦法回答說，雖然在它的下面還有更小的方言、民族共同體，但是後者到底在什麼程度下能夠成長起來？這要取決於外部環境的認同。像羅馬尼亞這樣的國家，它的建立是出於外交上的偶然，當時沒有哪個列強對這個地方有興趣，於是它就忽然成為一個獨立國家了。

袁：自由主義在海外的表現就是殖民主義，英屬印度的殖民統治是怎樣演變的？

劉：自由主義本來就是指由納稅人統治，而殖民地的有效納稅人基本上就是歐洲裔的居民。本地的部族往往連歐洲式的財產觀念都欠缺，更談不上自行組織納稅人會議。他們頂多只算是一種原料或者背景，也許連續幾代人接受訓練以後，會產生出自己的有產階級。

英國在印度其實沒有什麼殖民統治——嚴格來說只有英國人在印度各邦的統治，不存在「做為整體的英國統治印度」這件事。英國政府對於印度基本上就是愛理不理、置身事外，聽任它自然發展。但是英國的移民團體太強大了，或者說印度人的實力太弱了，而做為競爭者的法國人勢力又太單薄，雖然英國那些殖民團體按照二十世紀的標準其實也沒有多少力量，但相對於本地那些完全消極被動的、東方專制帝國之下的臣民，以及那些非常依靠本土行政官僚支持的法國遠征軍來說，他們就很強了，只有英國人能夠產生生氣勃勃的、像希臘城邦一樣的自發秩序。只要某個埃米爾或王公被擊敗，那麼他統治的幾百萬居民和幾十萬軍隊基本上就會乖乖聽任征服者的處置，這種事情在歐洲簡直不可想像，但對印度人來說卻再自然不過。

袁：狄斯累利把印度皇冠獻給維多利亞女王[5]，算是一個變化的標誌嗎？

5—東印度公司解散後，英國國會於一八七六年通過法令，向維多利亞女王贈予「印度女皇」（Indiae Imperatrix）的尊號，此後歷代國王均使用「Regina Imperatrix」或「Rex Imperator」的簽名，直到一九五〇年印度獨立時為止。

劉：這件事還算不上是變化的標誌，印度副王（Viceroy and Governor-General of India）的設立才是變化的標誌。東印度公司的解散，實際上是中世紀體制向近代民族國家轉變的一個轉捩點。像東印度公司這樣的準國家組織，它基於特許權而建立各種市政機構，擁有一定自治權力，這本來是歐洲的主流政治形態，但已經在歐洲和海外都漸漸銷聲匿跡了。

取而代之的是什麼呢？是經過專門訓練、由考試產生的專業官吏機構。印度早就有一套文官制度，不是英國人來了以後才有，而當時英國的統治其實是不需要官吏機構的，需要的是印度。為什麼印度需要？就是因為印度有著眾多的、沒有自治能力的順民。印度順民遇到東印度公司的時候，受到的待遇就像雅典和羅馬時代的奴隸和異邦人；而之前在蒙兀兒帝國官吏的統治下，他們就會處於家長制之下的保護，所以人道主義者覺得對有色人種和被壓迫者來說，官吏制度要好一些，如果由純粹的自治團體來統治印度，這些原住民恐怕活得跟野生動物沒什麼區別。

這一點，也可以說是印度的專制主義腐蝕了英國的自由。因為印度的眾多順民，即使在接觸過英國式的自治社團以後，也沒有辦法自行產生出足夠強大的自治社團。如果他們有這個能力，完全可以像美國的印第安人一樣，組織類似易洛魁聯邦之類的組織，跟東印度公司打上幾仗，哪怕是打了敗仗，雙方都能維持共和政體。但是印度人沒有這樣做，他們還讓英國人不得不犧牲自己原有的部分自由，成立一個家長制的政府來保護他們，英國把一部分秩序輸入到印度人那裡，把這些本來很容易被消滅的人保護下來，但他們仍然沒有自治能力。

袁：那麼清國是不是比印度稍微要強一些？

劉：恰好相反，清國等於是一個慢了半拍的印度。因為它和英國的距離比印度和英國的距離更遠，歷史節奏比印度更慢，所以各方面的現代化都沒有印度徹底，融入西方文明的程度或者說輸入的東西都比較少。

袁：接下來請您講講社會主義思潮的興起。

劉：社會主義理論是一直都有的，十九世紀也有很多不同版本的社會主義。當時的社會主義顯然比自由主義更具有中世紀色彩，所謂的基爾特社會主義（Guild socialism）其實就是中世紀的行會主義。社會主義從一開始就跟行會政治脫不了干係，它要求保護各等級的特權，而這是古老自由的一部分。而自由主義要求的是什麼呢？它要求在國家的保護之下，取消原有各等級的特殊自由，實行一視同仁的平等競爭。工會要求保護他們在中世紀時期享有的行會壟斷權，也就是對勞動權的壟斷，那是他們的特權，如果他們不允許，別人就沒有從事這種行業的權利。例如木匠行會不同意的話，你就做不了木匠的學徒。而資本主義則要求所有人處於國家的統一保護之下，所有人愛做木匠就做木匠，愛做皮匠就做皮匠，明天高興了，又可以從木匠改做皮匠，皮匠改做木匠。

按照中世紀的規範，這種情況是不可想像的。如果大家都這樣，今天做木匠，明天做皮匠，那木匠行會和皮匠行會豈不都倒台了？如果所有行業都是這樣，陷入這種不穩定的流沙狀態，那麼城邦國家豈不也會跟著滅亡？遵守中世紀慣例的老匠人肯定也會覺得，這樣的情況會給他們帶來原先所沒有的過度競爭，外行人都可以隨隨便便跟我們爭一番，那我們的悠久歷史和古老傳統豈不是淪為笑柄？德國的社會主義尤其強調行會傳統，因為中世紀城市傳統在德國保留得最完整，而且德國也缺乏像是法蘭西君主或者英國資產階級之類的強勢改革力量，所以德國社會主義者的中世紀性質最強，等級政治性最強，德國的社會主義者也是人數最多的一群。

袁：那麼馬克思呢？

劉：馬克思運用他自己的政治手腕在各個不同來源的社會主義團體之間遊走，希望把這些人整合起來，在他的領導下形成舉足輕重的政治勢力。他想把激進派大家庭統合在他一個人的領導之下，而這件事情就像用沙建房子一樣困難。建完東邊的部分，還沒等到建西邊的，東邊的已經倒了。馬克思的一輩子就是這麼度過的，社會主義各流派的情況在他死的時候跟他年輕的時候差不多，大家還是各式各樣的團體，而且拉丁系的團體跟日耳曼系的團體明顯合不來。

袁：從思想譜系來說，馬克思應該不屬於早期那種社會主義吧？

劉：對於普通的德國人以及德國社會主義者來說，馬克思都是一個法國氣質很強的人，幾乎可以說是「精神上的德奸」，他對德國的特殊性是極其不尊重的，很想用法國式的普世性觀念來破壞它，而他對德國社會主義的態度也有類似的明顯傾向。馬克思反對德國社會主義的主要理由，是因為它們不符合法國雅各賓黨以及其他法國激進派的標準，但是他流亡法國、開始關心法國問題的時候，又把法國激進派打成是小資產階級狂熱分子。到了英國以後，他更加屬於邊緣人。

當時的英國有很多流亡者團體，而英國政府並不想同化他們，而是要隔離他們，就像對印度各個社團的態度一樣，你們按照各自的風俗習慣，自己管理自己，不要麻煩我們就行了。十九世紀那些從東歐各個邊遠地區，例如匈牙利以及烏克蘭流亡到倫敦的團體，他們的異質程度跟今天的印度之於巴西差不多。當時人們的活動範圍比現在要小得多，所以他們印象中的匈牙利和烏克蘭，就等於現在的非洲國家。

當時在英國活動的這些流亡者團體，對英國偵探小說也產生了影響。《福爾摩斯》系列以及威爾基．柯林斯（William Wilkie Collins）的偵探小說，它們的其中一個重要取材點就是外國人、尤其是義大利以及東歐的革命黨人，像《血字的研究》提到了摩門教徒，而《白衣女人》則是跟義大利燒炭黨人和革命分子有關。反正他們都是從外國來的革命家，這些革命團體在歐洲大陸已經相互殘殺慣了，就算到了英國還繼續互毆，英國人也完全不理會，除非直接牽涉英國利益才對他們展開調查。在英國偵探小說作家的描述當中，英國社會幾乎波瀾不驚，茶杯裡的風波總也鬧不大，如果出現什麼傳奇式的案件，那麼肯定能夠追溯到東歐人或者其他外國人。

馬克思其實也是當時這些外國流亡者團體中的一員，他根本就沒有融入英國社會，而英國社會對他也是視而不見。他可以操縱比利時的工運團體，也能夠在美國的報刊上發文章，還能透過他的女兒和女婿而操縱法國工人黨[6]，但人們就是找不出有什麼跡象，證明他對英國工人產生過什麼影響。而關於這些團體的消失，別的團體我沒有太留意，但是獅子山（Republic of Sierra Leone）那些從克倫威爾時代就移民到英國的非洲黑人團體，他們到了第一次世界大戰以後就完全跟其他本地居民沒有分別了，看來就只是英國國民當中皮膚比較黑的那一部分人。至於另外的一些義大利人，比如前拉斐爾派（Pre-Raphaelite Brotherhood）那個圈子，其實就體現了小說《牛虻》（*The Gadfly*）所塑造的英國義大利社區形象，他們也可以被視為移民歸化英國社會的一個過渡狀態。

袁：按照您的說法，這些外來者團體自行發展的話，結局就是無聲無息地消失。

劉：就算他們參與英國工人運動也不會有什麼存在感，因為英國的工人運動排

6—法國共產黨人拉法格（Paul Lafargue）於一八六八年迎娶馬克思的二女兒勞拉，並在一八八〇年參與了法國工人黨的創立。

外性非常強，外國人基本上無法接近核心，它沒有歐洲大陸工人運動的那種國際性。在歐洲大陸從一個國家跑到另外一個國家，跨國參與勞工運動是可以的，而且從外國來的社會黨人經常被當地工人看成是同道中人。但這在英國就完全行不通，如果你不是英國礦工或者其他職業的英國工人，當地的工會組織根本不會搭理你。

袁：另一個問題是，如果俄羅斯帝國沒有跟外部世界發生激烈碰撞的話，它本來是可以維持更久的嗎？

劉：不是這樣，俄羅斯本身就是一個自相矛盾的概念，如果它不跟外部世界碰撞，那根本就不會有俄羅斯。如果它跟西歐沒有接觸，它就可能會變成一個類似波蘭、但比波蘭更邊緣一些的國家，那樣的俄羅斯就可能像今天的烏克蘭一樣，它自認為屬於歐洲，而歐洲覺得它是邊緣地區，同時它沒有能力另建一個平行的世界體系。

袁：請您講一下俄國激進派開始產生時的情況。

劉：俄國的激進派差不多是一批小官吏，或者是小資產階級的子弟，他們在十九世紀末期接受了學校教育，然後又找不到出路，於是他們就辦了一些雜誌之類的，在小圈子裡面互相打筆戰，大體上做的就是這些事。他們屬於多餘的人，在俄羅斯社會以及其他任何社會都沒有出路——俄羅斯帝國的技術人員和商人多半是德國人和猶太人，尤其技術人員是以德國人為主，俄羅斯知識分子完全做不來這些事情，而這就是一個德性問題了。不管知識分子嘴上怎麼說，要研究技術和做生意，都需要有一種特定的生活習慣或者行為模式，而俄國知識分子又完全不具備這種特質。造成的後果就是，俄國知識分子在接受了教育之後就不願從事體力勞動了，但是他們除了寫那些政治性的小冊子以外，其他什麼事也做不了。至於專業技術方面，他們更是研發不出來。

袁：但他們仍然擅長從事政治活動？

劉：俄國激進派倒不是擅長從政，只是善於寫雜文而已。他們的結社能力很差，所以也沒取得什麼政治成果。這些人的地位是後來被追認的，當時沒有多少人把他們當回事。後來的蘇聯共產黨人說他們是自己的始祖，於是就顯得他們很重要了，但這個始祖關係有點可疑。打個比方，如果國民黨說三合會是他們的始祖，這就很成問題了，雖然國民黨跟會黨是有點關係的，但肯定談不上三合會直接產生了國民黨。

布爾什維克跟十九世紀末期的俄國激進分子，關係差不多就是這樣。布爾什維克很想把自己說成是俄羅斯的原生力量，但實際上他們的外來成分要更多一些，只憑十九世紀末的那些俄羅斯知識分子，很難想像他們的小團體能達到布爾什維克的組織程度。

袁：這樣說的話，俄國激進派其實也算是外來團體吧？

劉：基本上俄羅斯一整個上層階級都是外來團體，他們同樣缺乏基礎，只是缺乏的程度有很大差別。差別就在於他們各自的有機性，比如組織地方自治局（Zemstvo）的醫生以及農藝家，他們的有機性就比較強，而辦《火星報》（*Iskra*）[7]那些人的有機性就很弱了。

袁：但最後卻是《火星報》那批人戰勝了地方自治局那批人。

劉：當時的俄羅斯社會處在瀕臨瓦解的階段，前者的有機性畢竟還很不夠，而後者有外國勢力撐腰。俄國基層社會的組織度很差，你從東正教神甫的卑微地位就可以看出來，他們不像英國牧師那樣被看作是紳士階級，而是連地方小官吏都不如的人。小官吏至少還有機會玩弄權勢、貪汙腐化，而神甫是完全靠國家工資供養著的。他們對於本地的村民缺乏足夠的道德號召力和組織能力，負責的公共事務也少之又少。這實際上是彼得大帝加強對教會控制而留下的後遺症，皇權控制教會，導

7—一九〇〇年，列寧、托洛斯基及普列漢諾夫等人於德國創辦《火星報》，宣傳革命思想。三年後列寧退出，該報遂成為孟什維克（與布爾什維克相對立）的喉舌。

致教會的自治性很差；教會的組織能力受到損傷，實際上就是基層的自組織能力受到了嚴重的損傷，產生出來的就必然是非常消極和愚昧的民眾，他們碰到一群充滿活力的德國人或者猶太人，基本上是一點競爭能力都沒有。

袁：其他階級也沒有能力跟德國人和猶太人競爭嗎？

劉：俄國貴族能做什麼事情呢？就是在領地上收農奴的稅，然後去打獵、賭博、喝酒。俄國知識分子能做什麼事情呢？就是寫些雜評或者哲學論文，做實事他們是完全不會的。能夠做實事的都是一些非俄羅斯人，而純粹的、地道的、真正的俄羅斯人除了會種地以外，其他什麼也不會，而且種地也種得不好，用浪費性的方式耕種俄羅斯那些廣袤和肥沃的土地。如果有極少數人從英國引進新的種地方式，那麼這些人多半有德國血統，或者是外國資本家的代理人。俄羅斯的農民更習慣於每耗盡某塊土地的地力以後就換另一塊地，然後大家的耕地輪換，保證大家一樣糧食失收，非常不高興從自己的群體當中冒出幾個精明強幹的富農。

袁：十月革命時，民眾攻占冬宮以後還發生了搶酒喝的事件，甚至可以制止搶劫財物，卻制止不了搶酒。

劉：當時俄羅斯直接用酒精兌水喝的人非常多，而且酒精比黃金還要寶貴。像列寧就說過，世界革命成功之後要拿黃金修廁所，但是他就沒有說要拿酒精洗廁所。在二十世紀二十年代那個經濟困難的時代，你給俄羅斯人送一瓶酒精，那就是最寶貴的禮物了。

袁：如果沒有一戰時德國人提供的機會，布爾什維克應該是不可能崛起了？

劉：如果第一次世界大戰沒有爆發，按照俄羅斯帝國那種培養富農的政策，事情還很難說。但是這樣的一個俄羅斯經不起歐洲方面的衝擊，它只能以一個邊緣國家的角色而慢慢發展，時間長了以後，那些本來屬於外國移民的人就可能會構成俄羅斯社會的新核心。但這一步的關鍵還是在於，斯托雷平[8]培養起來的那些新富農能夠漸漸取代原來那些懶惰的、習慣於共產主義的村社居民。後者的人數肯定占壓倒性優勢，即使他們的經濟模式已經不斷落伍、被歧視和被邊緣化，但要完全替代也需要幾代人的時間，至少要有六十年時間才能確保成功，而這個條件似乎又太苛刻了。就算俄羅斯沒有參加一戰，它也很難保證享有六十年的和平。

袁：由於斯托雷平的改革，俄羅斯帝國在一戰的時候其實還有別的路徑？

劉：那就只有選擇不參戰了。不參戰，俄羅斯還可以得到一些喘息時間，而且俄羅斯不參戰的話，在巴爾幹半島能不能爆發戰爭都是很成問題的。俄羅斯一旦不干涉，就只有法國跟德國的冷戰；而法國和德國關於阿爾薩斯的問題已經對峙幾十年了，誰都不敢先動手，在沒有俄羅斯參戰的情況下，弄不好他們還會繼續冷戰幾十年，結果還是誰都不敢先動手。而英國人肯定對法德雙方都不會給予絕對承諾，而是打壓比較強的那一方。只是英法德三方博弈的話，那麼歐洲的局勢就很可能仍

8—斯托雷平（Pyotr Stolypin）於一九〇六年獲委任為俄羅斯帝國首相，其後他推動土地改革，致力於培養富農階級。五年後他被迫辭任，本人更死於刺殺。

然在可控範圍之內，這樣一來也不會發生塞拉耶佛（Sarajevo）這樣的意外事件。

俄羅斯的加入，使得不可控因素和模糊因素都增加了。可以說，第一次世界大戰其實是個意外，它不是某個人或者某個團體設計的結果。如果俄羅斯沒有參戰，而各個民族國家的實力不斷加強，就能夠達成一種恐怖平衡（Balance of Terror），誰都不敢動手，那麼他們發展殖民地的力度就會比歷史上的情況強得多。歐洲人培養起來的巨大力量無法在正面戰場得到釋放，所以他們對於非洲以及其他地方的社會改造就肯定會積極得多。這樣一來，說不定法國人還真的能夠徹底同化北非，而德國人的殖民地也會有很大範圍的擴張。

袁：德國人爭奪殖民地，其實他們也沒得到很多實際的好處吧？

劉：德國人主要是出於一個情結，他們覺得殖民地是列強的一個標誌。在俄羅斯不參與一戰的情況下，德國很可能會變成東歐地區的霸主，把巴爾幹半島的那些小國都納入它的勢力範圍。這個趨勢在十九世紀末期已經很明顯，那些地方的國王基本上都是本國人迎立的德國親王，而德國資本的投資方向也是巴爾幹半島、土耳其和中東地區。當民族國家發展到巔峰、國民概念普遍推廣以後，就形成了支持總體戰的一整個結構；而要讓人口達到巔峰，也就是幾十年的時間。兩次世界大戰都發生在二十世紀前半期，那時候全世界的人口活力最強，國民共同體凝聚力也最強，後來發生的變化更是因為兩次世界大戰引入了不存在於十九世紀的因素。

如果一戰不發生，這些因素積累起來會變成什麼樣的歷史動力，還真的不太好說，它們超出了已知參數能夠控制的程度，但會傾注在殖民地上是可以肯定的，說不定還會運用到其他方面。十九世紀的原有管道不可能完全消化由它們積累起來的巨大力量，肯定要用在別的地方，但具體用在哪裡就不好說，這是不可知、沒有辦法做出有效判斷的事情。

袁：俄羅斯對中國發生影響的時候，中國人在最初都對它懷有一種恐懼心理？

劉：不是所有人都表現出恐懼，各人的看法不一樣。所謂表現出恐懼心理的人，如果是指林則徐那批人，那麼他們是非常邊緣的，而且人數也很少。比較典型的就是察罕汗這個說法，對清國皇帝來說沙皇跟中亞的各可汗似乎沒有什麼明顯的區別，而雙方距離遙遠，就算發生爭議的話也是因為一些基本上沒有定居民眾的土地，那些游牧部落比如說哈薩克人的土地，本來就是今天多一點，明天少一點。

像《尼布楚條約》之類的北方邊界條約，清國人本來就沒有看得太重要，對於他們來說，那些條約肯定沒有關於東南沿海的條約重要。在俄羅斯人到來之前，他們從不清楚具體的北方邊界在哪裡，像《尼布楚條約》簽署的時候，清國居然會把界碑立在黑龍江以南，這是很能說明問題的。清國的做法是，第一，你們俄羅斯人不要劃邊界；第二，你們不劃邊界並不等於我不要這些地方；第三，我希望大家誰都不要接近這裡，讓它繼續保持界限模糊的蠻荒狀態就行了。

咸豐皇帝對於俄羅斯的看法是相當正面的，雖然按照後來國民黨和共產黨的說法，他向俄羅斯割讓了那麼多土地，應該是很恨俄國人的，但他並不這麼覺得，他說俄國是來跟大清親善的。這其實也有道理，因為咸豐帝割讓土地給俄國還是經過雙方協商的，不像英國人那樣直接就先打一仗再說。對於咸豐帝來說，北方邊界頂多就是進貢一點貂皮，出產一些騎兵之類的，把當地的騎兵編到僧格林沁或者其他人的隊伍裡面，然後調去跟太平軍打仗，這才算有點意義，那些苦寒的地方本身有什麼價值呢？

袁：如果當初滿洲人沒有入關的話，情況會是怎樣？

劉：如果滿洲人沒有殺進中原的話，中亞的穆斯林很可能也會這樣做，像帖木兒那一次[9]就已經是個預演了。如果西方勢力沒有到達遠東，清帝國在建立兩三百年後陷入週期性的混亂和內戰之中，這時候的中亞汗國，像是浩罕和布哈拉就很容易征服已經衰落的蒙古和西藏而進軍中原。清帝國後期的情況就是，蒙古人在西北

9—據記載，帖木兒於一四〇四年十一月率二十萬軍隊東征，惟他四個月後就逝世。而在此之前，帖木兒已於安卡拉戰役（一四〇二年）擊敗鄂圖曼帝國。

一帶已經漸漸鬥不過回民，而在清帝國初期，蒙古人還是占上風的。清帝國對他們實施管制以後，他們的部落傳統嚴重被削弱，武德也明顯下降了。

袁：關於「中華民族」的誕生，它是因為二十世紀初出現的一些特殊問題而被發明出來的嗎？在這之前的說法例如「華夷之辨」，是不是也有一個演變的過程呢？

劉：這是肯定的，二十世紀以前既沒有這種需要，更沒有這種概念。至於華夷之辨，宋人的華夷之辨就跟明清時期有著很大的差別。這個就有點複雜，華夷本來只是強調風俗和禮儀的差別，而什麼是風俗和禮儀，各個時代的具體含義是不同的。宋人的華夷之辨是一種自衛性的說法，華夷之辨代表著文明程度的高低，但「華」所代表的意涵，並不是普世主義的理念。而明清時期所講究的華夷之辨就回到了儒家倫理的脈絡，認為「華」從理論上講應該是普世的，其他人之所以還不夠華夏，是因為文明程度不夠高，但是文明程度畢竟還是可以提升的，最後可以達到那種類似世界大同的境界。

宋代是一個歷史長期運動的產物，是唐帝國中後期的反藩鎮運動導致的一個結果。當時的藩鎮主要依靠藩兵、胡人，注重武力，看不上士大夫。而在士大夫看來，唐代最大的錯誤就是太宗、玄宗過於積極引進蠻族了[10]，對他們沒有防範，什麼事情都交給他們處理，結果最後中原讓他們弄成這個樣子，今後的皇帝決不能犯同樣的錯誤。就像梭羅說的那樣，人類的期望早晚會實現的，最後士大夫的想法在宋代真的就實現了。結果在排除了胡族成分以後，宋就變成了一個沒有戰鬥力特別是防禦能力的國家。

唐帝國本身就是北朝的產物，後來士大夫完全忘記了這一點。北朝那些豪族本身就是上層階級，藩鎮本身就是一個種族概念以及階級概念，而科舉制度在中唐以及晚唐產生的新派士大夫階級都出身於一些小戶人家，宋國的建立對於他們來說，等於是一場階級鬥爭的勝利。平民階級革命勝利以後，它就需要有一個意識形態上的證明來支持自己的正當性。

10—劉仲敬的相關評論如下：「李林甫即使不存在，也不會影響唐太宗和唐玄宗親自推行的番將政策。唐國宮廷本身的內亞性質，使他們比東亞儒生更容易理解先進技術的重要性。如果鮮卑皇帝也像歐陽修和司馬光一樣愚蠢，《悲陳陶》的慘敗就要提前到唐高宗一朝了。」更詳細的分析可參閱《中國窪地：一部內亞主導東亞的簡史》。

袁：那麼宋人的華夷意識，比較接近於民族主義嗎？

劉：它有點像是民族主義，因為宋代的儒家理論是以禮儀文化為核心部分的。同時也有一個背景就是反藩鎮運動，這實際上等於是要關閉中亞通道。蠻族之所以大批闖入中原，不僅是因為唐太宗和唐玄宗的政策，也是因為中亞通道大開的緣故。十世紀既是宋國士大夫強調華夷之辨的時代，也是中亞通道趨於關閉的時代。

從當時的絲路貿易，就可以看出這條路線是趨於衰退的，例證之一是中亞的那些五花八門的教派急劇衰退，被統合性比較高的伊斯蘭教取代了，伊斯蘭教的教規比那些複雜的佛教、拜火教團體要簡化得多，所以伊斯蘭教在中亞的勝利，從另一方面來說也是當地自然生態、社會生態趨於簡化的過程。中亞通道封閉，然後偏遠的東亞大陸就變得更加封閉，外來因素漸漸減少，原先積累下來的、還沒有耗盡的輸入資源漸漸被消耗殆盡，在這個過程中就給人一種宋代是個純粹華風的朝代的感覺。

袁：秦帝國也算是純粹華風的朝代嗎？

劉：秦帝國顯然不是，在西周以後它封閉或者壟斷了中亞通道，它的很多文明因素是來自於帕提亞以及兩河流域，它的軍事技術有很多是外來的輸入，這可能是它對東方邦國擁有武力優勢的其中一個重要原因，因為東亞軍事技術在上古時代的演化，始終比兩河流域要落後一個半節拍。所謂一個半節拍，長的時候是二千五百年，短的時候也有五百年，這個差距是非常不得了的。從西向東征服要容易很多，因為它離技術源頭比較近，技術傳播的時間差總是對它有利的。

袁：漢代的張騫通西域，也不是真正重要的歷史事件嗎？

劉：西漢對絲綢之路的影響主要是負面的，張騫其實並沒有「通西域」，那條商路早就已經存在，他是想把那條商路變得政治化，在那一帶推行漢的地緣政治策略。這樣的話，對原有商路的影響應該說是損害比較多。而且他出於政治干預的需要，採取用大量金帛買來盟國的手段，明顯對漢的貿易結構也有很大損害。漢代中後期的財政崩潰，跟這件事情的關係非常大，因為漢廷用在西域的金帛開支非常多，經常占到國家預算的一半以上，等於是把自己的老本賠進去了。可以說，如果漢武帝不主動去做這種類似一帶一路的事情，對絲綢之路的發展反而是比較好的。

袁：中國人的基本印象是，西漢時期的武力還是比較厲害的，對外戰爭勝多敗少，至少沒有表現出打不過的樣子。

劉：那只是漢武帝時代的事情，武帝以後國力就衰退了，漢武帝既把之前的積累都花得清光，也透支了以後的資源。他的軍隊由五花八門的人組成，從雇傭兵到囚犯都有，而使用囚犯是不祥之兆，因為這表明良民已經不願意從軍。正因為良民已經非常不願意當兵，所以東漢才有「光武帝罷州郡兵」的記載，張蔭麟[11]認為這

11—張蔭麟（一九〇五年～一九四二年），中國歷史學者，十七歲時撰文指出梁啟超的考證有誤，其後畢業於清華大學並赴美，歷任清華大學、浙江大學、西南聯合大學教授。

是光武帝出於私心的決定，因為他是憑地方兵起家，所以害怕其他人造反。但這只是其中一個原因，更合理的解釋應該是漢武帝以後，地方厭戰情緒很大，沒什麼人願意當兵了。

州郡兵是春秋戰國遺留下來的制度，那時候的國家很小，各個邦國就只有一個縣城那麼大，士兵各自保衛自己的家鄉就足夠了。保衛國家跟保衛宗族沒什麼區別，行軍用不著走多少路，在農閒時間就可以武裝起來在邊界耀武揚威，而別人也可以在農閒時候興兵打仗。因為大家的耕戰節奏一樣，你可以打仗的時候，他也可以打仗，所以這樣的戰爭很容易就趨於儀式化，說停就停。但是變成大國以後就不一樣了，讓你從山東一直跑到關中那是什麼滋味，走這麼遠，來回一趟你就傾家蕩產了，自然誰都不願意當兵。而光武帝一方面是猜忌地方勢力，另一方面他也樂得順手給大家賣一個人情，看我多麼仁慈，以後你們的兵役就全部豁免了，然後大家都歡呼一聲陛下萬歲萬歲萬萬歲。

袁：這樣說的話，東漢是比西漢更具華風的時代嗎？

劉：東漢的國際貿易額是超越西漢的，所以從中亞和印度積累的因素和影響，在這個時候也就更進一步浮到了表面上，這個傾向在王莽時期就可以看得出來。王莽很討厭民眾不像孔子時代那樣取名字，因為他是一個原教旨主義儒生，他認為人們連姓名都不肯按照老規矩來起，那一定是胡人在作祟了。像西漢末年王公大臣唱的那些歌，很明顯已經不是《詩經》和《楚辭》上的歌，也不是劉邦時代唱的那些楚歌——劉邦是出身很低的人，所以戚夫人給他唱的那些楚歌當然是民間歌謠。漢武帝提倡的柏梁體詩歌就有比較強的民間氣質，而西漢末期的那些慨歎人生無常的歌謠就更強了，同時帶有很濃重的印度風情，充滿了跟《尚書》時代很不相同的詞句。可以想像，王莽一定是看這種事情看多了，他覺得非常不順眼。基於窮書生的理想主義，他發誓說自己將來當權以後一定要整頓風俗。

袁：您說的是類似《古詩十九首》的詩歌嗎？

劉：倒不是《古詩十九首》，它是更後來的東西，是東漢末年甚至魏晉時期才產生出來的詩歌。那時候外來因素已經在中國演化了很多年，並且跟本土因素重新結合而產生出了一種新的東西。《古詩十九首》的體裁是非常成熟的，中間肯定經過了多次演化，相當於羅馬文明和日耳曼蠻族融合以後的那種樣子，中間的融合過程都被它忽略過去了。

袁：這些外來因素是在五胡十六國進到中國的？

劉：五胡十六國不是進來的階段，而是原先早已移居中原的各個族群露出水面的階段。他們實際上是在東漢末年就大批進來的，那是因為本地人口減少的緣故，姜維那些人的主要工作就是強迫羌人以及其他民族下山到漢中定居，補充當地的人口和兵源。孫權強迫山越人下山，還跑到夷州去擄掠人口，也是差不多的原因。有了人口才有稅收和兵源，而本土的人口在東漢中葉就已經急劇減少了，經過東漢末年的大亂，人口減得更多，當時統治者的恐懼跟羅馬帝國末年的皇帝差不多，恐懼人荒和田荒。本國的居民已經喪失了生育的欲望，喪失了生活的勇氣和樂趣。朝廷把國家控制得太嚴密，人民的勞役太沉重，社會的自由空間太少了。底層民眾既逃不出這個結構，又沒有其他的生活嚮往，唯一的辦法就是消極絕育，自己的有生之年活得更痛快一些，斷子絕孫也沒什麼關係。

袁：因為要露出水面，所以胡人也開始冒充漢姓？

劉：五胡十六國的改漢姓紀錄其實不太可靠。這個時期的紀錄具有很強的小說性質，更應該是在唐帝國初期的時候，根據當時北方胡族大規模改漢姓的情況，於是把之前歷史中帶有胡人色彩的東西也盡可能的刪改了一些，但是痕跡還是有的，像《晉書》中有不少來自《世說新語》的故事，而《世說新語》當中又有很多類似印度神話的說法。

實際情況可能是，中亞和印度文化從東漢末年開始就長期闌入，最後在初唐年間做了一個整體性的總結。因為《晉書》和六朝的歷史不是特別可靠，跟小說沒有太大區別，很多可能原先是印度或者中亞的文學創造，改頭換面之後就變成曹沖稱象之類的歷史故事了。這種嫁接是很容易的，比如說稱大象重量的故事已經流傳很久，但是沒有確切的歷史主角，現在正好史書裡有一個曹沖，據說這個孩子小時候是神童，既然是神童，那麼就把這件事情安在他的頭上，就像西漢末年的儒生把很多聖賢事蹟都算在孔子頭上一樣。孔子既然是聖人，那麼符合聖人標準的事情即使不安在孔子頭上，也要安在他的弟子頭上。

但這些只是史書記載，民間的情況就是另外一回事，很多蛛絲馬跡也都顯現了這一點。像是大秦國的說法，從中可以看得出，當時關東的居民似乎覺得關中地區是西方那個國家的附屬地。而從鳩摩羅什和呂光往來於龜茲和長安之間的故事也可以看出，當時的民間社會談不上是儒家性質的。可以說，它不但不是儒家性質的，更不是後來那種佛教性質的，而是一種夾雜了許多中亞特殊宗教成分而產生的多元化社會。當時的西北乃至關東地區很可能就是複製了中亞那種破碎化的政治局面，而在這種破碎化的局面之下，各地貿易反倒是更加發達，因為每個小政權都沒有壟斷整個經濟圈的能力，對於鳩摩羅什之類的人來說，這顯然使他們處在更為有利的地位。

民間宗教在魏晉南北朝時期是非常興盛的，所以才有天師道發起的叛亂，以及佛教徒針對北魏的叛亂。從天師道在王家、謝家這些豪門中傳播的情況可以看出，當時哪怕是上層階級的儒家色彩，也殘留得不多了。北方胡族那些鑄金人選皇后[12]的故事顯示，他們的信仰可能處在一種類似突厥部落的混雜狀態，一方面祭祀原始部落裡那些各式各樣的自然神祇，另一方面又尊奉從中亞傳過來的各種神靈。像崔浩那樣的儒家士大夫殘黨，其實也是儒家為表、天師道為裡。兩漢時期所謂的本土因素，在這個時候大概是永遠滅亡了。後來所謂的本土因素其實是重新創造出來的東西，以孔子和他的弟子的名義對儒學重新解釋了一遍。

12—據《魏書》記載，北魏皇帝在選立妃子為皇后時，會特意命人鑄造一個占卜用的金人，若鑄造成功，該妃子才可以成為皇后。另外，同時代的宗室爭奪帝位、權臣篡位等事件中，也有使用這種占卜方法。

袁：按照您的說法，元帝國的活力也是在於引進了五花八門的因素。那麼，元帝國底層居民的費拉化程度也更加高嗎？

劉：元帝國的底層居民具體是些什麼人還不好說，但他們跟明代以後所謂的中國人不太一樣。當時的江南比如南京一帶，外來移民的人數可能占了五分之一甚至更多，這是基本可以確定的。像西夏人在杭州的大規模活動，也說明杭州是一個國際化、多元化的城市。到底有什麼地方能夠符合王安石和蘇東坡所描述的那種「純粹華風」，可能還真的找不出來。倪元鎮[13]的家鄉是高加索人和波斯人聚居的地方，有著各種各樣的中亞宗教。而朱元璋所在的安徽鳳陽肯定也有大量的穆斯林和拜火教徒在活動，要不然他那個小團體中怎麼會有那麼多的穆斯林呢？而且當初朱元璋出家為僧，到底是什麼宗教的僧侶也很難說，至少不太可能是佛教。

袁：明國建立以後，這些異質性因素就一點點地被排擠出去了嗎？

13—即倪瓚，元帝國時期的書法家、畫家。據民間傳說，有潔癖的他於晚年遭朱元璋命人推入糞坑中而溺死。

劉：與其說是排擠出去，把它們抹平更加貼切，抹平以後就成為了跟原先不太相同的東西。而朱元璋採取的是向下抹的方式，把所有人都改造成最基本意義上的費拉。費拉這個詞對於明代的情況來說是比較適用的，宋代其實都不怎麼適用。至少沒有哪個宋朝皇帝會想到說，我要強制那些從北漢俘虜的契丹人或者沙陀人跟漢人婚配，以便把他們同化。干涉民眾婚配[14]這種事情是他們想像不到的，要是皇帝給你賜婚，那是覺得你有能力，給你一個面子，是一種恩寵的表示。但在朱元璋那個時代，就變成一種刻意控制民眾的做法了。

袁：所以明朝末年的軍隊也變得毫無戰鬥力可言了，甚至其實還不需要到明末。

劉：這一點早在倭寇登陸的時候就已經表現出來了。明廷的應對做法，即使在當時人看來也是荒謬絕倫的，它需要向西南地區例如廣西或者其他地方的土司調兵，然後橫跨大半個中國到寧波以南的沿海地帶作戰。在這中間設置的那麼多衛所

14—據《明會典》記載，朱元璋於一三七二年下令禁止「蒙古及色目人」嫁娶同族人，並鼓勵他們與中國人通婚。另一方面，胡服、胡語以及胡姓也被禁止使用。

顯然已經完全喪失作用，只有依靠那些土司的戰鬥力。至於像戚繼光的軍隊，它是體制外的軍隊，是戚繼光自己專門招募的一幫士兵，在他老家或者其他比較熟悉的地方，根據個人關係而培養的私人軍隊。

後來的湘軍從戚繼光那裡學了很多東西，但是湘軍的地方性和宗族性比較強，士兵基本上都是一個個家族裡的叔伯子侄，而戚繼光的軍隊缺少這樣的性質，所以戚家軍後來解散得也很快。他差不多是每到一個地方，就專門找當地看上去比較有戰鬥力的人，然後把他們招募過來。這麼做可能有一個原因，就是他本人所在的浙東一帶，比較有組織力的鄉紳大多數人都是跟倭寇有來往的，這樣一來他就不可能像曾國藩那樣借助本地土豪的力量了。

袁：晚清的時候還能夠產生湘軍，但明末的時候連類似的軍隊都沒有，是否顯示明國的費拉化程度比清國還要嚴重呢？

劉：明國的散沙化程度肯定更嚴重一些，清國統治下的地方社會有比較大的活動空間，而且明國的經濟命脈集中在大運河一線，這條線以西的情況基本上是很慘淡的。

後來張獻忠屠蜀的時候，巴蜀的人口只有幾百萬人，這好像很不正常，因為王莽時代的巴蜀也不止這個人口數目。而且四川在明國的大部分時期並沒有經歷過大規模的戰爭和動亂，就算朱元璋在開國時殺了一批人，甚至他差不多把當地人都殺光了，但經過兩百年時間，難道還繁衍不回來嗎？蜀地人口基本上被張獻忠殺光之後，兩百年後的四川就幾乎又人滿為患了，但明末的四川居然只有幾百萬人，這就說明當時的西部乃至整個中原腹地都出了很大的問題。

而明國統治下的湖廣地區，雖然產生出了張居正這樣的人，但似乎並沒有形成什麼強大的地方勢力，而張居正是軍戶出身，這就跟中共的生產建設兵團差不多，他的祖父張鎮是遼王府的一名護衛，父親張文明是府學的一名生員，這跟曾國藩那種地方鄉紳就不一樣了，他們的自發秩序成分顯然比軍戶要強。地方上顯得有點力量的勢力，顯然就只剩下東林黨和復社那些吳越士紳的組織。對於明國人來說，被滿洲軍隊征服應該不算是最差的一種前途。

袁：王船山那種說法似乎比較接近民族主義，但他的文字並沒有發揮什麼實際影響力？

劉：王船山的思想產生實際影響，肯定是在左宗棠時代之後的事情。他自己並不期望能在當時產生影響，但是另一方面，他又希望把這些想法留傳下去，留傳到能夠發揮作用的將來，雖然他也不知道最後會產生什麼樣的作用，這樣的話就比較接近「守先待後」的定義。

他為未來王朝畫的規劃圖，就是以山海關為國界，堅決主張崇山大海不可逾越，絕對不要像漢武帝那樣試圖越過崇山大海，征服天然邊界之外的地方，那是違反天道，最後只會對自己不利，最好是跟那些地方老死不相往來。他的邏輯，不僅是王者不治夷狄，而且對於這些容易產生邊患的蠻族地帶，更是斬盡殺絕為好。當初就是因為太仁慈了，沒有把這些胡人殺光，而是一次又一次地招安他們，結果他們是不斷闌入，所以王船山痛定思痛，早知如此明國還不如把他們統統殺掉。

袁：後來孫文這些人，他們是真誠相信王船山的話呢，還是說只把它當成是臨時策略？

劉：這一點並不重要，因為孫文他們在當時就是小團體，屬於無須背負政治責任的狀態，找幾個日本浪人喝酒吃菜，慷慨激昂說幾句大話，誰知道將來真正執行的策略會是什麼樣子的呢？將來要扮演什麼角色，孫文自己肯定不知道，所以他的一生充滿矛盾，這是很自然的事情，想在他早期的某個階段找出跟後來相矛盾的說法，那真是太容易了。

袁：梁啟超使用「中華民族」這個詞的時候，他指的到底是什麼？

劉：梁啟超其實沒有明確的定義，基本上就是「我說它是什麼，它就是什麼」。其實這也很正常，新名詞剛剛誕生的時候都是這樣，它的意義不是由創始人賦予，而是要經歷一個演化過程。我按照這一種意思使用它，你按照那一種意思使用它，大家都按需取用，最後誰的定義會勝出都說不準，因此這是一個集體選擇的過程。

袁：如果在一個君合國裡面，「五族共和」反而是比較有可能實現的。

劉：在君合國裡面分別採用不同的體制很正常，但是中華民國的「五族共和」要怎樣一起共和呢？很明顯蒙古人願意接受君主立憲制，但要是把清帝國變成一個沒有君主的君主立憲國，然後又說蒙古是共和國裡面的一個民族，這就是令他們頭痛的事情，也不符合當時對共和國的定義。如果用「Commonwealth」[15]就有可能說得通，它可以指所有形態的國家，但當時並沒有引進這個詞彙。

15—這個詞約在十五世紀產生，用於對譯拉丁文「Res Publica」（共和國），其後克倫威爾當政時，也把國號定為英格蘭共和國（Commonwealth of England）。現代的用法有大英國協（Commonwealth of Nations）、澳大利亞聯邦（Commonwealth of Australia）、美國賓夕法尼亞州（Commonwealth of Pennsylvania）等。

第八章 末世與末人

何謂「史後之人」——關於人類文明的展望——「中國」概念的真實成本——東亞窪地的腐蝕性——如何「守先待後」——「大洪水」的本質

袁：「史後之人」這個詞的意思，大概是說從某個時候開始，文明進入了冬季，生活在那個時代的人們不再具有任何影響力，而僅僅是活著的生物。

劉：漢代以後的中國，基本上就屬於這個階段。人們已經沒有什麼好考慮的了，為了生存而生存，只想著吃吃喝喝逍遙一生然後死去。與其說他們走不出歷史的死胡同，應該說已經沒有人抱有這個願望了，已經變成純粹的秩序消費者，正如尼采所說的末人（Letzte Mensch）。因為之前的文明積累了大量資源，他們只需要消費這些資源就可以過上很舒服的生活，這樣的時代看上去好像就是盛世。一旦末人們把組織資源完全消耗，再也沒有辦法透支了，整個架子就會倒下去。

袁：但蠻族入侵反而會給它帶來一部分生機，這就是所謂的續命學。「史後之人」其實是不是存在兩面性——就原先的文明體系來說，你已經是史後之人了，而對於新的文明來說，卻又屬於另一回事？

劉：蠻族入侵以後，實際上原有的人口就被替代掉了，殘餘的人口可能被併入蠻族建立的新體系，然後他們就在新的體系中變成另外一種人，也就是蠻族的附庸。原有的秩序出現整體性的中斷，必須重新組合，實際上這也就意味著它的終結。

就像神聖羅馬帝國和羅馬帝國的關係[1]一樣，即使前者借用了後者的名號，羅馬帝國也沒有復活過來。神聖羅馬帝國的力量基礎仍然是封建部落組織，而這些部落非常像是羅馬建城時的那些氏族，但比較它們之後可以發現，羅馬氏族是原始的、有組織力量的、有信仰的，因此也具有實際的力量。而神聖羅馬帝國的人卻什麼都不相信，只想投機取巧地利用所有事情，任何組織和條款都毫無約束力，一切承諾都淪為空文。

王陽明有個朋友聽過他的講座以後，就學著他的口氣說應該這樣做那麼做，結果他心裡很不高興，我的學說是我用來救天下的一味藥，你學得不全也就罷了，但你千萬不要把我的藥方子給攪壞了。王陽明為什麼不高興？其實兩個人說的話在字

1—伏爾泰在《風俗論》中評價說，「這個被稱為神聖羅馬帝國的東西，它既不神聖，也不屬於羅馬，更談不上是一個帝國。」（Ce corps qui s'appelait et qui s'appelle encore le saint empire romain n'était en aucune manière ni saint, ni romain, ni empire.）是為最著名的相關評論。

面上是一樣的，但是裡面的誠意有區別。王陽明心裡很清楚，孔子說仁義，那是他真的具有仁義之心；但明國士大夫說仁義，那就完全是擺姿態，無非是顯示他讀過某些書，你看我都讀過這些書，我給你引用一下裡面的段落，但實際上他的行為又完全是另外一回事。

孔子那個時代，人們不知道「知」跟「行」原來可以不一樣，因為人們還處在比較原始的習慣法階段，大家都根據周禮行事，而孔子第一個跳出來把習慣性的東西總結成理論上的說法，他本人根本想像不到，這樣一來就會出現專講理論而不真正執行的人；在這之前只有行動沒有理論，而孔子剛剛進入一個有行動又有理論的階段，並且行動和理論還處在沒有分離的狀態，而他以後的人就變得言行不一了。理論用來裝點門面，但實際上還是極端短視和功利的那一套做法。結果就產生了這樣一種人：讓別人去施行仁義，而他自己是絕對不會這樣做的；讓別人去做忠臣，但他有機會的話肯定會第一個背叛。

所以王陽明特別強調知行合一。他認為，孔子的理論是正確的，他真正要恢復的就是踐行孔子學說的誠意。這個誠意不是能用筆就能寫出來的。就算是同樣的理論，我寫的時候，我是帶著誠意的，而你寫的時候，可能就沒什麼誠意，所以他要那個朋友不要到處亂引用他的理論，因為關鍵就在於「知」和「行」要重新結合起來。光說不做，只懂得引經據典以炫耀學識，這就是末人的特點。

末人對於智力的看法屬於遊戲性質，也就是一種禪宗式的態度。儘管他們都講仁義，但是孔子講的仁義是有實際效果的，像子路那些弟子真的會為了他的學說而跟別人拚命；明國士大夫同樣講這一套東西，結果李自成來了，他們就投降李自成；滿洲人來了，他們就投降滿洲人，一點心理負擔也沒有[2]。士大夫覺得他們的官位是憑科舉考試而得來的，智力足夠高就應該給他做官，仁義這些東西在考試的時候用一用就可以，真到了關鍵時刻，只有傻瓜才講仁義。這就是末人的特點，對於末人，有什麼辦法呢？只能隨他自己消滅自己。

2—後來乾隆帝於一七七六年下令編撰《貳臣傳》，分為甲、乙兩編，其中乙編專門記載投降清廷後沒有貢獻、而且品德低劣的明國官吏。

而滿人就不一樣了，滿洲人為什麼有戰鬥力呢？因為他們對本部落的君主懷有真正的忠誠，而明國的士大夫就不是真正忠誠於崇禎皇帝。你崇禎給我官做，我就敷衍一下；你不給我官做，我馬上投降別人。皇帝也不信任這些士大夫，知道他們都在撒謊，於是就亂殺一通。雙方都沒有其他辦法，因為發展到這個階段，兩邊的資訊已經完全不對稱——皇帝不知道該殺誰，雖然他知道大臣中有很多人是叛徒，但是他殺掉的那一部分人很可能是忠臣。而大臣也知道皇帝會亂殺人，忠不忠誠根本沒有分別，忠臣不一定能夠獲得皇帝的信任，反倒很可能被皇帝殺掉，而奸臣至少有可能暫時騙一騙皇帝，先在明國高官厚祿，之後在清國繼續榮華富貴。雙方的信任機制徹底失靈，在這種情況下，講任何理論都沒有用處。

袁：在這種情況下，堅信理論並且躬行的人豈不是很可悲嗎？

劉：像黃道周[3]那些人，基本上就是被犧牲掉了。他們在明國的時候經常被皇帝罵，甚至被皇帝流放，清兵入關之後只有他們繼續效忠明國，然後被清軍消滅。

3—崇禎帝在位時，黃道周先後多次上書，批評他對袁崇煥一案的處理辦法、反對他與滿洲議和，崇禎下令把他貶職。之後他在南明擔任官職，戰敗被清軍俘虜後拒絕投降，最終被殺。

在明國大喊萬歲的人，清兵入關時反而第一批出來投降。

袁：反過來說，孔子時代的人就真的那麼忠實於理論嗎？

劉：因為理論在當時還沒有被濫用。理論就像紙幣一樣，最初發行紙幣的人都是有黃金儲備的，紙幣是一種提款單的用途，他們還想不到可以做空。但是紙幣發行時間長了以後，就有人慢慢發現，其實並不是每個人都會把紙幣兌換回黃金，那我是不是可以發行不兌付黃金的紙幣呢？漸漸地這種做法越來越多，於是紙幣就變成一種純粹的價值符號。文明其實等於是一種兌換秩序的票據，紙幣既然可以跌得一文不值，那麼文明也是注定要毀滅的，這是沒有辦法阻止的事情。但你要注意，「文明注定毀滅」跟「所有文明在同一時間滅亡」是兩回事。

袁：說到孔子，人們要不就把他看得高不可及，或者認為他的東西非常淺陋。

劉：淺陋這種說法是沒什麼意義的，你看了詹森博士的著作肯定也會說這個人淺陋得不得了——憑一個人的著作來判斷他的重要性，這是知識分子的標準，但是他之所以重要，根本就不是因為裡面的看法深刻。每十個神學家就起碼有八個人有動機說，耶穌本人的話其實很淺陋，都是些比喻和故事，它是一種不夠高階的論證方法。來來來，我給你們看看亞里士多德的哲學，你們這些猶太鄉巴佬聽說過亞里士多德沒有。諾斯底派的那些神學家，也完全可以把耶穌的門徒罵得一文不值。

袁：基督教一開始在日耳曼蠻族當中傳播的時候，他們是比較虔誠的嗎？

劉：日耳曼人信奉基督教的表現，跟埃及人和敘利亞人不一樣。如果要說神學水平的話，有誰能比得上埃及人呢？埃及沙漠裡有幾千個隱修會，這些人一天到晚苦思冥想，從《聖經》的某段經文引申出幾百萬字的理論。但是穆斯林殺過來以後，埃及還剩多少基督徒呢？連人口的十分之一都不到。日耳曼蠻族的理論肯定講不過埃及人，但是他們的信仰肯定要虔誠得多。東方殘餘的基督教徒都是比較欠缺政治德性的人，他們之所以會接受伊斯蘭政權的統治，部分原因就在於他們的負擔得到減輕，交了稅以後就什麼都不用管了，流血冒風險的事情全部交給阿拉伯人和突厥人，自己則在他們的保護之下過著安逸的日子。虔誠信仰給歐洲帶來的巨大能量，大概是在文藝復興之前的某個時期達到頂峰，而文藝復興就屬於釋放階段了。

袁：能量釋放以後，它還有希望恢復嗎？

劉：倒不是說希望始終是有的，而是說你沒有辦法基於經驗主義而確定有沒有希望，只能說天曉得。一切希望本質上都屬於宗教概念，只有源自宗教的希望才是真正的希望，至於世俗層面的希望，因為人類沒法窮盡所有的可能性，在這種情況說的所謂希望，其實就是無知。

袁：發現新大陸也是一個偶然事件，它要是沒有發生，那麼西方文明豈不是早就衰亡了？

劉：那倒不一定，如果其他因素仍然存在，只是比方說美洲大陸不存在了，那麼哥倫布雖然到不了美洲，但他多半也會把船開到日本或者越南一帶。

袁：說到俄羅斯，它的自組織資源已經耗盡了嗎？

劉：目前還沒有，由於它接受了類似拜占庭帝國式的政治負擔，原來蠻族時期積累的資源漸漸被消耗，它也變成了另一個拜占庭。如果保持現在這種消耗速度，它是撐不了太久的，遲早會崩潰。在崩潰的過程中，也許邊緣地帶會溢出一些碎片，例如在遠東或者北西伯利亞地區出現一些小共和國，但是歐洲的中心部分肯定會變得費拉化。反過來說，俄羅斯透過主動解體也能保存實力，例如把它需要承受帝國負擔的那一部分讓給穆斯林，其餘的地方則變成芬蘭的一系列鄰國，雖然那樣的話俄羅斯本身也同樣不存在了[4]。

4—劉仲敬的相關評論如下：「有了自由，就不會有俄羅斯。如果諾夫哥羅德戰勝了莫斯科，俄羅斯從一開始就不會存在。所謂自由秩序就是有機共同體的自然協作，越過了默契邊界就會喪失低成本優勢。默契和偏見是一回事，必須內化為群體習慣，才能發揮降低協調成本的作用，所以共同體內部協調的代價，就是共同體與共同體的衝突……俄羅斯的獨立，或者說被獨立，意義完全不同於愛沙尼亞的獨立，實際上意味著俄羅斯淪為愛沙尼亞的垃圾桶。全蘇聯的無機性遺產，都由俄羅斯收容了。臥室保持清潔的需要，就是垃圾桶一直骯髒的理由。愛沙尼亞獲得自由的原因，就是俄羅斯不能自由的癥結。」

袁：按照您的說法，如果章太炎那種江東士大夫式的華夏理想真要實現，就非得建立一個拋棄多餘政治包袱的小華夏不可。

劉：顧炎武本來的想法就是要恢復東晉的局面，連長江以北的地區都要捨棄掉。章太炎的目的既然是這樣，其實最好的辦法應該是乾脆搬到日本發展，因為日本恰好就是他們的理想國、孔子時代的華夏。這樣一來他就可以跟日本武士合作，然後到南洋的島嶼開拓，像周王室當初在關東分封諸侯那樣。如果當時日本附近有比較大的島嶼，他很可能就會這麼做，然後把日本西南部的封建制度延伸到那裡去，正如琉球變成日本封建體制當中的一個藩國[5]。

袁：但是這種對於小華夏主義的堅持也有轉變的可能，例如說現在有一些地方是可以輕易到手的，雖然取得它們就會破壞原來的打算。

劉：這就是缺乏權利觀念和邊界意識的其中一個表現，可以到手的土地就來者

5——一六〇九年，日本薩摩藩率軍征服琉球，並將其納為附庸。基於貿易需要，薩摩藩允許琉球同時向清國稱臣，至明治維新後，先後進行兩次「琉球處分」，將其改為沖繩縣。

不拒。權利邊界是很自然的東西，在兩株植物之間，你肯定能夠區分哪個部位屬於這株植物，哪個部位屬於那株植物，不同物種之間的界限非常明顯。封建制度的權利契約在很早的時候就已經發展起來了，如果你已經到了混淆界限的地步，那就說明你的社會結構已經非常混亂，文明衰退得很嚴重，組織資源也非常匱乏。

像蒙古高原的那些部落，他們就很清楚各部族的關係史和傳統界限，哪怕是過了幾百年，處於社會頂端的統治部族已經改變了，但是各部族的脈絡仍然是清晰的。我是高車部落[6]的人，我們跟柔然人、鮮卑人不是同族，我們在匈奴人占上風時是怎樣的，匈奴人走了之後我們又是怎樣遷移的——所有事情都能透過口口相傳而清楚傳承下去，但在中國史學家的記載當中，它們就被弄得一塌糊塗。按照郡縣制原則，士大夫們實在不明白怎麼在這些地方的人，今天叫這個名字，明天叫那個名字，到底種族變化了沒有，統治者換了沒有，全部是剪不斷理還亂的糊塗帳。

如果你看《黃金史》之類的蒙古文獻，它記錄下來的成吉思汗《大札撒》雖然

6—即鐵勒，他們是突厥系部族，曾臣屬於匈奴帝國，其後又相繼臣屬於鮮卑與柔然。

論複雜程度比不上日耳曼習慣法那麼複雜，但是肯定比宋代和明代的禮法要複雜得多。忽必烈是蒙古部落傳統的破壞者，但在他之後，蒙古人仍然可以做到這個地步：既然只有我們兩個人有資格繼承皇位，那我們就約定好，下一任皇帝由我的兒子來當，然後第三代皇帝由你的孫子當，第四代再回到我的後裔。這樣跳躍式繼承的方式在殷商時代同樣很常見，很多任國王就是這樣產生的。但這在宋國和明國就根本不可能，宋太宗趙光義當了皇帝以後，他的後人是絕對不可能再交出皇帝寶座的，最後是因為金兵把太宗的後裔幾乎都抓走了，剩下的宋高宗也生不出兒子，太祖的後代才有復位的機會。從這些現象可以做出判斷，如果不是因為蒙古人和殷人的組織資源比宋國和明國要多很多，輪流坐江山這種事情就不可能發生。

袁：說到邊界意識，傅斯年就說「自北冰洋至南冰洋，除印度、波斯、土耳其以外都要郡縣之」，您怎麼看他的說法？

劉：傅斯年這些人都是種族主義者，種族主義的黃種人。他們特別喜歡強調種族主義，儘管他們本人不一定真的也屬於這個種族，但至少他們自己以為是這樣。他們發起排滿運動，這就是他們的最大矛盾之處，如果採用種族主義，不要說大華夏，就是小華夏都沒法建立，他們首先就要先從內部排擠出很多人，最後只能形成像是馬來西亞聯邦下面的一系列小邦。而他們之所以能夠提倡種族主義，同樣有一個很荒謬的原因，就是他們競爭者的能力太差，吳越以北的地區在思想和組織領域抱持著一種含混不清的混融華夏主義，根本沒有地方認同感，極端一點說這些地方的居民都只配做建立文明的原材料。於是他們的野心自然就膨脹起來，如果這些人在馬來西亞面對穆斯林團體的話，那他們的種族主義就會碰壁，然後必須改為別的建國方向。

袁：可能在整個中國的傳統裡面，外部壓力一直就是影響士大夫決策的重要因素。

劉：中國本來就是個太大的框架，像他們提倡的種族團體主義，在先秦時代其實是相當普遍的，最流行的時代應該是在春秋甚至西周之前，當時各種各樣的小團體交織在中原以及更遙遠的華南一帶，而在春秋時代也還有遺痕。後來的春秋文明，其實也是在消耗這個時期積攢下的資源。

袁：有很多關於所謂「續命學」的說法，也就是研究怎麼讓中華文明恢復活力，您怎麼看？

劉：這些說法都是一點實質意義都沒有的，很多時候他們連自己在研究什麼都弄不清楚，你看了以後也不知道到底是研究什麼，好像就是為了騙稿費而湊的一些字數。孔子之所以認為自己處在一個華夏文明衰退的時代，那是有明確所指的，也就是禮樂制度的解體。末人不會覺得自己處於衰退的年代，甚至連衰退的概念都沒有，而如果他生活在還有組織資源可揮霍的時代，就會覺得這是一個盛世；至於那些資源是從哪裡來的，他本人又起到了什麼作用，他完全沒考慮過。這就是所謂的兩腳羊，認為世界是扁平的、時間沒有單向性，不明白事情的前因後果，覺得生活本來就是他看到的樣子。

袁：越是後期的人就越是難以理解中國的古代歷史，明人編《三國演義》的時候就很難想像東漢末年的情景，馮夢龍編《東周列國志》時更是無法理解封建社會的情況。

劉：他們已經沒有辦法理解了，只剩下一種模糊的感覺，而這種感覺越往後就越殘缺、越模糊。三皇五帝的時代之所以是個好時代，他們膚淺地理解為那時候的道德沒有敗壞，其實這只是表面。這些人就沒有考慮到，被他們鄙視為蠻族的人，文明程度恰好就處在他們崇拜的三皇五帝階段。比較有頭腦的人一看到日本的封建體制，就會聯想到西周時代也是這樣子的，然而恐怕很少人會想到要把三皇五帝跟蠻族部落聯繫到一起。

袁：清國皇帝就比較敏感，像雍正就在《大義覺迷錄》之類的東西裡說，周人是夷人，我們滿洲人也是夷人，我們取得中原其實是很合理的。

劉：這其中的區別在於，周人進軍的中原也分布跟他們一樣的各種邦國和部落，而滿洲人征服的明國卻不是這樣。但滿洲人很可能是有這方面的意識，像皇太極就告誡滿洲人不要入關，他肯定是總結了蠻族闖入中原的各種歷史教訓才得出這個結論，覺得最好還是留在關外，這樣可以保留自己原有的部落傳統。

清兵入關是因為中國的吸引力比較大、帶路黨人數比較多，關外部族反倒是被動的一方。但他們沒想到，自己一被粘住就沒法退出來了。之後的兩百年間，黑龍江一帶的部落不斷向關內輸送武士，就像馬其頓不斷向東方輸送武士那樣；如果這些馬其頓留在本國，後來的羅馬人還不一定能夠征服他們。當時在場的朝鮮使節見證了清軍入關，他在紀錄中稱這為「墨勒根親王搶略北京」。墨勒根親王就是多爾袞，他的戰略是「得寸則寸、得尺則尺」，滿人是根據十八省的反應而做出下一步打算。

早在順治初年，像阿濟格這樣思想保守的滿洲貴族就覺得，戰利品既然已經到手，留在漢地沒有任何意義[7]。但是白養粹他們卻是男請為臣、女請為妾地不讓清兵撤退，所以周作人後來寫道，滿人是因為厭倦而離去，而不是被明軍所趕走。洪承疇這些漢官非常了解滿人的心態，於是「用胡蘿蔔哄騙騾子拉車」，在勸說他們進北京的時候，沒有說接管明國江山，這樣會嚇壞許多部落長老，而是強調李自成搶劫過明國各地甚至朝廷百官，他得到的金銀財寶都還在北京，讓他拿去揮霍掉豈不是很可惜嗎？滿人得到的暗示是自己可以去搶財寶，然後回滿洲，而漢官的真正企圖是把這些部落武士騙進城，輸入秩序以重建中華帝國，任務完成之後滿人再想回去，那就比上青天還難。

從漢人士大夫的角度出發，這件事其實也不難理解。清兵如果留在關外，他們能怎麼樣？他們唯一的特長就是治理順民，在很少順民甚至沒有順民的地方就不知道該做什麼。滿人一旦入關，他們就變成必不可少的統治代理人。順民的治理者在

7—根據《李朝實錄》記載，清軍攻陷北京後，清廷內部就是否遷都北京的問題展開討論，阿濟格反對遷都，認為應該由諸王負責鎮守北京，而主力部隊則撤回滿洲，惟其意見未被採納。

清國的朝廷做官，這跟大明朝廷有什麼分別？也就是頭上多了一條辮子而已，將來還是可以慢慢用儒家思想影響皇帝。部落長老和貴族武士是損失最大的，他們本來只把皇帝看成是貴族俱樂部的名譽主席，結果發現皇帝和降虜合謀篡奪了他們的傳統特權和古老自由，真可謂是可忍孰不可忍。阿濟格那些人不顧滿洲皇帝的憤怒，堅持要殺掉這些聰明過頭的俘虜，決不是出於什麼野蠻人的殘暴，恰恰體現了自由部落武士的德性和健全常識。後來的事態發展，也證明他們是正確的，只是他們想不到自己讓皇帝給出賣了。

英國貴族之所以不需要提議殺士大夫，是因為他們的祖先早就把羅馬帝國留下的順民社會摧毀了。部落武士沒有將順民徹底取代的地方，事情會很麻煩，阿拉伯人也是這樣。在征服波斯和拜占庭之前，他們還是擁有相當程度的部落自由和騎士精神的，這些都體現在早期的阿拉伯詩歌當中。征服兩大帝國以後，哈里發是受益人，貴族和婦女卻深受其害，從原先的王權合作者變成王權從屬者。他們被賞賜了漂亮的大宅和大批奢侈品，卻變成了籠中之鳥。伍麥亞王朝的阿拉伯武士和婦女留下了許多詩歌，懷念定居沙漠時的貧困和自由，就像西漢的東方朔和揚子雲懷念戰國時代的自由那樣。到了阿巴斯王朝時，連這樣的詩歌就沒有了，因為他們已經更為腐敗、費拉化，也變得更加軟弱，以至於古老自由都不再讓他們嚮往，反而讓他們害怕。這時候，他們就只能寫些哲理詩和愛情詩了。乾隆時代的滿人聽說朝廷要出錢讓他們回滿洲老家住，覺得簡直比殺了他們還難受，一個個趕緊把錢花光，然後跑回北京城繼續讓朝廷養著。而當初阿濟格那些人非常不願意取代明國的統治，多爾袞也寧願在草原另建上都[8]。

袁：現在中國人的歷史理解能力似乎又變強了一些。

劉：那是因為歐洲歷史的文明豐富性提供了很多範本，一旦超出這個標本庫，你就什麼都理解不了。因為你的這個標本庫比以前大了很多，所以就產生了錯覺，實際上人的大腦是習慣於掌握各種模式的，人是依靠模式來理解事情的，沒有模式而只有雜亂無章的資訊，只會讓人感到混亂而已。

8——一六五〇年，多爾袞下令於河北承德興建一座避暑城，惟他不久就病逝，隨後工程中止。康熙帝在位時它被改建成喀喇河屯行宮，是為清帝國的第二政治中心，其地位後來由避暑山莊取代。

袁：作為一個史後之人，自己所在的這個文明系統已經衰竭，下一次秩序輸入也不知道能不能在有生之年看到，那麼他的最好選項是什麼？

劉：史後之人實際上還是可以製造一些真空泡，比如說成立小團體，創建新宗教，或者其他的組織形式。這樣做的結果會使你跟原來的社會相隔離，時間長了，你建立的組織就會變成一個新的社會。這些事情不但完全可以做，而且做起來其實相當容易，因為史後之人的特點就在於非常缺乏抵抗力，只要在這種社會裡稍微有一點組織資源，未來成功的可能性就相當大。

曾國藩這種人如果生活在春秋時代，他頂多就是一個勉強能參加國人會議的小族長，跟其他人相比沒有什麼特別傑出的地方。但為什麼他在晚清就會有那麼大的名氣呢？倒不是因為他想這樣，他最初也就打算組織一些輔助士兵來保境安民，誰知道官兵被太平軍弄得聞風喪膽，結果他不得不出省打仗，援救這裡，援救那裡，到最後大江南北都成了需要他援救的地方。這是因為他所在的時代跟清兵入關時的情形一樣，本地社會太散沙化，他們都沒有想到原來自己人是這麼不經打。

在這樣的一個社會，哪怕成立全能神教那樣的組織，擴張起來都會非常容易，剎那間勢力就可以非常大，因為你給別人提供的是稀缺的組織資源。即使在其他社會的人看來，你提供的資源其實並不多，但還是可以跟洪秀全的拜上帝會一樣，在特定的社會背景下漸漸壯大起來。

博格米派[9]在拜占庭帝國治下只是邊緣人，但它如果放到東亞就會像野火一樣迅速蔓延。當然在這種情況下更加需要克制力，一旦你有這樣擴張性極強的團體，就不能像洪秀全或曾國藩那樣隨便動用它的力量，擴張就會造成壞的結局，因為種子跟著死掉了；要像早期的基督徒那樣，抱著幾百年都不出山的決心，專注於鞏固團體的基礎，不是真正信仰基督的人就不要讓他進來，寧可讓自己始終處在當時社會的邊緣，剩下的一切都交給上帝，這樣反而還能有一定的機會開創新文明。美國

9—博格米派（Bogomilism）是十世紀時流行於巴爾幹半島的一個基督教異端教派，認為世界是由魔鬼而不是上帝創造的，主張把教會的財產平分給信眾，因此受到拜占庭皇帝的鎮壓。

先民一開始也想不到他們的子孫能夠開創偉大的文明，他們也是被動的一方，外部的各種事件以及秩序崩潰，迫使他們不得不走出來。他們曾經也像歐洲殖民者那樣主動搶奪殖民地，但歐洲人認為他們是後來者，成不了什麼氣候。所以說「大位不以智取」，這是非常有道理的話。

袁：如果要組織這樣的團體，清談俱樂部之類的應該沒什麼意義吧？

劉：其實宗教團體是後來人的概念，按照古代世界的看法，只要你所在的那個共同體，有一套自洽且穩定的生活方式和信仰體系，就可以叫作宗教團體。像雅典城邦，它的守護神雅典娜跟斯巴達的就不一樣，祭拜儀式也有很大差別，日常的生活方式也不一樣，那麼它們就是兩種不同的宗教團體。按照基督教的觀點來看，它們都屬於多神教，所以似乎沒有太大的差別，他們傾向於認為這是一種政治上的區別。像韓國儒學村[10]那類組織，按照古代世界的標準就可以算作一個擁有特殊宗教儀式的準城邦，即使韓國人祭祀的孔子跟中國人的孔子可能不一樣，那也沒有關係。

10—目前韓國共有九間儒家書院被列為世界文化遺產，其中有兩間位於古代朝鮮半島的儒家中心地、慶尚北道的安東市。當地的河回民俗村同樣被列為世界文化遺產。

袁：像北京大學的張祥龍就說，如果想保存或者復興儒家，就應該建立這種小規模、像是人民公社試點一樣的組織。

劉：這樣做是有一些道理的，雖然實際效果會跟孔子時代的儒家不一樣。孔子的思想體系是在部族封建主義自然解體的過程中產生的，他能夠追溯之前的歷史；而這樣新建立的共同體其實不是孔子的直系後裔，倒像是希臘移民團體的中國版。雖然掛著孔子的招牌，但共同體的規範是在日常運作中逐漸創制的，透過每一次的用腳投票而達成，最初設計的方案無關緊要，也不會起太大作用，頂多可以作為一種象徵。最後會演化的樣子，是經驗性規則不斷積累和淘汰的結果。

像梁漱溟那時候提倡的鄉村建設[11]，如果他們是透過自己的小團體去推行這件事，而不是打算借助共產黨的力量，那還是有一定的可行性的。不管他做成還是做不成，都留下了一定數量的文明基因。如果你不夠虔誠，不夠努力，只想著怎樣投

11——一九三一年，梁漱溟於中國山東省鄒平市成立「山東鄉村建設研究院」，推行他的鄉村建設主張，惟收效不大，至中日戰爭爆發後事實上停止。其後鄒平成為中共山東根據地的一部分。

機取巧，為了撿現成的東西跑去當別人門客，指望遊說對方一番就能夠成事，那就成不了什麼事。因為文明基因的多樣性更容易存在於小團體內部，大團體的壞處就在於它要迎合的對象太多了，它的主張必須模糊混融以取得最大公約數，而這樣做其實非常損害基因多樣性。

袁：十九世紀早期的社會主義者成立過互助團體之類的組織，也算是另一種可行的辦法吧？

劉：社會主義者的問題是很容易被生態場淘汰，因為他們達成的效果比宗教團體差得多。以無神論作為綱領有它天然的弱點，組織很難長期維持下來。因為理性主義者不容易達到互信，或者說人類的本性就是互相懷疑，如果缺乏更高維度的力量做擔保，組織維持內部的團結就會很困難。從經驗事實來看，在其他條件差不多的情況下，總是無神論者首先出局，無神論者最後能夠倖存的地方就是文化沙龍，因為裡面都是只管說不管做的知識分子，所以你可以理直氣壯地說你是無神論者。

但要是你想建立一個以無神論為理論基礎的團體，這樣的團體倖存的概率非常低，最大的困難不在於別人可能會迫害你，而是組織本身都沒法維持。宗教團體看起來彼此爭鬥得非常厲害，但是最有生命力的同樣是它們。

俄國的布爾什維克以及其他類似的純消耗性組織，會把寄生社會的原有資源迅速消耗掉，消耗完以後就什麼都沒有了[12]。把它們當成國家是錯誤的，你只能把它看成是犯罪集團；一旦認識到它們屬於犯罪集團，原先解釋不通的所有事實就都可以解釋得通。在無神論者當中維持秩序的成本相當高，裡面的每個人都憑自己的有限理性做出決斷，十之八九會自相殘殺，出現人吃人現象的可能性非常高。而宗教的作用就在於它能夠改善這種隨便就互相背叛的情況。

袁：但儒家的宗教和宗族性質不是都已經很微弱了嗎？

劉：無論是真宗族還是假宗族，重點在於有沒有足夠的組織力。在魏晉南北朝

12—劉仲敬的相關評論如下：「無神論者、社會主義者以及共產主義者的團體，即使生活在物資非常豐富，結社自由極其充分，可以持續獲得外部資助的社會當中，也根本走不到世代交替這一步，在它們當中尋找組織壽命比創始人壽命還長的例子，簡直如同大海撈針。美國有著各種各樣的宗教組織和亞文化團體，然而以上三種團體在這個自由秩序市場當中都明顯不會是勝利者。任何版本的共產主義團體不能產生它提倡的新社會，在離開它寄生的社會以後，宿主總是處在比剛剛赤化時更糟的狀態，就像葉爾欽時代的俄羅斯還不如沙皇時代的俄羅斯，而相反的例子一個也沒有。」

的所謂亂世，有很多宗族其實都是冒牌貨，比方說像田疇這樣有能力的人一旦站出來了[13]，接著就有不少人都聲稱是他的遠房親戚，願意跟著他走，結果他們那個假宗族的倖存率就比較高。其實田疇能成為地方領袖，無非就是因為他的組織力比較強，他下面的人本來跟他一點關係也沒有，但到後來就弄假成真了。反過來說，像孔融家族那樣的真宗族最後反而自己人互相打起來。這也說明孔融他不是一個適合當軍閥的人，他本來擁有一個郡的資源，但是最後下場那麼慘，這不能單純地解釋為地理環境的問題。如果僅僅是沒有地利，他至少應該可以稍微抵抗一陣子，而實際上他連一點抵抗能力都沒有。知識分子對於人類弱點的理解能力非常的低，理解人類弱點需要強烈而豐富的、無法用文字表述的各種默會知識，而知識分子的特點恰好就是缺少默會知識。

知識分子喜歡在紙堆裡面大談人性的陰暗，以及各種各樣的倫理學問題。但實際上他們是不懂的，因為人性的幽暗面要真正體會過才能夠領會。像毛姆（William Somerset Maugham）就曾經說過，美國哲學家在談到「人無法分擔其他人的痛苦」

13—田疇是東漢末年的幽州名士，多次拒絕出仕。刺史劉虞被殺後，他隱居田野，結果有五千多戶的民眾歸附，並被推舉為領袖，而附近的烏丸和鮮卑部落也向他送禮。

的時候總是用牙痛做比喻，因為他們自己的一生之中，除了牙痛之外就沒有經歷過什麼了不得的痛苦。沒有親自經歷過的事情，只從書本和理論出發做分析是很容易弄得荒腔走板的。培養知識分子的途徑恰恰就是一個與世隔絕的安靜環境，所以知識分子實際上根本沒有經歷過特別深刻的人生痛苦，他們代表的恰好是宗教人士的反面。基督教是怎麼產生的？耶穌基督分享了全人類的罪惡和痛苦，他的力量也來源於體驗及征服了罪惡和痛苦。知識分子是既犯不了重罪，又受不了大苦的角色，雖然他們最擅長打筆仗。

愚夫愚婦或者說比較熟悉人性的沒牙老太婆，反而對於這點是非常清楚的。能夠口述的道理要嘛完全不對，要嘛就是非常膚淺的東西；真正的深刻道理你只能感覺得到，但是說不清楚。這樣的例子不少，比如歌德的老婆就讓很多知識分子跌破眼鏡，他們覺得歌德這樣的人怎麼會娶一個那樣沒文化的老婆，托馬斯·曼（Thomas Mann）說她是「一尊美麗的肉」，「完全沒有教養的人」；羅曼·羅蘭（Romain Rolland）說她「精神上是個零」；羅勃特·穆齊爾（Robert Musil）說她是歌德的「著名性伴侶」。結果歌德和他的老婆如膠似漆，如果他娶的是一個女知識分子，家庭生活會變成什麼樣就只有天曉得了。人與人之間的關係中有相當一部分建立在水面以下的因素，甚至水面以下的部分可能才是最重要的，畢竟人類連外激素那樣的東西都不會主動意識到。

像昆蟲分泌出來的外激素，它們在相互感受到激素以後，就知道雙方能不能配合。一個人釋放的無數社交信號中，應該有很多是相當於外激素的東西，你接收到這些信號可能連自己都沒有發覺。而你是在接收到這些信號，已經有了一定的反應以後，才用理性給自己補上理由，其實那都是馬後砲，並不是真正的原因。毛姆的某一部小說寫的就是這個——有一個女人，她的丈夫總是出軌，而她始終不肯離開對方。別人很多次勸她離婚，追問她這種人有什麼捨不得的？結果她回答說，他額頭上的頭髮長成這個樣子，我沒辦法不愛他。聽到這話的人當然氣得發瘋，竟然會為了頭髮做傻事，這是什麼道理？其實頭髮也不見得是真正原因，裡面肯定有她本人也說不清楚的外激素影響。

袁：試著總結一下您的觀點——當自己能夠行動的時候就勇敢去做，如果沒有實力，那麼還可以「守先待後」。而您的學問裡面，相關的內容、也最受人們關注的內容，就是大洪水的部分。在您看來，大洪水的發生是出於什麼原因呢？

劉：所謂大洪水，就是把借來的組織資源揮霍殆盡的結果。組織資源包括你實際上擁有的、自發秩序所提供的組織資源，還有你從周圍借用或者挪用的組織資源，以及你預支的未來組織資源。這就像是銀行家，他能夠使用的資本比自己實際上擁有的本錢要多，但如果自身的本錢虧損得太多，最後就會面臨破產，大洪水就是這樣的一種秩序大崩潰。大洪水之前一般都會有挪借和預支資源的現象，要不然洪水的規模就不會太大，只有衰亡文明才能夠引發大洪水。

原始部落沒有挪借能力，它只能依靠自己的組織資源，自發秩序消耗完最多發生一場小洪水、出現局部的秩序塌陷，而不會引起很大規模的連鎖反應。比如說，復活節島的土著人把自己的資源耗盡，結果是原來的日子過不下去了，倒回更原始的狀態，但不會出現人道大災難。而衰亡文明就是因為它的秩序運用技術太成熟、太發達了，所以很可能走上一條邪路，在自身缺乏秩序生產能力的時候，不去想怎樣減少損耗、恢復元氣，而是想盡辦法矇騙、挪借和預支。短期的成功造成了長期的災難，因為他們自己欺騙自己，以為這樣做是成功的，以為這個拆東牆補西牆的遊戲可以永遠玩下去，結果在終於玩不下去的那一天，秩序塌陷的範圍就會非常大。

袁：在已經發生過的歷次大洪水當中，比較典型的是明代末年那種情況。

劉：明國本來就是一個不應該存在的政權，它就是靠挪借組織資源而產生的國家。當時的中國社會處在那樣的一種情況，本來是沒有實力重建一個類似唐國和宋國的政權。結果朱元璋挪用了蒙古人的內亞資源，然後又以孔子的名義透支了一些其實本地社會並沒有能力產生的儒家資源，這種行為等於是做空股票。朝鮮之所以沒有發生大洪水，就是因為朝鮮社會還比較類似兩宋的情況，它的儒家相對來說還是比較真實的，有能力在小範圍內維持局面；而明國的儒家已經變得很虛弱了，它能夠支持的局面本來就應該小得多，而事實上它支撐起來的明國反而地盤大很多，所以明國滅亡的時候就會特別悲慘。

俄羅斯如果只有莫斯科公國那麼大，它其實不會有什麼問題，但是歷代沙皇不是這樣想，後來史達林甚至把力量拿來經營整個蘇聯，所以俄羅斯才會那麼快就弄得接近崩潰。回到原點，誠實面對自己的基本盤才是上上之策，本地社會有多少力量心裡要有數，不要總想著偷和騙，就算成功建立帝國，別人以為你很富強，那麼你的身上自然也會多了一個巨大的帝國負擔，而其實你根本一無所有，這種負擔你根本沒辦法承受。

袁：朱元璋針對儒家知識分子的嚴酷政策，也是因為透支資源的原因嗎？

劉：下等人有一個特點是，他們覺得做皇帝可以吃香喝辣，想不到坐皇帝這個位置會有多麼的危險，如果不能順利當上皇帝，自己的下場會是多麼悲慘，總以為有一種辦法能夠只得到好處而不用付出代價，他們非常危險。朱元璋就是一個下等人當上皇帝的典範，他後代的下場之所以那麼慘，這一切早在他開國的時候就已經注定了。朱元璋那套做法的特點就是只想占便宜不吃虧，比如說他把皇族的俸祿定得很高，而把官吏的俸祿定得很低，這就是其中一個表現，因此明國官吏的腐敗程度也比其他任何王朝都要厲害。他在各方面都是這麼做的，屬於那種撿了芝麻掉了西瓜的人。像阿凡提故事裡描述的那樣，餐館老闆讓你聞一聞飯菜的香味就想收錢，結果阿凡提只是給他聽一聽錢幣的響聲。林肯也說過這個定理，你可以在短時間內欺騙所有人，或者在長時間內欺騙少數人，但不可能長時間欺騙所有人。在足夠長的時間裡，最好的策略是敬畏上帝，欺騙別人最後只會騙到自己的頭上。

袁：而西方社會就幾乎沒怎麼發生過大洪水。

劉：封建制度不會導致大洪水，頂多是產生幾個特別殘暴的領主。這樣的暴行在那個時代很普遍，只要翻一翻關於中世紀的歷史，特別是那些刻意否定封建社會的著作，就很容易找出特別殘暴的領主以及特別貪婪的修道院長；但這些其實都是局部現象，在任何社會、任何地方都可以找出來類似的人，全看你是不是特意去找。封建制度之下的各種獨立小系統雖然支撐不了大帝國，但同樣也不容易引起社會的全面崩潰，全部雞蛋沒有放在同一個籃子裡，這是它的優點。

袁：清國的組織力和抵抗力比明國要稍微強一些吧？

劉：滿洲部落如果跟關內部分沒有關係的話，前途要好得多，像咸豐皇帝從黑龍江抽調各個部族到關內，他當時其實應該退回到滿洲故地，跟日俄簽訂協議，把十八省讓給洪秀全或者其他勢力都無所謂。當然這樣一來，曾國藩的下場就會很慘，沒有滿洲皇帝給予的大義名分，他的那些民兵不一定能打得過洪秀全，他也很難對湘軍實行統一管理；雖然清廷對他其實不怎麼好，至少也給他提供了一個正當性的象徵。當然從其他人的角度來看就是好事，因為他們肯定請求列強干涉，比如說廣東和廣西肯定會跟英國簽署協定，而雲南的杜文秀也是一心希望投靠英國的[14]。

順民社會只會消耗組織資源，它需要源源不斷的秩序輸入，如果得不到外來的補充，就會自動產生張獻忠而走向滅亡。秦漢帝國把周公和孔子遺留下來的封建秩序消耗掉，產生了第一個順民社會。永嘉之亂輸入了第一批內亞部落的組織資源，產生了北朝和隋唐帝國，然後是新一輪的吏治化、順民化、儒化和漢化。這四個詞其實是同一個意思，它們同樣代表秩序耗盡後的灰燼狀態。漢化的隋唐帝國喪失了秩序生產力，必須像魏晉朝廷一樣依靠新的蠻族部落，於是導致藩鎮割據和五代十國，最後也是耗盡秩序，導致了宋國的產生。遼金元明清的基本格局仍然是一致的，從部落自由階段、封建禮法階段、吏治奴役階段邁向散沙社會和大洪水，它同時對應於秩序生產力的衰減、古老自由的沒落、專制程度的加深。耗盡秩序的時間越來越短，因為本地社會的順民化程度越來越深。

袁：如果滿洲人主動撤回關外，那麼東南互保就會提前上演，而且範圍會廣泛

14——一八五五年，杜文秀率民眾在雲南大理起義，並建立政權。據學者研究，其部下劉道衡曾於一八七二年向英國政府遞交國書，要求後者給予支援未果，同年杜文秀被殺，起義被鎮壓。

得多。

劉：所以說曾國藩那樣的殫精竭慮，把局面撐得超過自身能力可以覆蓋的範圍，最後反而害了自己人，他本來就應該留在湖南保境安民，其他各省被太平軍打爛了就讓它們自己想辦法，該怎麼做就怎麼做。滿洲皇帝不是可以出關嗎？至少他可以到熱河去。湘軍一打出去，湖南本地的建設就兼顧不了，它的組織資源也被白白消耗掉。湖南人都跑去當兵，在本地混不下去就到外省當兵，湖南的社會建設根本就做不起來。

袁：後來中國社會的抵抗力似乎也變得更弱了。

劉：不僅抵抗力變弱，而且民眾還相互妨礙。如果提前把共同體邊界劃分清楚，你一塊地方，我一塊地方，分別按自己的模式發展，事情不會變得那麼糟。蔣介石如果按照蘇聯人的建議留在廣東[15]，從長遠來看對他自己和蘇聯都更好，因為北伐

15—當時蘇聯希望避免在遠東與英、美各國產生衝突，而國民黨北伐需要經過屬於英國勢力範圍的長江流域。其後國民黨軍隊擊敗吳佩孚，蘇聯遂改變態度並積極提供援助。

並不是蘇聯的要求，蔣介石本來就應該留在廣州策劃工人運動。國民黨要北伐，就顯示出它的投機性質，想利用完蘇聯人之後再把他們踢到一邊去，難怪北伐之後是雙方變得很不信任對方，史達林也會那樣的對付蔣介石。

袁：除了蔣介石，段祺瑞和吳佩孚在得勢的時候也希望用武力統一中國。這是帝國的誘惑嗎？

劉：他們其實連曾國藩都不如。大一統帝國的誘惑屬於毒物，就像屍體腐爛以後產生的東西。在西方來說，日耳曼系國家的總體表現都比拉丁系國家強。這是因為在羅馬帝國滅亡的時候，入侵英格蘭的蠻族徹底替換了當地的順民社會，而義大利半島就類似滿蒙帝國，由少數日耳曼貴族統治大多數的羅馬降虜。英格蘭是習慣法的天下，德國是習慣法和羅馬法的戰場，拉丁系國家是羅馬法占優的地方，它們後來的發展也是一目了然。所以成吉思汗時代的貴族想要殺盡漢人，將中原的耕地變成牧場，也是為了保護蒙古部落的傳統自由。

清國為什麼學不了英國和美國，這其實都是偽問題。如果它要做英格蘭，那麼皇帝、貴族、部落武士就要組成國王、上議院和下議院共治的結構，透過各種討價還價達成三方同時接受的契約，也就是所謂的憲法。問題在於明國留下的大多數順民怎麼辦？按照羅馬帝國的情況，這些人都得殺掉，極少數人逃入深山之後變成新蠻族，這些才可以忽略不計。張獻忠差點就達成了這件事，因為清兵入了關，沒有讓他把費拉斬盡殺絕，就是一個嚴重錯誤。皇帝、貴族和武士留在滿洲制定憲法肯定會比較容易，而十八省的順民根本也不應該放他們出關墾殖，這樣一來，九一八事變、太平洋戰爭、蘇聯入侵滿洲、韓戰和越戰一系列的後續事件都不會發生。

反過來說，如果英格蘭的大部分人口都是印度人，英格蘭還能由議會統治嗎？英印帝國有點像是清國，但印度人既沒有打算發動革命實現什麼五族共和，喬治六世也沒有透過甘地的斡旋發表什麼遜位宣言，更沒有發生邱吉爾組織宗社黨刺殺甘地失敗的事件，而尼赫魯也沒有頒布什麼「愛爾蘭天主教徒如果學習泰米爾語，高考的時候可以加一百五十分」的政策。如果發生了這些事情，那麼錫克教徒忍無可忍，投奔莫斯科的甘地大學，率領蘇聯紅軍解放新德里就完全有可能而且合情合理。

袁：按照您的說法，福利制度最終也會導致大洪水的後果？

劉：只要是大範圍推行的福利制度，就肯定蘊含著這樣的可能性。在小範圍之內談福利制度其實沒有意義，因為小共同體天然就是福利組織。什麼叫福利制度？就是透過官僚制度，在共同體的範圍之外派發福利。如果只看派發福利的程度，那麼歐洲中世紀的基督教會比現代國家的福利還要好。教會就是一個救死扶傷的團體，甚至說救死扶傷就是它的主要職責之一，雖然對於教會來說那是弟兄自願奉獻的結果，而福利制度就是利用國家機器強制實施財富再分配。像早期的羅馬人以及阿拉伯部落，在氏族內部按照血緣關係的遠近而派發福利，那是超乎於官僚的經濟算計之上的，它是一種抗風險能力的體現。

人類天然缺乏維持大團體的能力，自然產生的團體都是小規模的，幾百人，頂多幾千人就很多，團體稍微再大一點都會出現嚴重問題。基督教固然號稱是個大團體，但這並不代表在羅馬教會的下面就沒有各種小團體。當然實際上不會總是好的結果，大小團體之間肯定不是一直都保持友善的，有時候也會互毆，但畢竟小團體跟大團體還是有可能達成比較友善的狀態，就像使徒時代那樣，各地方的主教相互通信，而保羅就來往於他們之間。

袁：忽然又想起秦暉的那句話——「不要把歷史的節點鎖得太死」。

劉：歷史的可能性並不等於你自身的可能性，因為你是從自己的角度出發，你這個角色的路徑在三十歲以後就已經基本被鎖定，但是你死了之後，歷史並不會就此結束——滅絕和替代可以釋放更多的可能性，世界上很少有死亡解決不了的問題。而希望的種子，更可能保留在小團體裡面。

後記

袁真嗣

本書其實是意外之下的產物。二〇一五年夏，啟蒙編譯所找到拙者說：「我們打算整理一本系統而通俗的問答小冊子，幫助人們了解『姨學』（註：劉仲敬的學問）。阿姨說了，這件事可以找你商量。」拙者非常贊成，很多人讀劉仲敬的著作像是盲人摸象，這樣的一本冊子等於是及時雨。拙者就念了兩句詩：「來日捉將官裡去，這回斷送老頭皮。」於是便有了讀者手上的這部談話錄。

談話的魅力，源自思想火花迸發的每一個剎那。表述也許不夠精確，因為觀念尚未成型；然而，這同樣意味著「開放性」。作為一名對話者，劉仲敬罕有倫比：汪洋恣肆，卻能寸鐵殺人；枝蔓迭出，而又曲徑通幽。拙者話音未落，他已不假思索，短時間內就將記憶宮殿內的海量收藏煉作一串串連珠妙語，大珠小珠落玉盤——而拙者則呆如木樁，大腦裡的齒輪彷彿剛剛才轉動了一毫米。有道是「袖裡乾坤大，壺中日月長」，僅僅讀他平常的筆下文字，還不能體會他的詩性智慧和蛙跳式思維。

波赫士（Jorge Luis Borges）曾經寫道，「一個人繪製一幅巨大的畫作，有山巒、溪流、樹林、塔樓、人物和形形色色的東西。最後，他卻發現畫的是他自己。」投身紅爐的詩人汪兆銘、保衛羅馬的蠻族安·蘭德、常抱臥龍之心卻親遭洪水的陳寅恪、面具戴得太久而無法摘下的「布魯圖斯」羅朗薩丘（Lorenzaccio），這些一筆一畫，如同一塊塊的小拼圖，組成的似乎正是一幅逐漸變得清晰的劉仲敬自畫像。

這幅自畫像最終完成的時刻遠未到來，本書只是其中的一小部分——大概屬於遠景中的留白部分。如果說它展示出了劉仲敬此前從未表露過的某種思想面相，那它首先是嚴肅的道德教誨。是的，顯白的道德教誨。如果有一位當代包斯威爾（James Boswell）或艾克曼（Johann Peter Eckermann）能夠把他在飯桌上、散步中的即興發揮記述下來，肯定會比這部一板一眼的談話錄更為可觀。

很慚愧，只做了一點微小的工作，謝謝各位讀者！

文明更迭的源代碼

作者　劉仲敬
採訪　袁真嗣

總編輯　富察
責任編輯　穆通安
編輯協力　紐承豪
企劃　蔡慧華
封面設計　黃子欽
排版　宸遠彩藝

社長　郭重興
發行人兼出版總監　曾大福

出版發行　八旗文化／遠足文化事業股份有限公司
地址　新北市新店區民權路108-2號8樓
電話　〇二～二二一八～一四一七
傳真　〇二～八六六七～一〇六五
客服專線　〇八〇〇～二二一～〇二九
信箱　gusa0601@gmail.com
臉書　facebook.com/gusapublishing
部落格　gusapublishing.blogspot.com

法律顧問　華洋法律事務所／蘇文生律師
印刷　成陽印刷股份有限公司

出版日期　二〇二〇年四月（初版一刷）

定價　五〇〇元整

文明更迭的源代碼
劉仲敬著／袁真嗣採訪／
新北市／八旗文化出版／遠足文化發
行／二〇二〇年四月

ISBN 978-986-5524-03-6（平裝）

一、世界史 二、文明史

713
109002501